“十二五”普通高等教育本科国家级规划教材

第三方物流企业经营与管理
（第3版）

霍红　吴绒　主编

中国财富出版社

图书在版编目（CIP）数据

第三方物流企业经营与管理 / 霍红，吴绒主编 . —3 版 . —北京：中国财富出版社，2015.5
（“十二五”普通高等教育本科国家级规划教材）
ISBN 978 - 7 - 5047 - 5630 - 5

Ⅰ.①第… Ⅱ.①霍… ②吴… Ⅲ.①物资企业—企业管理—高等学校—教材 Ⅳ.①F253

中国版本图书馆 CIP 数据核字（2015）第 069272 号

策划编辑	张　茜	**责任印制**	方朋远
责任编辑	曹保利　禹　冰	**责任校对**	杨小静

出版发行	中国财富出版社（原中国物资出版社）		
社　　址	北京市丰台区南四环西路 188 号 5 区 20 楼	**邮政编码**	100070
电　　话	010 - 52227568（发行部）		010 - 52227588 转 307（总编室）
	010 - 68589540（读者服务部）		010 - 52227588 转 305（质检部）
网　　址	http://www.cfpress.com.cn		
经　　销	新华书店		
印　　刷	北京京都六环印刷厂		
书　　号	ISBN 978 - 7 - 5047 - 5630 - 5/F・2340		
开　　本	787mm×1092mm　1/16	**版　　次**	2015 年 5 月第 3 版
印　　张	15.75	**印　　次**	2015 年 5 月第 1 次印刷
字　　数	374 千字	**定　　价**	38.00 元

再版说明

随着我国经济快速发展，物流业的发展也得到了方方面面的重视，我国有些大城市已把物流业作为支柱产业。然而，与发达国家相比，我国物流业仍处于初级发展阶段，在企业物流管理与第三方物流服务方面都存在不小的差距。国外经验表明，打破条块分割和垄断，构建开放性并面向社会服务的第三方物流体系，是促进商品高效率流通、低成本循环的有效方式和策略。因此，增强第三方物流意识，摆脱“大而全、小而全”的思维方式，加快推进我国物流现代化，优化供应链管理，不仅能提高企业竞争力，而且能够提高整个国家经济运行效率。

《第三方物流企业经营与管理》被评为“十二五”普通高等教育本科国家级规划教材。以第三方物流企业经营管理内容为主线，本教材在上一版的基础上进行了知识结构的调整，共分为三篇：第一篇，第三方物流企业基础知识，包括第三方物流与第三方物流管理、第三方物流企业经营与运作、第三方物流企业市场分析；第二篇，第三方物流企业经营管理，包括客户关系管理、合同管理、服务项目管理、供应商管理；第三篇，第三方物流企业服务管理，包括运输管理、仓储管理、费用管理、信息管理、第三方物流发展的新模式。

本教材作为物流管理、工商管理、市场营销、国际贸易等经济管理专业的教材，在编写内容上力求广泛、充实，注重理论结合实践。教材中既有基本理论的详细阐述，又有最新的第三方物流经营管理过程和管理方法的介绍以及相关案例分析，以保证读者能够掌握第三方物流的最新动态及最新知识。因此，本教材不仅适合作为高校经济管理类专业的教材，也可为广大从事第三方物流业务和研究的专业人事提供一定帮助。

本教材由霍红、吴绒任主编，全书共分十二章，第一章、第三至第九章、第十一至第十二章由吴绒编写，第二章由陈化飞编写，第十章由陶晓明编写，研究生郭秋霞、吴雪艳、李双双对本教材进行了前期资料收集和后期文字整理工作，全书由霍红教授总审。

在本教材的编写过程中，大量参阅了国内外专家学者的观点，参考了相关论文、专著及报刊、网站的资料，在此向涉及的有关作者表示敬意。

由于编者水平有限，时间仓促，教材中缺点或错误在所难免，恳请读者多提宝贵意见。

编　者

2015 年 1 月

目　录

第一篇　第三方物流企业基础知识

第二篇　第三方物流企业经营管理

第一篇

第三方物流企业基础知识

第一章　第三方物流与第三方物流管理

第一节　概述

一、第三方物流概念

第三方物流（Third Party Logistics，3PL）的概念来源于管理学中的外包（Outsourcing），其中外包指的是企业动态地配置自身和其他企业的功能和服务，并利用外部的资源为企业内部的生产经营服务。将外包引入物流管理领域，即产生了第三方物流的概念。第三方物流是指生产经营企业为了更好地集中精力搞好主业，把原来属于自己处理的物流活动，以合同形式委托给专业物流服务企业，同时通过信息系统与物流服务企业保持密切联系，以达到对物流全过程的管理和控制的一种物流运作与管理方式。因此第三方物流又叫合同制物流，是由供方与需方以外的第三方物流企业提供物流服务的业务模式。

提供第三方物流服务的企业，其前身一般是运输业、仓储业等从事物流活动及相关的行业。从事第三方物流的企业在委托方物流需求的推动下，从简单的存储、运输等单项活动转变为提供全面的物流服务，其中包括物流活动的组织、协调和管理、设计最佳物流方案、物流全程的信息收集、管理等。

二、第三方物流的产生

第三方物流是在企业物流管理水平不断提高和物流业充分发展的基础上产生和发展起来的。

（一）第三方物流的产生是社会分工的结果

在业务外包等新型管理理念的影响下，各企业为增强市场竞争力，将企业的资金、人力、物力投入到其核心业务上去，以寻求社会化分工协作带来的效率和效益的最大化。专业化分工的结果导致许多非核心业务从企业的生产经营活动中分离出来，其中包括物流业务。将物流业务委托给第三方物流公司负责，可降低物流成本，完善物流活动的服务功能。

（二）第三方物流的产生是新型管理理念的要求

进入20世纪90年代，信息技术的高速发展与社会分工的进一步细化，推动着管理技术和管理思想的迅速更新，由此产生了供应链、虚拟企业等一系列强调外部协调和合作的新型管理理念。这些新管理新理念既增加了物流活动的复杂性，又对物流活动提出了零库存（Zero Inventory）、准时制（JIT）、快速反应（QR）及有效的客户反应（ECR）等更高的要求，使一般企业很难承担此类业务，由此产生了专业化物流服务的需求。第三方物流的出现一方面迎合了个性需求时代的企业间专业合作（资源配置）不断变化的要求，另一方面实现了进出物流的整合，提高了物流服务质量，加强了对供应链的全面协调和控制，促进供应链达到整体最佳状态。

（三）第三方物流的产生是改善服务质量与提高竞争力的结合

企业物流的探索与实践经历了竞争力导向、成本导向、利润导向等发展阶段。将改善物流服务质量与提高竞争力相结合是物流理论与技术成熟的标志，也是第三方物流概念出现的逻辑基础。

（四）第三方物流的产生是物流领域竞争激化的结果

随着经济自由化和贸易全球化的发展，物流领域的政策不断放宽，同时也导致物流企业自身竞争的激化，物流企业不断地拓展服务内涵和外延，从而导致第三方物流的出现，成为第三方物流概念出现的历史基础。

三、第三方物流与传统物流的比较

与传统物流相比，第三方物流在创造价值方面存在明显的优势，它能够充分调动社会资源，向客户提供功能完备的全方位、一体化物流服务，充当整个物流供应链组织者的角色。两者的不同之处可以从服务功能、物流成本、运营风险、增值服务等七方面进行综合比较分析，如下表所示。

第三方物流与传统物流的比较

比较方面	第三方物流	传统物流
服务功能	提供功能完备的全方位、一体化物流服务	提供仓储或运输单项功能
物流成本	规模经济性、管理方法先进性和技术等使物流成本较低	资源利用率低，管理方法落后，物流成本较高
增值服务	可以提供订单处理、库存管理、流通加工等增值服务	较少提供增值服务
与客户关系	客户的战略同盟者，长期契约关系	临时买卖关系
利润来源	与客户一起在物流领域创造新价值	客户的成本性支出
运营风险	需要较大的投资，运营风险大	投资较少，运营风险小
信息共享程度	每个环节的物流信息都能透明地与其他环节进行交流与共享，共享程度高	信息的利用率低，没有共同有关的需求资源

四、第三方物流与现代物流

（一）现代物流模式

传统的物流管理往往仅仅是指运输管理，随着经济的发展，物流管理逐步向新技术、新设施的硬件方向发展。在当今新经济时代，物流管理由费用管理走向利润管理，由单一企业走向多企业供应链，具有软硬件配置，成为有效的物流系统，步入了后勤管理时代，引入了按指令、在指定时间、把指定物品送达指定地点，绝对保证需要的拉动式管理。

在新经济时代的环境下，第三方物流发展壮大了，成为一种新型的专业物流服务，其服务宗旨是面向个别客户，适应客户需要；服务方式是尽量利用新技术，创造新项目；服务内容是从单一功能的物流服务转向全方位的物流服务。这是一种以全新面貌出现的物流管理，它是现代物流的标志。

由于社会经济的发展，对于物流服务的需求增多，这就促使了第三方物流企业不断地壮大，这种壮大表现为物流企业的人员增多、设备增多等。当社会发生某些危机时，经济开始下滑，社会对物流服务的需求也随之减少。然而，此时第三方物流企业已壮大了，无法一下子缩小，为了维持其庞大的人员开支和设备开支，不得不在市场上不断地寻求新方向。

同时，随着客户队伍的扩大，第三方物流企业的销售管理跟不上，造成客户转移，出现订单减少现象，使物流企业感到很棘手，物流企业的发展受阻，只能依赖于不断地开拓市场来改变这一现状。以上两方面的压力迫使第三方物流企业必须采取一系列措施以改变现状。这些措施包括：发展核心功能，创造新的需求，扩张服务领域，增加服务品种，推出特色项目，开发新的客户，等等。

以上种种措施确实起了较为彻底地改变物流管理面貌的作用，这种改变是一种战略策略的改变，其核心是物流服务的内容迅速地由原来的单一服务功能开始向全方位的物流服务功能发展，而这种发展又是超越了原来的物流服务概念。这种全方位物流服务功能的范围还在不断地扩大，它很快就冲破了人们心目中原有物流服务功能的范围，成为一种崭新的物流服务功能。

例如：物流仓储企业可以发展物流运输、装卸功能，成为具有物流仓储和运输双重功能的企业。此外，可以协助配货，兼具配送功能；配备物品包装流水线，代为进行物品包装；还可以代理货物收款业务，甚至帮助企业与供应商开展订货和发货的业务活动等，展示在人们面前的是一种现代物流崭新的面貌。

企业向第三方物流企业外购运输、保管、配送、装卸、包装物流服务，同时也通过第三方物流企业开展向客户收款，向供应商订货，以及安装产品，回收次品等工作。此时，第三方物流的功能大大扩展了，成为一种现代物流模式，它是一种广义的物流活动。例如：日本的网间连接器公司将在国外子公司组装的产品通过国际物流的航空运输服务，运到日本之后，又外购了备用零件配送，开展了产品安装、代收费用、回收次品等物流服务，由第三方物流的佐川急便公司完成以上各项服务功能。

现代物流的特点是具有现代流程设计和管理。它服务于企业与个人之间，企业与企业之间，其服务方式是多种类的，服务内容是全方位的，服务结果是高效率的。

（二）现代物流系统

现代物流是一个包括物流网络系统、物流作业系统和物流信息系统的集成系统。

1. 物流网络系统

物流网络系统是一个以物流中心为核心的网络系统，而物流中心则是使物流各种服务功能连接在一起的枢纽。物流中心的出现，实现了商流与物流分离，无形之中提高了物流服务水准，使物流成本分散，也促进了商流效率的提高，减少了物流设施费用。

2. 物流作业系统

物流作业系统是具体实现物流活动的系统，它包含了物流硬件作业和软件作业两个方面。物流硬件作业是以物流作业硬件效率为目标的，通过物流作业的机械化、自动化达到作业的高速度。物流软件作业是以提高物流作业软件效率为目标的，通过对物流作业时间的分配，以及物流作业人员等待时间的分析，实现作业计划化、交易标准化、管理集中化，做到物流作业的及时修改，达到物流作业的优化。

3. 物流信息系统

物流信息系统是对物流管理中的各种信息进行集成的管理，它是现代物流系统中重要的子系统。物流信息系统是以物流信息集成化为目标的，通过对物流数据进行分类、合并、抽出、更新、分配、生成等各种处理，输出物流管理中所需要的各类报表、账册、单据，以满足物流管理者的需要，并为管理决策提供信息。

（三）现代物流的目标

由物流网络系统、物流作业系统和物流信息系统所组成的现代物流系统能够达到低成本、高质量、快响应的目标。

1. 低成本

由于开展了物流作业的分析，找出了作业的最佳线路，以及实现了作业的机械化和自动化，从而可以降低成本。物流运输功能可以通过挖掘降低运输费用的潜力来达到降低运输费用的目的。其措施有：缩短物流作业途径；运用批量化来减少运输次数；提高车辆装载效率；选择最佳运输工具等。物流保管功能可以通过减少或去除冗余库存，灵活掌握库存量等方法来达到降低保管费用的目的。物流包装功能可以通过选用低价包装材料，简化包装，以及包装作业机械化达到降低包装费用的目的。物流装卸功能可以通过减少装卸次数，机械化导入集装箱等方法来达到降低装卸费用的目的。从以上物流运输、保管、包装和装卸的费用降低方法中，可以看出降低物流各项活动的费用是可能的，当然，随着各项费用的降低，物流的低成本是可能实现的。

2. 高质量

由于物流服务向多种类、全方位的方向发展，物流服务的差异化特点也就能体现出来。对于不同企业的不同外购物流的需求，第三方物流采用了不同的服务方式，并且努力做到与企业建立一种长期合作伙伴的关系，使企业感觉所外购的物流服务很稳定。同时，也促使第三方物流自身感到需要不断地开发新的服务品种，改变服务方式，塑造新形象。因此，第三方物流企业的服务质量将会不断地提升，以达到高质量服务的目标。

3. 快响应

由于互联网、条码和电子数据交换技术（EDI）等的出现，物流系统中原有的延迟、拖拉、出错、误送、误配的情况得以改善。利用现代信息技术和工具，保证了现代物流各项功能的实现，物流系统出现了准确、准时、正确的新面貌。例如：利用计算机信息系统可以编制配送表，并计算配送所需费用和打印费用清单，然后将以上信息通过互联网传递给有关企业。企业也可以通过计算机查询以上数据。由于电脑处理的高速度，使用户感到物流系统是一种快响应的系统。

第二节　第三方物流的利益来源及价值创造

一、第三方物流的利益来源

第三方物流的推动力，已成为物流研究人员非常感兴趣的领域。为此，一些研究人员认为对第三方物流使用者可能获益的方方面面有进行研究的必要。第三方物流服务供应商必须以有吸引力的服务来满足顾客，而且服务必须符合客户对于第三方物流的期望，这些期望就是要使客户在作业利益、经济利益、管理利益和战略利益等方面都能获益。

（一）作业利益

第三方物流服务能为顾客提供的第一类利益是“作业改进”的利益，这类利益基本包括两种因作业改进而发生的利益。

一方面是通过第三方物流服务，顾客可以获得自己组织物流活动所不能提供的服务或物流服务所需要的生产要素，这就是外包物流服务产生并获得发展的重要原因。在企业自行组织物流活动的情况下，或者限于组织物流活动所需要的特别的专业知识，或者限于技术条件，企业内部的物流系统可能并不能满足完成物流活动的需要，而且要求企业自行解决所有的问题显然是不经济的。更何况技术，尤其是信息技术，虽然正以极快的步伐飞速发展，但终究不是每一个企业而且也没有必要要求每一个企业都能掌握，这也就是要第三方物流服务为顾客提供的利益。

作业改进的另一方面就是有可能改善上述企业内部管理的运作表现，这种作业改进的表现形式可能是增加作业的灵活性，提高质量或服务、速度和服务的一致性及更具有效率。

（二）经济利益

第二类利益可以定义为与经济或财务相关的利益。一般低成本是由于低要素成本和规模、范围的经济性，其中包括劳动力要素成本。因此，通过外包，既可通过将不变成本转变成可变成本，又可通过避免盲目投资并将资金用于其他方面而降低成本。

稳定的和可见的成本也是影响外包的积极因素。稳定的成本使得规划和预算手续更为简便。一个环节的成本一般来讲难以清晰地与别的环节区分开来，但是外包后，因为供应商要申明成本或费用，成本的明晰性就增加了。

（三）管理利益

第三类利益是与管理相关的利益。正如在作业改进部分所说的那样，外包可以被用作为获得本公司还未曾有的管理技能，也可以用于旨在要求内部管理资源用于别的更有利可图的用途中去，并与战略核心概念相一致。外包可使得公司的人力资源集中于公司核心活动中去，而同时获益于别的公司的核心经营能力。此外，单一资源和减少供应商的数目所带来的利益也是外包的潜在原因。单一资源减少了转移费用（公关费用）并减轻了公司在几个物流服务供应商间协调的压力。其他的与管理相关的利益与上述相似。

（四）战略利益

最后，物流外包还能产生战略性利益，即灵活性，包括地理范围跨度的灵活性（设点及撤销）及根据环境变化进行其他调整的灵活性。集中主业在管理层次与战略层次高度一样具有重要性。共担风险的利益也能通过使用拥有多种类型客户的服务供应商来获得。

虽然物流学界对于第三方物流的概念抱肯定的态度，但是，仍提出了几个与第三方物流相关的顾虑或问题。顾虑之一是第三方的运作成本太高或与所提供的相关服务不相适应。不难发现，在生产产品的过程中，外包带来额外的组织单位，这些组织不仅要求不亏损，还要求产生效益，这种效益是整个经营链的额外利润。

从费用的角度看，物流外包将增加所谓“交易”费用，并且企业对于外部供应商的依赖程度将会增加。如果所提供的服务不能满足期望或要求，这将会是一个很大的问题。还有一些关于管理层次的或战略层次的疑虑，如：减少与消费者的直接接触，可能失去控制权；接受联盟也可能会失去企业内部的专业特长。

二、第三方物流的价值创造

第三方物流供应商挑战的是能提供比客户自身进行运作更高的价值。它们不仅要考虑到同类服务提供者的竞争，还要考虑到潜在的客户的内部运作。假设所有的公司都可以提供同等水平的物流服务，不同公司之间的差别将取决于它们的物流运作资源的经济性。如果财务能力是无限大的话，那么每一家公司都可以从公司内部获得并运用资源。因此，物流服务提供者与他们的客户之间的差别在于物流服务的可得性及其表现水平，其区别在于物流公司内部资源是物流能力，而在客户公司里，物流仅仅是众多业务领域中的一小部分。这样，如果给定同样的资源，物流服务供应商就能够比客户公司在作业过程中获得更多的资源和技巧，这就使物流服务供应商比其他客户公司更能够提供多种和高水平的服务。这样一个经济环境，促使物流服务供应商注重在物流上投资，从而能够在不同方面为客户创造价值，这就是所谓“战略核心理论”。下面将列举第三方物流供应商创造价值的几个方面。

（一）运作效率的提高

物流服务供应商为客户创造价值的基本途径是达到比客户更高的运作效率，并能提供较高的成本服务比。运作效率提高意味着对每一个最终形成物流的单独活动进行开发（如运输、仓储等），例如，仓储的运作效率取决于足够的设施与设备及熟练的运作技能。一般，其成本驱动是要素成本（单位产出的低成本）及确定对特定活动的重视，例如，对管理的重视。一般认为，对管理的重视对服务与成本有正面的影响，因为它激励其他要素保持较高水平。在作业效率范畴中的另一个更先进的作用是取得物流的作业效率，即协调连续的物流活动。除了作业技能外，它还需要协调和沟通技能。协调和沟通技能在很大程度上与信息技术相关联，因为协调与沟通一般是通过信息技术这一工具来实现的。如果存在有利的成本因素，并且公司的注意力集中在物流方面，那么以低成本提供更好的服务是非常有可能的。

（二）客户运作的整合

带来增值的另一个方法是引入多客户运作，或者说是在客户中分享资源。例如，多客户整合的仓储或运输网络，客户运作可以利用相似的结合起来的资源。整合运作的规模效益能取得比其他资源更高的价值。整合运作的复杂性大大地加强，需要更高水平的信息技术与技能。但是，拥有大量货流的大客户也会投资协调和沟通技能（信息技术技能）及其资产。由于整合的增值方式对于由单个客户进行内部运作的很不经济的运输与仓储网络也适用，因此，此时表现出的规模经济的效益是递增效益，如果运作得好，将导致竞争优势以及更大的客户基础。

（三）横向或纵向的整合

前面讨论的创造价值的两种方法：运作效率的提高和客户运作的整合注重的完全是内部，也就是尽量把内部的运作外部化。纵向整合，或者说发展与低层次服务的供应商关系，是创造价值的另外一种方法。在纵向整合中，第三方物流供应商注重被视为核心能力的服务，或购买具有成本与服务利益的服务。根据第三方物流供应商的特性，单项物流功能可以外购或内置。横向整合方面，第三方物流供应商能够结合类似的但不是竞争的公司，比如，扩大为客户提供服务的地域覆盖面。

（四）发展客户的运作

为客户创造价值的最后一条途径是物流服务供应商具有独特的资本，即物流服务供应商能在物流方面拥有高水平的运作技能。我们这里所说的高水平运作技能指的是将客户业务与整个物流系统综合起来进行分析、设计等的能力。物流服务供应商应该使其员工在物流系统、方案与相关信息系统的工程、开发、重组等方面具有较高水平的概念性知识。这种创造价值方法的目的不是通过内部发展，而是通过发展客户公司及组织来获取价值。这就是物流服务供应商基本接近传统意义上物流咨询公司要做的工作，所不同的只是这时候所提出的解决方案要由同一家公司来开发、完成并且运作。上述增值活动中的驱动力在于客户自身的业务过程。所增加的价值可以看作源于供应链工程与整合。这种类型的活动可以以不同的规模和复杂程度来开展，最简单的办法就是在客户所属的供应链中创建单一的节点（例如，生产和组装地）或单一链接（如最后的配送）。这也意味着供应商运作、控制、管理着节点和连接内外两个方向上的物流。如果将整个供应链综合考虑，则更容易产生更多的增值。除了作业上和信息技术方面，这些活动需要的技能还包括分析、设计和开发供应链，以及对物流和客户业务的高水平创新性概念的洞察能力。

物流运作的专门化使第三方物流公司可能在专门技术和系统领域内有超越最有潜力的客户的能力，因为客户还要分配资源，并同时关注其他几个领域。对于物流行业来讲，主要资源就是吸引有志于物流业的优秀人才，这类人才被有致力于或投资于物流业的公司所吸引。将更大规模的物流运作供应商与个体运作相比较，增值物流系统的发展对于第三方物流公司来讲是可取的，在大多数情况下，通过在同一系统上运作多个客户的业务，供应商可以以更低的费用提供物流服务，一体化整合使其可能减少运输费用并抵冲资金流量的季节性和随机性变动。这说明，供应商的战略是在优秀的表现上竞争而不在于价格上的竞争。

第三节　发达国家第三方物流的经验与借鉴

自从 20 世纪 80 年代以来，外包已成为商业领域中的一大趋势。企业越来越重视集中自己的主要资源与主业，而把辅助性功能外包给其他企业。因为物流一般被工商企业视为主业的支持与辅助功能，所以它是一个外部化业务的候选功能。多年来，欧美发达国家的物流已不再作为工商企业直接管理的活动，而企业常常从外部物流专业公司中采购物流服务。有些公司还保留着物流作业功能，但越来越多地开始由外部合同服务来补充。采购这些服务的方式对公司物流系统的质量和效率具有很大的影响。分析 20 世纪 80 年代以来，欧美发达国家物流外包第三方的做法与趋势，对我国第三方物流业的发展，可以有一定的借鉴作用。

一、物流外包化的方法

在欧美发达国家，很多公司采用多种方式外包其物流。其中，最为彻底的方式是关闭自己的物流系统，并将所有的物流职责转移给外部物流合同供应商。对许多自理物流的公司来说，由于这样的选择变动太大，它们不愿意处理掉现有的物流资产，辞掉物流人员，去冒在过渡阶段作业中断的风险。为此，有些公司宁愿采取逐渐外包的过程，按地理区域把责任移交分步实施，或按业务与产品分步实施。欧美公司一般也采用以下方式来使移交平稳化。

1. 系统接管

大型物流服务供应商全盘买进客户公司的物流系统的例子不胜枚举。他们接管并拥有客户车辆、场站、设备及接受原公司员工。接管后，系统仍可单独为原企业服务或与其他公司共享，以改进利用率并分享管理成本。

2. 合资

有些客户更愿意保留配送设施的部分产权，并在物流作业中保持参与。对他们来说，与物流合同商的合资提供了注入资本和专业知识的途径。例如，在英国，IBM与Tibbett & Britten组成的Hi－tech Logistics。

3. 系统剥离

也有不少例子是自理物流作业的公司把物流部门剥离成一个独立的利润中心，允许它们承接第三方物流业务。最初，由母公司为它们提供基本业务，以后则使它们越来越多地依靠第三方业务。

4. 管理型合同

对希望自己拥有物流设施（资产）的公司，仍可以把管理外包，这是大型零售商常采用的战略。欧盟国家，把合同外包看成是改进物流作业管理的一种方法。因为这种形式的外包不是以资产为基础的，它给使用服务的一方在业务谈判中以很大的灵活性，如果需要，它们可以终止合同。

二、物流服务采购的趋势

企业外部物流服务多样性的增加，已改变了企业采购物流服务的方式和与外部合同商的关系，这种改变在以下几方面表现得特别明显。

（一）以合同形式采购物流服务的比例增加

运输与仓储服务传统上是以交易为基础进行的，这些服务相当标准化，并能以最低价格购买。虽然公路运输行业的分散与竞争，使行业中拥有众多小型承运人提供低价服务。但是以此种方式购买运输服务有很大的缺点，那就是需要这种运输的人须在日常工作中接触大量的独立承运人，这无疑会使交易成本上升，并使高质量送达服务遇到困难。不过，即使在这种市场上，企业也必须固定地使用相对稳定的几家运输承运人以减少麻烦，甚至在无正规合同的情况下，制造商也表现出对特定承运人的“忠诚”。当公司有一些特殊要求，需要一些定制的服务并对承运人的投资有部分参与时，它们更必须准备进入长期合同，而且当运输专门服务于特定货主时，还要求合同最好能覆盖至少是车辆生命期的整个期间。

凡此种种都说明，物流服务采购中以合同形式采购的比例越来越大。

（二）合同方的数量减少

欧美发达国家，不论在交易型市场（短期、不固定）或合同物流服务市场，单个企业以合同形式成交的平均数均已减少。这是因为，以合同形式采购物流服务，使供需双方都能降低交易成本和提高服务标准。其具体表现可分述如下。

1. 降低交易成本

在欧洲的一些国家，许多国内公路运输是通过作为货运市场中间人的代理公司进行的。这样就大大地减少了托运人与运输公司的直接交易。在美国，1980 年实现运输自由化，货运中间人的数量激增；在英国，仅在国际物流中使用中间商，国内运输作业，仍按传统的做法，由客户直接与众多的运输公司进行交易，这样做固然可以使托运人得到较低的运价，但交易成本却相对较高。可是许多托运人却只考虑了较低的运价和平稳的采购运输服务的可能性，而没有从购买运输服务的总成本方面考虑。

在“货运管理”方式的安排下，某些大的合同供应商，如 Excel Logistics 将代理客户的公路运输作业分包给较小的承运人。在美国，与此相类似的“一站式运输”服务，也由许多第三方物流公司提供。

近年来，在美国涌现了公路运输服务的电子中间商，它们主要是提供一个对公路运输服务的电子交易中心，通过中心，公司可以在特定路线上，以特定时间交易运输能力。近来，一家美国的电子中间商（GEP）在欧洲建立了类似业务，这对欧洲现在的装载配对服务是一个补充，它用于帮助承运人寻找国际运输的回程货物。这些服务中的某些公司，提供在线信用系统服务，以提供物流公司对潜在客户的最新财务状况。这类电子中间商的发展，可以导致“虚拟市场”的形成，通过它许多物流资产可以在不同时段进行交易，经营这类业务的机构可以很快地成为物流服务业的主要角色。

2. 标准服务

单个公司采用的运输与物流公司关联越多，花费在熟悉与监控方面的时间也就越多。运输业务集中于少数几个可靠的运输公司，就可使这些任务简化，也可能使这少数几家运输公司更负责任，更愿意保持与改进服务质量。以合同为基础的公司采购物流服务时，只需雇用少数物流服务供应商。英国大约 39％的公司只雇用一个供应商，而另外 47％公司则雇用 1～5 个供应商。之所以要雇用一个以上供应商的主要原因是：保证竞争、全国范围的能力覆盖、不同业务需求、灵活性、不同优势、成本与服务，其中成本与服务是起决定性作用的。在欧洲，大多数外包物流是以国家划分给多个物流供应商的，对 68 个欧洲 500 强制造商的调查表明，59％的公司采用了这种策略。

3. 严格选择合同方

有多项研究表明，过去许多公司选择运输方式或承运人时并不全面考虑所有的选择可能。这种选择程序的缺陷可部分解释为运输支出在许多公司的总支出中并不显著，并且不同运输公司之间服务质量的差别也不大。现在，既然公司已把许多与物流相关的服务外部化，这些服务的外部支出在公司预算中就开始凸显。这一现象加上对服务质量的重视、减少承运人及采用合同关系，使对承运人的选择变成一件重要的决策，需要对市场更全面的评价和采用更正规的选择程序。

4. 合同方紧密参与

许多制造商正使用开放式的“表现”规范采购零部件，以取代传统的根据“设计规范”采购。设计规范详细地规定了各项要求，而开放式的“表现”规范仅仅给出总的框架要求，这样就给供应商以较大的创新空间，有利于经济而又有效地开发符合客户要求的部件。

在物流服务的采购上，也具有同样的趋势。公司物流外部化中，将物流系统的设计包括在合同中已非常普遍，外部化的决策经常与物流系统的重构决策同时作出。另外，使用合同物流的原因之一是获得专业技能，毫不奇怪，公司应该在确定物流战略时寻求物流公司的建议，这是因为外部合同方比内部的物流经理能更加客观看待公司的物流系统。

5. 重视长期伙伴关系发展

就如对产品供应商发展紧密互益关系的重要性一样，与物流供应商发展这种长期伙伴关系也同样重要。这类关系中，有相当部分已被建立起来，并已发展成物流合同的正式条款。这类关系在专一服务于一家客户的情况下，更易建立。当物流能力分享于几家客户时，有时会有客户冲突。专一关系虽然能保证服务质量标准，但弱化了供应商通过集合多个客户业务而降低单位成本的传统的作用。虽然许多工商企业愿意付出较高的成本以取得专一性的服务，以保持较高控制程度与服务水平，然而，在英国，越来越多的公司放松了对专一合同的要求，而给服务供应商以更大的自由去争取回程货与捎带货。与此同时，对分享用户的物流服务的需求也大大增加了。

6. 采取零库存原则

采用零库存系统的先决条件之一是快速和可靠的运送。在没有缓冲存货的情况下，生产和配送作业对送货时间的不准确更为敏感。英国有53%的大型公司在实施零库存时，遇到承运人提供的服务标准问题，这迫使它们改变采购运输服务的方式。另外，为减少承运人的数量，增加以合同为基础的业务比例，它们与运输公司建立起紧密、长期和更互相依赖的关系。

7. 开发电子数据交换

许多供应商与客户关系，尤其是合同供应商提供的综合物流服务，已通过建立EDI联系而得以加强。通过使物料通过供应商系统时更具有可见度与透明度（每天甚至每小时都可见），EDI使客户对合同作业增加了信心。合同商与客户计算机的整合，也加强了他们之间的作业联系，并使双方在短期难以立即中断关系。然而，在双方对EDI成本分摊问题上，尤其是在多用户分享服务的情况下，是有争论的。

8. 物流设备专业化

在运输与物料搬运领域中，技术的发展使个别公司对物流特制设备需求成为可能。这类客户特制设备大大增加了在供应商与客户之间的“关系性合同”，这已是物流行业的老经验了。

9. 相互依赖程度改变

在客户与供应商相互依赖时，紧密与合作性关系更有发展的可能。传统上发货人认为他们对承运人的依赖性不大，这反映了发货人对公路运输市场的观点，即公路运输是买方市场，运输业务可以在短期内以很低的成本在不同承运人之间转移。

物流服务外部化，并集中于很少数量的合同商的情况，增加了客户的依赖性，使它更难以断绝，至少在短期内更难以断绝与合同商之间的关系。

三、物流供应商与使用者关系的演变

尽管物流服务市场发生了很大的变化，对许多长期的合同与客户关系的稳定性仍然具有疑问。许多公司相信，现在的合同物流供应商提供的服务是充足的，但合同供应商仍应在其他方面做出进一步的改进。这些应该改进的方面主要包括以下五点。

1. 合同条款更加详细

许多早期物流服务合同的条款并不详细，这导致了许多误解与不满意。现在，合同商与客户都从经验中吸取了教训，现在已不太容易犯早期的错误，对物流合同中应该注意的事项也已有了相当详细的清单。近期的报告指出，有些公司对合同定得过于详细，以致过于法律化，而且过分依赖于标准范本与条款。

2. 合同方与客户所有层次间沟通的改进

缺乏沟通是和使用者之间建立紧密关系的主要障碍。物流供应商常常抱怨得不到有关中短期的客户业务模式改变，或长期战略发展的信息。而客户经常抱怨得不到有关系统出了问题时的及时信息。

以密集的信息为基础，可以在托运人与承运人之间建立健康与长期关系。为了保证对关系认识的一致性，应使信息在两个组织间的各个管理层之间流动，并必须使之与每个公司的垂直沟通相结合。

3. 联合创新

对物流服务使用者的调查显示，他们对服务标准与作业效率基本满意，但是对创新与主动建议等方面则认为尚有不足之处，而物流合同商则认为作为物流供给方必须具有创新的自由，许多公司都抱怨得不到创新的自由，因为合同已严格规定了有关条款。健康的长期关系需要双方的新思想与新观点及双方共同的创新意愿。

应该认识到，战略层次的对话与共享预测，可以帮助合同商更为主动。如果合同商既具备物流业发展趋势的知识，又了解客户的物流运作，就能处于一个可提供对当前业务专业性建议的最佳位置。

4. 评估体系的改进

采用如运送时间、缺货水平、计划执行情况等标准表现指标对短期合同物流的审计，并不足以提供对长期合同项目的评估。对长期合同项目的评估，应该采用短期操作性评估与长期战略的结合。同时，既要考虑硬的可以统计测量的参数，也要考虑统计上较难测量的“满意”参数。定量与定性方法的结合提供了评估托运人和承运人合作关系的框架。

5. 采用公开式会计

虽然费用收取水平并不是第三方物流服务中的主要争议来源，但是，定价系统的选择会较大地影响合同双方关系的质量与稳定性，尤其是对专一型的服务。物流服务的单一性外协的缺点是无法与其他供应商的价格进行比较，因此，它们需要经常确认所付出的价格是否得到了应有的服务。越来越多的合同物流供应商通过提供详细的成本，把管理费用单独列出与客户协商，并采用公开式会计及成本加管理费定价方式，以打消客户的疑问，因为公开式会计可以把服务于单个客户的成本区别开来，所以仅在专一的物流服务项目中适用。不过，就是在专一服务的情况下，合同双方的冲突也是难以避免的。

四、发达国家外包第三方物流的发展过程对我国的借鉴

回顾发达国家外包第三方物流的发展过程，无论是从物流服务的需求方，还是从物流服务的供给方来看，可以认为对企业物流服务外部化的基本压力已经形成。从成本的节约、服务的改进与增加灵活性等方面考虑，越来越多的企业已经决定接受物流外部化的概念。从物流服务的供给方看，运输、仓储、货运代理等企业，因为行业竞争的加剧，利润率降低，也纷纷改造或准备改造成综合物流供应商。目前面临的问题是许多物流服务公司（或准备成为物流服务的公司），在概念上、服务水平上及物流专业技术与能力方面，与物流的需求方的需求还有一定的差距。发达国家20年来在物流外部化过程、物流服务采购方式，及物流服务提供者与使用者之间关系等方面，对我国物流服务业的发展，都有参考的价值。这些可供参考者之处主要在于以下几个方面。

在物流外部化方面，有实力的公司可以采用系统接管的方式，或采用合资方式。除此以外，虽然对管理型物流公司的需求也很大，但对物流公司的专业素质要求较高，国内许多物流公司还需要进一步提高。

在采购物流服务的方式方面，可以尽量采用长期合同的方式，以利于减少交易成本并提高物流服务质量。

在采用现代信息与通信技术方面，建立公共交易平台，有利于物流能力的充分利用，可帮助承运人寻找运输的回程货。国外的发展经验表明，经营虚拟市场的业务结构可以很快地成为物流服务业的主角。

在采购物流服务的方式方面，其他可以借鉴的地方包括：物流服务公司具备为企业设计物流系统的能力、重视发展长期伙伴关系、开发与客户的数据交换系统等。

在改进与物流服务的使用者关系方面，应注意与客户多层次的沟通。在创新与主动提出建议方面需要加强。对物流服务的评估体系改进、采用公开式会计等方面，发达国家的

一些做法都可以借鉴。

第四节　第三方物流管理

一、第三方物流选择

如何选择合适的第三方物流是企业与第三方物流进行战略合作的前提。选择第三方物流时需要考虑的因素很多。

1. 成本因素

在决定选择第三方物流时，成本是首要考虑的因素。企业必须对外购物流资源与内部物流资源的成本作一个比较。最简捷的比较方法是建立一张成本比较表，列出外购物流资源所花费用与内部物流资源所花费用，然后，根据结论决定是否需要外购物流资源。

可以采用全部物流业务的外购，也可以采用单项物流业务的委托。

可以对同一物流项目不同的第三方物流申报的价格进行比较，同样也可以列出各个第三方物流企业承接物流管理项目的价格表。在考虑服务质量的前提下，按照性能价格比的方法，决定选择哪一家第三方物流企业。

2. 第三方物流企业的特长及资源

在选择第三方物流时，还必须了解第三方物流企业的特长是什么，有些什么资源及有多少资源可使用。

企业需要外购的物流功能必须与所选择的物流企业的物流功能相吻合，最好是该物流企业擅长的业务，这样的选择才是最理想的，才能更好地满足企业对物流管理的要求。

第三方物流企业可以是一个规模大的公司，持有众多的员工、宽敞的库房、庞大的运输车队、一流的配送中心，这样的物流企业持有的资源很丰富，服务较正规，但物流管理的收费相对也就较高。反之，第三方物流企业也可以是一个规模较小的公司，员工不多，库房很小，或者是租用其他公司的，运输工具不多，不具备配送中心等，这样的物流企业持有的资源较贫乏，但服务较灵活，物流管理的收费相对较低。

3. 第三方物流的服务水平

选择第三方物流时，第三方物流的服务水平的高低，也是需要注意的问题。物流企业服务水平的高低体现在：善于理解客户的要求，并能尽量满足客户的特殊要求。同时，当客户的需求发生变化时，它也能适应灵活多变的环境。总之，无论何时，第三方物流都应能密切地与客户合作，努力为客户服务，不断地提高服务质量。对于外购物流资源的企业来说，第三方物流服务水平的高低也就成了选择第三方物流的标准之一。

二、第三方物流管理内容

第三方物流企业自身管理的主要内容有：合同管理、能力管理、设备管理、安全管理、信息管理。

（一）合同管理

无论第三方物流企业承接的是运输项目，还是保管项目，或者是配送项目，首先必须要签订项目合同。因为这些项目均属于经济业务，所以购买物流资源与出售物流资源的双方应该签订经济合同。

如何做好物流合同的管理工作呢？一般可以根据合同生命周期的不同阶段来进行管理。

1. 建立合同

在企业与第三方物流供应商经过协商后，签订一份购买物流服务与销售物流服务的合同，在双方认可的情况下，此合同作为正式文件。合同中应包含的内容有：购买物流服务方和销售物流服务方的公司名称，物流服务内容，物流服务时间（合同起止时间），涉及物品数量，服务收费，付款方法及时间，服务要求（质量要求、包装要求、验收方法等），服务方法（工具、交货方式），违约经济责任及处理方法。合同必须具有以上基本内容，而且内容应详细而具体。

2. 合同修改与中止

合同签订之后，在执行期间，由于各种因素的影响，合同有可能需要修改或者中止，签约双方可以根据实际需要及理由通过协商进行修改或中止。

3. 合同执行及跟踪

在合同执行过程中，必须注意对合同执行情况进行跟踪，以便随时掌握合同执行是否顺利，遇到哪些困难，已执行的有哪些，尚未执行的又有多少，在时间进度上是否符合要求，付款情况如何，等等，做到发现问题，及时解决，更好地为客户服务。

如果用计算机来处理合同信息的话，那将会对合同管理有很大的帮助。当你将一份合同信息录入计算机之后，计算机内就建立了一份合同档案，一旦你需要修改或中止合同时，只需将合同档案调出，录入修改或中止的内容来替代原有合同的内容即可，也可以按照需要保留被修改和中止内容的合同版本，以供今后查询。计算机处理合同执行及跟踪业务更是得心应手，它可以按合同号或客户的各种信息来查找合同，了解合同执行步骤及进度。

（二）能力管理

第三方物流必须对自身物流资源进行全面的规划和衡量，以便能了解自身有多大的能力，可以承接多大的项目，完成多少订单。这个能力包括运输能力、保管能力、配送能力、装卸能力及设备能力等。例如，保管能力是指第三方物流企业的全部仓容中还可能接受的保管物品的数量。汽车运输能力是指第三方物流企业的运输工具及运输工作人员所能承担的运力的吨千米数等。对于第三方物流企业来说，这些都必须做到心中有数，才能最大限度地发挥物流管理的能力，平衡物流的负荷，达到最好的物流资源的销售水平，以便取得最佳的经济效益。

下面就以保管能力管理为例来说明如何合理地使用物流企业的能力。

保管能力与保管的仓容有关。保管的仓容是仓库的容量，它由仓库的面积、高度、载重量三个要素组成。仓容会受到物品保管淡旺季节的变化及货物吞吐过程中时间间隙的影响，仓容未被使用，就会产生保管能力的浪费现象。如果能够通过测算，找出仓容能力，然后，再为仓容建立合理的能力，并且进一步对仓容情况进行能力检查和分析，就可以不断地修改仓容能力，绘制出仓库平面图形，以便进一步地加强仓容能力管理，有效地进行负荷分配，提高存储量。

（三）设备管理

第三方物流管理的另一项内容是物流设备管理。第三方物流所具有的物流设备齐全，而且更新快，物流技术新颖。

物流设备的种类很多，从用途上来看，可以分为装卸搬运设备、运输工具、保管设备、计量设备和安全设备。为了保证物流业务的正常开展，物流设备管理是必不可少的。因为物设备是物流活动赖以运行的另一种能力，即设备能力。物流设备管理的内容包括以下各个方面。

1. 购进

购进物流设备时要掌握这样一些原则：技术先进、安全可靠、经济合算、操作简便。

2. 使用

对于不同用途的设备应有不同的使用方法，也就是做到合理使用，只有合理使用，才能真正发挥每台设备的作用，提高设备的使用效率，同时也能避免设备过早地损坏和报废。例如，对于装卸搬运设备，应该做到专人操作，防止过载，做到经常保养；对于保管设备则要注意防止损坏，轻搬平放；对于计量设备，必须做好定期校验，保证度量准确，并做好及时修理；对于安全设备，则要根据需要配置存放，并有专人保管。

3. 维修与保养

为了延长设备的寿命，还必须做好设备的保养工作。在保养工作中，首先是要设立专门的保养部门，安排专门的保养人员，建立专门的保养制度，随时建立设备保养档案，才能做好日常保养工作。

除了日常保养工作之外，根据设备损坏的程度，可以分别进行大修理、中修理及小修理等修复工作。

4. 处理

当设备调拨、报废处理，或者出售时，均需要做好专门的记录。

（四）安全管理

第三方物流企业在进行物流管理活动中，也不能忽视安全管理。因为当货主将货物托付给物流企业时，最起码的要求是希望物流企业能保证其货物的安全。相对于这一点来说，别的要求则是次要的。因此，第三方物流企业会承担一定的风险，需要采取必要的安全管理措施。

在安全管理方面可以做的工作首先是防止货物被盗，因为在物流企业中货物较为集中，吞吐量大，运输和保管部门必须要做好防盗工作，避免由于发生盗窃而造成货物的损失；同时，要根据运输工具的保管场所和物品特点以及气候条件等，建立消防组织，防止发生意外火灾等事故，以避免货物的损失。

（五）信息管理

第三方物流企业的物流管理活动也包括了对物流信息的管理。在合同、能力、设备、安全的管理，以及其他物流管理中，都涉及信息管理。每个物流企业都可以建立一个物流信息系统。这个信息系统可以利用新的信息技术来建立，它所建立的将是一个集成的信息系统。下面以物品信息管理为例说明物流信息系统是如何进行信息处理的。

在签订合同之后，物品经过运输到达物流企业，并进仓加以保管。这时，可以根据进仓单在计算机上建立物品进仓记录，记录的内容有：物品编码、物品名称、单位、数量、重量、货主、装卸次数、运输方式、运输编号、进仓单号、进仓日期、保管时间、仓位等。在物品经配送、包装、流通加工、出仓时，根据出仓单，通过计算机建立物品出库记录，并在原来的物品档案上，追加出仓单号、出库日期、数量、包装材料、装卸次数，然后可以计算出保管的物品余额。物品数据库可供查询，查询的内容主要是物品的有关情况，同时也可以进行货物的跟踪，以及检查物流的管理状态。通过物品数据库中数据的汇总处理，还可以得到保管、合同、运输等各种汇总统计数据。

课后思考

1. 简述第三方物流的概念。
2. 简述第三方物流是如何产生的。
3. 试述第三方物流在哪些方面可以获益。
4. 试述第三方物流是如何创造价值的。
5. 从发达国家的第三方物流中我们可以得到哪些经验？
6. 选择第三方物流时需要考虑哪些因素？

案例分析

卡特彼勒的物流服务

卡特彼勒（Caterpillar）物流服务公司成立于1987年，它是卡特彼勒国际公司拥有的独立子公司。母公司卡特彼勒公司是一家生产推土机、越野卡车等地面移动机械并提供相应服务的全球性企业。卡特彼勒物流服务公司通过在世界范围的二十多个物流配送中心及分销商向大约五十万客户提供服务。

卡特彼勒物流服务公司的建立是为了将卡特彼勒公司的经验、技术和良好的客户服务用于新的业务：第三方物流服务。1994 年卡特彼勒物流服务公司服务的细分市场有工业产品制造行业（如石油化工、航空设备、柴油内燃备用零部件）；公共事业部门（如医疗、电子运用企业）；商业办公用品及耐用、耐腐产品等。它的客户包括纳威司达（Navistar）、克莱斯勒（Chrysler）、路虎（Land Rover）、麦赛·福格森（Massey Ferguson）、阳光国际快递（Sun·Express），以及菲舍（Fischer）等。

卡特彼勒物流服务公司有两个物流配送中心：一个位于布鲁塞尔，另一个位于依利诺斯州的莫顿（Morton），它们在北美和欧洲都拥有并经营许多专用的多功能的配送中心。卡特彼勒物流服务公司在以下五个方面为客户提供物流服务。

（1）物流中心的经营；

（2）库存管理；

（3）运输管理；

（4）信息管理系统；

（5）咨询服务。

客户可以购买几种或所有服务。针对不同客户的具体要求，卡特彼勒物流服务公司与客户建立不同的关系，以下两个例子可以说明。

路虎部件有限公司是路虎集团下属生产越野卡车特殊部件的一家英国公司，它在 120 多个国家的军事、商业、私有部门等行业拥有大量的客户。20 世纪 80 年代中期，路虎部件有限公司面对大量对其服务不满意的客户，它在与美国、日本的同类产品制造商的日趋激烈的竞争中也失去了部分市场份额。

经过分析，路虎部件有限公司认为公司需要将力量集中于原材料采购、生产、销售、与客户和供应商建立合作关系，以及管理等方面；而实际的物流作业，如运输、仓储及信息处理等，则可交给专门的物流公司来管理。

当时，卡特彼勒物流服务公司还没有成立，但是卡特彼勒的零部件分部在客户服务方面已小有名气，它在世界任何地方都能保证货物 48 小时送到。卡特彼勒公司在中东地区已经有一个现代的物流配送中心，该中心选择集中方式以满足路虎部件有限公司在英国的需要，因此路虎部件有限公司联络卡特彼勒公司并要求他们承接在英国备用零件的储存。这就是卡特彼勒物流服务公司作为第三方操作者的开始。

在英国的配送中心，对于紧急订单的合同标准是在配送中心内 2 小时处理一份订单，存货订单应在 2 天内准备装运，出口订单在 3 日内；运输则转包给联邦快运公司。

北美市场是由孟斐斯（Memphis）的配送中心服务的，零件连夜从孟斐斯运往美国和加拿大周围路虎的商人。中部时间晚 8：00 收到的紧急订单要在第二天上午当地时间 10：30被发送。存货订单每星期下达，周转期为 7～10 天。

1992 年阳光国际快递决定将外协仓储、运输管理和物流信息系统交给卡特彼勒物流服务公司。1993 年卡特彼勒物流服务公司每天为阳光国际快递从印第安纳波利斯（Indianapolis）配送中心运送 500 箱给美国和欧洲的顾客。阳光国际快递在亚洲的顾客由卡特彼勒物流服务的日本配送中心服务。在美国和欧洲，服务目标是当天发送、3 天内运达；

在日本，服务要求也是当天发运，但是第二天必须运达。卡特彼勒物流服务公司和阳光国际快递用 ANSI ×12标准的电子数据交换（EDI）通信。

外协对阳光国际快递而言，一个好处是可以减少在储存设施方面的投资，减少资金的占用。以前，阳光国际快递的配送中心和运输费用占销售的 7%，在与卡特彼勒物流服务公司外协后，这些成本降低至 3%。另一个重要的好处是能够集中资源进行国际扩张。

讨论：结合案例分析卡特彼勒公司是如何实现其物流服务。

第二章　第三方物流企业经营与运作

第一节　概述

一、第三方物流企业及其分类

2005 年 5 月 1 日起实施的由国家标准化管理委员会发布的《物流企业分类与评估指标》国家标准（GB/T 19680—2005）中对物流企业做了如下定义："至少从事运输（含运输代理、货物快递）或仓储一种经营业务，并能按照客户物流需求对运输、储存、装卸、包装、流通加工、配送等基本功能进行组织和管理，具有与自身业务相适应的信息管理系统，实行独立核算、独立承担民事责任的经济组织，非法人物流经济组织可比照适用"，其中综合服务型物流企业就是第三方物流企业，是指为客户制定物流服务方案，以合同的形式，在规定时期内为客户提供包括运输、仓储、加工、配送等物流全程服务并且同时应用管理信息系统进行管理、控制的物流企业。

第三方物流是在设计物流企业的物流系统运营时将工商企业的物流合理化作为目标，因此，物流企业的效益与工商企业的物流服务水平、物流效率，以及物流效果的相关性极大。为了获得一定利润，第三方物流企业必须为客户提供全部或部分供应链环节的物流服务，服务可以是运输、仓储、码头装卸、库存管理、包装，以及货运代理任何一个单独的物流服务，也可以是物流解决方案的设计、实施和运作管理。根据提供物流服务形式的不同，可以将第三方物流企业分为以下几种。

1. 以单纯运输为基础的物流企业

这类物流企业的优势在于其能够通过借助母公司的运输资产，以及在信息化方面的巨大能力来扩展运输功能，使之提供的物流服务更专业化、快速化。如联邦快递（FEDEX）、美国联合包裹服务公司（UPS worldwide Logistics）等。

2. 以仓储和配送业务为基础的物流企业

这类企业主要以各种公用和专用仓库为主，为客户提供的服务包括物品在时间上的存放以及在仓库内的搬运和装运，并保证物品在仓库内的安全。传统的公共或合同仓库与配送物流商提供的物流服务已经扩展到更大的范围。实践证明，基于设施的公司要比基于运输的公司更容易转为综合物流服务，比如，卓越国际货运（EX EL Logistics）、DSC 等。

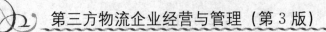

3. 以货代为基础的物流企业

通常情况下，这些公司本身并没有资产，在与许多其他物流服务供应商有着密切联系的同时又具有一定的独立性。他们通过将不同的物流服务项目组合起来进行营销来满足客户个性化、多样化的需求，也能形成企业自己的核心竞争力。以辛克物流（Schenker）、飞驰公司（Fritz）等公司为例。

4. 以托运人和管理为基础的物流企业

这类企业产生于大公司的物流组织，他们将物流专业知识和数据仓库技术、数据挖掘技术等企业特有的资源，与母公司的管理经验、知识积累相结合，对客户有着巨大的吸引力，如国际商业机器有限公司（IBM）、KLS等。

5. 以财务或信息管理为基础的物流企业

这类物流企业提供的管理工具包括：运费的支付与核算、审计、成本会计与控制，采购、监控、跟踪、存货管理等。如通用电器信息服务部（GE Information Service）、Encompass等企业。

二、我国第三方物流企业的分类

近年来，随着物流业的迅猛发展，我国物流市场中的第三方物流企业呈现多样化的趋势。根据形成结构的不同，我国第三方物流企业大体可分为以下四种。

1. 由传统运输公司或仓储公司演变的区域性物流企业

主要是指地区的商业储运公司，他们一般依托原来的仓储系统，并拥有自己的车队，在本地区提供基本物流服务和部分增值服务。虽然与其他地区的原兄弟公司有联系，但还不够紧密，尚不能成为网络，这类企业的仓库结构和设施比较旧，很多地方还采用的是楼库（4～5层），这对于租用楼上库房的企业的进出库速度有所影响。由于历史遗留的体制问题，多数企业负担沉重。在管理方法和对物流服务的认识上，多数企业还局限于传统、分离、单一的基本业务，但其收取的服务费用比较低。随着市场竞争的加剧，他们也开始不断提高自己的能力，以适应客户的需求。个别的企业，随着不断的积累，也能做得比较出色，如成都的商业储运公司已成为多家外资企业（宝洁、飞利浦、纳贝斯克）在西南地区的第三方物流合作伙伴，上海的商业储运公司近期还参与了联合利华在中国的投标。

2. 由某一传统领域全国性的国有企业演变成的物流企业

如中外运（Sino－Trans）、中国邮政、铁路系统、中远（Cosco）、中储等，它们在各自的行业、领域处于垄断或领先地位，规模都比较大，资金实力较雄厚，且物流设施比商业储运公司要好。虽然它们是全国性的公司，但地方的子公司都是独立核算，因此，除非是很大的客户，多数客户很难享受到较为全面的配合和统一的协调。这类物流企业一般都能提供全部的基本物流业务和部分的增值服务，但价格较商业储运公司稍高。除了像中外运、中远这样的已有多年的涉外经营经验的企业，其他的服务商在观念上还是比较落后，且效率也不是很高，部分企业还残留着有行业老大的痕迹，对客户需求不够重视，灵活性也较差。

3. 大型外资跨区域物流企业

虽然由于政策法规的限制，目前这类外资物流企业在绝对数量上不多，但它们在物流行业中还是有着相当的影响力。在新设备投资（特别是 IT 方面）、资金实力、人才、观念、经验和管理方法上，这些企业都有着较大的优势。它们往往能够提供较为全面的、跨地区的服务。但这类企业主要集中在东部沿海的大城市，而且其服务对象主要是三资企业。个别的企业已渗透到内地，如宝隆洋行的物流网络，已可覆盖全国 50 多个城市。另外，由于要负担它们的投资及大量的人力成本（特别是外籍员工），它们的收费水平也是较高的。

值得注意的是，部分物流企业并不拥有运输车辆、仓库等物流设施，它们主要是提供代理服务，通过转租、联营等方式寻求中方物流企业的合作。这样，一方面可以充分利用国内的闲置资源，降低其固定资产的投入，从而可以大大降低运营成本；另一方面，其中方合作伙伴的能力、收费，以及双方的沟通，也会给外资物流企业的服务质量和收费水平造成影响。

这类具有代表性的企业有宝隆洋行（EAC）、英之杰（Inchape）、海陆（Sea－Land）、新科安达、马士基、华商、大通等。

4. 民营物流企业

由于这类企业没有历史负担、管理机制灵活、管理成本较低，故发展较为迅速，如广州的宝供物流集团。作为后进入市场者，一般这类企业的定位都是成为专业化的第三方物流服务供应商。民营物流企业在当地市场上比外资企业更具灵活性、适应性，在服务、管理理念、管理方法及现代电子信息技术的应用上一般都要高于国有物流企业。但往往由于在资金实力方面的限制，这类企业在业务拓展、规模扩张和网点增设方面有很大的阻力，而且作为新型的物流企业，需要在物流操纵和物流服务方面积累更多的经验。

从提供的服务范围来看，我国的第三方物流企业仍以运输、仓储等基本物流业务为主，加工、配送、定制服务等多种增值服务仍处在发展完善阶段。目前像宝供、中海物流这样功能完善的第三方物流企业数目不多。虽然像中远集团、中外运集团、中国储运总公司这样的大型运输、仓储企业已经向第三方物流企业转化，但它们的传统运输、仓储业务仍占主要部分，第三方物流功能和服务还有待完善。

第二节　第三方物流企业经营

一、第三方物流企业经营模式分析

分析物流业，其基本的产品就是服务，而物流服务的最大特点就是对每个客户进行“量体裁衣”的服务。由于物流涉及的“面”“点”较多，每个客户都有自己独特的需求。对客户来说，它们并不关心整个供应链中的每个环节是由谁操作的，它们只关注物流企业对整个复杂供应链的控制和解决能力、通过物流企业的服务可以给自己降低多少成本，以及货物的状况等。由于大多数的物流公司都是以传统的“准物流”业为起点，例如运输业、仓储业、货代业等。因此，第三方物流服务业的参与者通常被认为起源于以下五种类型：承运人型企业、仓储型企业、货代型企业、信息型企业和客户型企业。其中货代业一般不具有提供物流服务的基础设施，而是与各种类型的服务商组合成物流供应链以满足客户的需求，这些服务商以货代的分包商的形式而存在，货代业的这种经营方式，是典型的“虚拟”经营模式。

第三方物流利用自己的服务品牌和网络优势，将传统的运输和仓储通过系统工程和信息技术整合到自己的品牌之下，向客户提供优质高效的综合物流服务，这便是第三方物流业的虚拟经营。

所谓虚拟经营，就是“借鸡生蛋”，但是它不是传统意义上的“借鸡生蛋”，而是在投入很高的信息工程、管理系统工程和物流功能程序研究开发资本的条件下，形成知识经济产业。从经济学的角度来看，采用各种信息网络来完成经济活动与直接通过运输和仓储所完成的经济活动是不可分割的，相比之下，在知识经济时代和正在走向知识经济的时代，前者具有更重要、更关键的作用，甚至于可能控制整个经济活动的各个方面。货代业的物流服务属于“完全虚拟”的范畴；运输业、仓储业等由于自己本身拥有部分的基础设施而属于“部分虚拟”的范畴，“部分虚拟”实际上隐含于“完全虚拟”之中。

由于开展第三方物流公司的经营人大部分采取“虚拟经营”的形式，因此，本部分所涉及业务及建立的需求模块主要以“虚拟”经营的第三方物流公司为基础。物流公司要对整个物流过程进行控制，因此，物流公司的信息系统必须与各个分包商的系统进行数据接口，以实现信息共享。但是，各个分包商在物流供应链中所扮演的角色是不同的，与第三方物流公司所共享的信息也是不同的，例如，运输分包商要将货物的动态信息提供给物流公司，以利于货主向物流公司进行在运输过程中的货物跟踪信息查询；仓储分包商也需要将货物的库存信息、再加工、包装信息等提供给物流公司，以利于物流公司对物流供应链进行控制。物流公司只需要得到各分包商业务信息中与物流供应链货物动态相关的信息，并不需要完全与分包商的信息共享，例如营销信息系统，物流公司有自己的针对货主、分包商等的营销信息，而分包商也有自己针对物流公司等的营销信息，这两套营销信息系统所面向的对象是不同的。

二、第三方物流企业经营策略

（一）电子商务环境特点分析

目前我国的电子商务正处在稳步发展的阶段，它既是企业发展的外部环境，也是企业发展的有力工具和手段。

电子商务是在互联网（Internet）开放的网络环境下，基于浏览器/服务器的应用方式，实现客户和企业信息沟通、网上购物、电子支付的一种新型的运作方式。

在电子商务环境下，几乎所有实力企业都在因特网上建立了自己的电子商务网站。各个企业都在网站上介绍自己的企业、提供企业各种信息，展示自己的产品和服务，有的还提供电子交易手段、进行网上交易。一般的企业网站都提供了客户服务模式为用户登录拜访、信息查询、技术支持提供服务，这些网站可以面向广大消费者、广大的实际企业进行业务往来、交易活动以及服务活动等。所有这些企业的电子商务网站就构成了网上的企业世界，他们都是社会上的实际企业在网上世界的虚拟，都是现实企业在网上社会的“替身”，包括其运作状况和模式，也包括企业之间的互相交易和业务来往、信息沟通等。

网上社会，除了企业网站之外，还有政府网站、银行、行业协会、中间机构、机关和学校等的网站，这些网站和企业网站合在一起，构成了一个完整的网上社会，这个网上社会是整个现实社会在网上的虚拟和延伸。

电子商务环境的基本特点有：高度发达的信息技术，自由宽松的社会环境，遥远而又很近的客户市场和供应商市场，完备方便的业务处理，方便迅速的客户沟通和供应商管理，网上和网下相结合的工作环境。

电子商务环境为企业创造了一个高效方便的运作环境，为企业的发展创造了非常有利的条件。在电子商务环境下，第三方物流企业应当充分利用电子商务环境所带来的有利条件，建立起一套适合于电子商务环境的工作模式，使企业获得最大的发展。

（二）第三方物流企业业务模式分析

第三方物流企业的业务模式应当从以下几个方面去考虑。

1. 企业的电子商务网站应当具有强有力的客户服务功能

就第三方物流企业的电子商务网站的客户服务功能来说，最起码应当具有的功能是：客户登录功能；客户信息调查和客户留言功能；客户呼叫和客户沟通功能；宣传广告功能；客户信息储存和处理分析功能；客户业务处理和信息反馈功能；网上企业业务处理功能。开发企业信息管理系统、建立电子商务网站、连上互联网，这还是做到了适应电子商务环境。为了充分利用电子商务环境的有利条件，还要增强电子商务网站的功能，充分利用电子商务网站，为企业做更多的事情，获得最大的效益。

企业的网上业务处理，就是企业的物流管理信息处理系统，包括企业物资的进货、储存、出库发运业务的信息处理。企业不同，具体的业务有可能不同。企业物流管理信息系统的好处，就是不但可以做到信息共享、提高处理速度和处理效率，而且能够及时在网上进行数据更新，及时反馈给各个业务部门，反馈给客户，为前面的客户服务功能提供支持，因此物流管理信息系统是企业运作的基础工作。网上业务处理的结果能够随时提供客户查询，对于增强客户的信心、培养忠诚客户、扩大客户市场都是至关重要的。

2. 开发现代信息技术，建立起基于 Internet/Intranet 的电子商务网站

企业首先要适应电子商务环境，要能够进入“网上社会”中去。如果连网上社会都进不去，何以谈得上利用电子商务环境条件呢？现在互联网（Internet）已经被别人建立了起来，一个有魅力的网上环境资源已经存在。现在就看我们能不能利用上它。要利用它，我们就必须建立起我们自己的企业内部网（Intranet），开发企业管理信息系统，建立企业

自己的电子商务网站，并连接到互联网上去。这样我们就可以利用互联网络资源，进入网上社会，充分利用电子商务环境的有利条件进行网上运作，为企业自身的发展服务。

建立企业内部网、开发企业管理信息系统、建立网站，这么一小步的工作，可能会被某些企业看成是一大步，因为算起来，它也要花费几十万元到几百万元的资金，特别是对于一些小企业、或者那些没有长远眼光的大企业来说，要下这么大一个决心，的确有点不容易。有的物流配送中心的老总们坦言，有这么一大笔钱，我还不如去盖一个仓库、购置一些车辆、扩大我的业务、直接增加营业收入来得快。但是问题在于，添置这些固定资产，是否真有市场呢？是否能够保证能够利用起来？能否保证不闲置？是否有后劲？原来计划经济时期的一些老的储运企业，曾经建了那么多的仓库、那么多的物流基础设施，好多到现在都没有充分利用起来，所以关键还是在于开发市场，只有开发了市场，增加了客户，企业才有后劲。而开发信息技术，就是开发市场的必要手段，是积聚企业后劲的必要手段。大家知道，有名的物流企业宝供公司，真正的大发展就是从开发了企业管理信息系统以后才开始的。深圳海福公司也是因为开发了管理信息系统以后才大大扩大了市场、增加了业务、增强了后劲的。

当然，如果企业资金实在困难，也不一定一步到位，可以分步实施。先开发一个小系统，再开发一个大一点的系统，最后完成整个企业的管理信息系统、建立网站、连接互联网。但是目的一定要坚定不移，这可以说是适应电子商务环境的必由之路。

3. 企业应当把网上运作和网下运作结合起来，全方位地加强客户服务功能

电子商务环境为我们提供了有利的环境条件，充分利用网上资源、搞好网上运作是非常必要的，但是千万不要偏废，只重视网上运作而忽视网下运作，而要把网上运作和网下运作结合起来，充分发挥各自的优势，互相补充地共同实现企业的运作、获取最大的效益。

网上的运作已如上所说，网下的运作模式应该做到以下几点。

(1) 特别注意物流业务作业的运作质量。承接的每一笔客户业务，一定要按照客户的要求不折不扣地圆满完成，不要出现差错；

(2) 努力做好售前、售后服务工作。事前多联系多协调，提供技术咨询，为货主客户着想，主动搞好自己的协助服务工作；售后主动配合客户的装卸搬运落地的工作，提供技术咨询，征求客户意见，改进自己的工作。每一笔业务运作完成以后，都能够为客户留下美好的印象，达到客户满意。

(3) 配合网上的客户服务手段，做好客户的信息收集、反馈和咨询等方面的服务工作。

(4) 文明开展业务，树立很好的企业形象。储运配送最容易给社会生态环境造成尾气、噪声和污染，造成交通紧张，物流配送企业要尽量提高技术水平，大力开展文明作业，把污染减少到最低程度，在社会中树立一个很好的企业形象。树立企业形象，还包括主动搞好和客户、供应商、政府主管部门、银行、社区街道、社会公益事业的关系，持公道、守信义等。

(5) 配合网上的广告宣传，也充分利用现实社会媒体的特点和宣传广告方式，做好宣传广告工作，宣传企业，宣传产品和服务，扩大企业的知名度。

总之要把网上网下结合起来，充分发挥各自的特长，进行最有效的资源配置，形成一种适合电子商务环境的高效率的工作模式。

(三) 立足专业化，大力拓展增值性服务

1. 增值性服务的含义

增值服务是根据客户的需要，为客户提供的超出常规的服务，或者是采用超出常规的服务方法提供的服务。创新、超常规、满足客户需要是增值性物流服务的本质特征。增值服务主要是借助完善的信息系统和网络，通过发挥专业物流管理人才的经验和技能来实现的，依托的主要是配送企业的软件基础，因此是技术和知识密集型的服务，可以提供信息效用和风险效用。这样的服务融入了更多的精神劳动，能够创造出新的价值，因而是增值的物流服务。

2. 第三方物流企业增值性服务的内容

(1) 信息增值性服务。表现为专业物品流通企业收集大量的信息，如买卖双方的信息、产品说明和使用情况、发展情况、用户的意见、供求信息、技术发展趋势等，并对这些信息进行过滤、筛选、整理、分析，总结规律，发现问题，同时指导自己的工作，并将这些信息传递给供求双方，形成一种知识学习的作用。

另外，通过对运输需求信息和空车信息的收集为其他运输企业提供回程信息服务也是第三方物流企业信息增值性服务的具体体现形式。

(2) 分担风险的增值性服务。表现在物流通过程中存在和隐藏着许多风险，如质量风险、信贷风险、政策风险、汇率风险、财务风险等，让物流双方谁来承担这些风险责任可能都会是一种讨价还价的“扯皮”过程，会极大地增加交易费用，甚至阻碍物流的真正完成。由专业物流企业来承担这些风险无疑会极大地提高供求双方的信心，同时加快流通和再生产的过程。

(3) 信用效用增值性服务。表现在物流企业利用自身第三方的角色，在支付额度、支付周期、物流速度、物流量等方面都有着信用放大和信用保证作用。同时这种专业化分工对社会产业结构优化，吸收就业，改变流通困境，创造社会效益也有深刻意义。

但是，由于目前我国的多数的第三方物流企业处于刚刚起步阶段，因此真正能够提供信用效用增值性服务的企业还没有。

(4) 其他增值性服务——业务延伸。业务延伸是向配送或物流以外的功能延伸。向上可以延伸到市场调查与预测、采购及订单处理；向下可以延伸到物流咨询、物流系统设计、物流方案的规划与选择、库存控制决策建议、货款回收与结算、教育与培训等。关于结算功能，不仅仅只是物流费用的结算，包括替货主向收货人结算货款。关于需求预测功能，物流服务商应该负责根据物流中心商品进货和出货信息来预测未来一段时间内的商品进出库量，进而预测市场对商品的需求，从而指导用户订货。关于物流系统设计咨询功

能，第三方物流服务商要充当客户的物流专家，为客户设计物流系统，代替他们选择和评价运输网、仓储网及其他物流服务供应商。关于物流教育与培训功能，通过向客户提供物流培训服务，可以培养其与物流中心经营管理者的认同感，可以提高客户的物流管理水平，并将配送中心经营管理者的要求传达给客户，也便于确立物流作业标准。

3. 第三方物流企业实现增值性服务的支持因素

（1）建立相应的制度，有效地管理服务创新过程。运输企业要实现服务创新，首先应建立相应的制度，有效地管理服务创新过程。一般来说，各运输企业基本上是由计划、营销、技术和管理等部门分别从事物流市场调研、战略制定、技术开发等工作，而服务创新管理与这些工作都存在着紧密联系，因此应当设立专门负责服务创新的管理机构，并由企业最高管理层直接领导，以便于工作的协调。

服务创新的管理部门人员应从企业战略发展部门、营销部门、技术部门抽调骨干人员组成，并可根据实际情况外聘专家和顾问。服务创新部门的资金投入应充足稳定，可根据每年营业收入按比例提取。

此外，应确保服务创新部门和企业内各部门之间的协调和配合，使运输企业内部的资源充分共享，保证服务创新部门的工作得以顺畅进行。

（2）紧紧围绕客户进行创新，满足客户需要。服务创新的来源有客户、竞争者、经销商等，但客户始终是最重要的因素，因为谁最能满足客户需要，谁就能赢得竞争优势。因此运输企业的服务创新应以客户需求作为切入点，详细分析客户需求的构成。要善于引导客户，创造市场需求。科特勒说："好的公司满足市场，伟大的公司创造需求。"这正说明了创造市场的重要性，如果企业能独创一块属于自己的新市场，将会带来丰厚的回报。法国经济学家赛伊曾经提出过，"供给本身就会创造需求"。有许多东西，在没有被生产出来之前，人们还不知道它的作用，因而也就不会产生与之相应的需求。在很多时候，也并不是客户先有了需求，企业才去研制和开发新产品，而是当一种新产品被企业创造出来之后，客户才会发现它的有用之处，企业于是才在市场上为自己争得了一块新的领地。因此，在服务创新过程中，运输企业不必一味地被客户的需求牵着鼻子走，而要以超前的眼光，通过设计、提供那些超前的服务产品，把客户的需求、口味和眼界引领到一个新的方向，提升到一个新的高度，使企业始终在争取客户的竞争中掌握主动权。

（3）争做服务创新的"领跑者"。英特尔公司总裁葛鲁夫曾经打过一个比方："在雾中驾驶时，跟着前面车的尾灯灯光行路会容易很多。然而，'尾灯战略'的危险在于，一旦赶上并超过了前面的车，就没有尾灯可以引路，因此也就可能失去了找到新方向的信心和能力。"所以，他认为，追随者没有前途。实际上，产品的生命周期说也可以说明，市场中的追随者是无法享受到创新所获得的高额利润的。比如，当其他企业推出某项新业务时，可能会获得极好的效果，并吸引大批客户。而在这时，倘若企业随后推出这项业务，对自己而言，不过是从别人的碗中分得一勺羹罢了；对客户而言，不过是锦上添花，而非雪中送炭，客户对它的认同度已经大大降低。因此，第三方企业在服务创新过程中，要时刻以客户的现在需求及潜在需求为出发点，时刻走在竞争伙伴的前面，尽可能持续地占领市场份额。

为实现服务创新的领跑地位，第三方企业必须在起步之初聚焦在一个领域之内，找准切入点，以便准确地找到突破口，集中力量研究，确保服务创新的深度和领先水平，塑造自身的品牌。

总之，第三方物流企业增值性服务的核心在于物流企业的专业化和规模化导致了低成本，节省物流运作成本，同时又提供了其他增值服务。这也是物流企业生存的基本点，又是赢取客户的出发点。

（四）以质量为根本、以客户满意为目标，大力开展品牌建设

1. 开展品牌建设的目的

如前所述，服务是不包括所有权转让的特殊形式的交易活动服务的提供与有形产品的交易不同，是一种经济契约或社会契约的承诺与实施活动，不存在所有权的转移。因为服务是无形的，在交易完成以后就消失了，顾客并没有“实质性”地拥有服务。由于服务的这一特殊性，使有些顾客感到购买服务有较大的风险，解决的办法要靠契约的规范和完善，也靠企业的信誉，用户要找信誉好的企业来为自己提供服务。那么什么最能体现信誉？在当今社会便是优质的品牌。

2. 开展品牌建设的核心

近年来第三方物流市场可谓群雄争霸，小鬼当家，天下乱打，而国际物流大鳄一天也没有停止挺进中国物流市场。

第三方物流企业急需提高企业的核心竞争力，提供高效物流服务。第三方物流是由供方与需方以外的物流企业提供专业物流服务的业务模式，它服务的对象是物流服务需求方。以高效率的物流服务满足客户的需求是第三方物流企业的立足之本。第三方物流企业同样需要确定自己的核心业务和核心优势，不可面面俱到。某快速消费品物流服务公司费尽心机拿来了危险品业务的客户，结果因为不熟悉运作险些酿成大祸。第三方物流企业的核心竞争力贯穿于所提供服务的每一个环节，包括业务流程、操作规范、考核指标及更重要的成本控制结果，最终为客户提供一套完整的、高效的服务，才能在竞争中立于不败之地。

强化客户服务理念，做到想客户之所想，急客户之所急。契约化和个性化是第三方物流服务的最重要的两个基本特征。翻开第三方物流服务的合同，客户总是要求服务更好一些，更全面一些，而价格更低一些。另外，不同的客户因其产品不同所需的服务各有不同。目前所有的物流公司都设立了客户服务部，并按品牌分别管理。为了了解客户的需求，客服部门需要及时协调生产、计划、采购、销售等部门，做到组织有序，实施有效。新的竞争环境下，客户有时直接参与和介入物流公司的运作的情况屡屡出现，为了合理控制成本，营运部门可根据情况尽可能地实施多式联运等多种服务方式，以让客户百分之百的满意。

以质量为根本，创第三方物流品牌服务，加大供应商管理的力度。第三方物流企业靠

整合社会运输资源提供有效的服务。由于没有现代物流理念和技术做支撑，许多第三方物流企业为了做好客户服务，企业只好加大成本，所以许多企业损失惨重。严查车辆超载，本来是一件好事，但运输车辆大吨小标的行业痼疾一经核查便发现不仅仅是超载的问题，超低运价及超低水平的服务问题暴露无疑。长期以来，运输车辆靠超时、超载而形成的超低价运行的模式，直接导致运输服务的超低水平服务，这是和现代物流的优质、高效的服务理念相悖的。

中国有大小数万家物流公司，是全世界最多的，这种鱼龙混杂的局面必须得到整治。行业整合期已到，优胜劣汰已成必然。大浪淘沙，势在必行，中国第三方物流业呼唤着真正的物流服务名牌出现。

第三节　第三方物流企业运作模式

一、第三方物流企业运作的基本条件

根据国外第三方物流企业的发展经验，其成功最重要的因素在于整合物流过程以实现对客户的增值服务。第三方物流企业要想实现优质、高效的物流服务并取得丰厚的利润，必须具备以下基本条件。

1. 物流组织的网络化

提供运输服务是第三方物流企业必须具备的基本业务，第三方物流企业只有形成跨区域的运输网络，才能形成运输规模效应；同时，能充分利用各地的返程车辆，最大限度地降低运输成本。

2. 物流信息的电子化

拥有现代化的信息管理网络，这是物流作业的中心环节。

3. 物流目标的系统化

第三方物流企业必须依据客户的营运目标来制定成本目标和服务目标。

4. 物流组织的智能化

在企业内部建立学习型组织，必须采取有效的激励机制和完善的人事培训制度，以促进企业员工积极学习新知识和新技能，以期最终提高第三方物流企业的竞争力。

5. 物流业务的市场化

对企业而言，把物流业务外包给专业化的物流企业承担所带来的经济效益已经日益成为降低成本的主要来源。

6. 物流作业的规范化

通过规范化，以减少物流企业内部作业的混乱和降低运作成本。

二、第三方物流企业运作模式分类

第三方物流企业可分为资产基础型第三方物流企业和非资产基础型第三方物流企业。

资产基础型物流企业拥有从事物流活动的设施、装备、运营机构、人才等生产条件，以此来为客户提供各类物流服务；而非资产基础型物流企业是指物流供应商不拥有或租赁资产，而是以人才、信息和先进的物流管理系统为客户提供服务。前者多为传统的运输业、仓储业和相关行业转型来的，后者多为最近几年新兴的物流企业。

（一）资产基础型第三方物流的运作模式

1. 传统外包型运作模式

传统外包型运作模式是指商贸流通业和生产制造业分别以契约的形式把自己的部分或全部物流业务分包给一家或多家专业物流企业，各专业物流企业也同时承包多家客户企业的相关物流业务。这种模式对第三方物流企业来说是一种比较低级的运作模式，这种模式以客户企业为中心，第三方物流企业通过契约外包专项物流业务，物流流程及方案由客户企业自己设计，第三方物流企业对整个物流过程的管理相对简单，当企业的业务量及产品品种发生变化时，企业可能需要重新寻找新的物流承包商。目前许多小型和传统的运输和仓储企业多采用这种模式，但这种模式已不能满足需求多变的物流客户的要求，有逐渐被淘汰的趋势。

2. 战略联盟型运作模式

战略联盟型运作模式是指第三方物流企业以契约形式结成战略联盟。这种合作联盟的基础是资源共享，包括三方面：一是信息共享，即联盟内部各企业独立获得的信息即是联盟的共同信息；二是技术的共享，联盟体内部各企业的技术特点集成，互相取长补短；三是业务能力的共享，在联盟体内部当某一企业因为季节性或临时性业务量过大不能处理时，或由自己处理不经济时，可以把业务量转移给联盟体内部其他企业。

联盟包括纵向联盟和横向联盟。纵向联盟是在物流系统中，从事不同物流业务，不存在同类市场竞争的企业间的联盟合作；横向联盟是彼此间独立从事相同物流业务的物流企业间的联盟合作。前者如运输经营者和仓储经营者的资源租用，后者如不同运输企业之间或不同仓储经营者之间的业务调剂或资源租用。

这种运作模式可以实现物流资源的整合优化，联盟内部成员通过三种方式的共享实现了资源的更高效利用，降低了整体运营成本，而且在联盟中有了从事信息服务的成员加入，可以更合理地调度资源，减少运作的盲目性。例如，联盟内部各种运输方式的运输企业可实现多式联运，内部成员之间某些票据通用，可减少中间环节，提高效率。内部成员通过信息平台协作，实现联盟内部零散货的配载配装，提高实载率；通过业务的转租避免运力的浪费，减少空驶率等。

战略联盟必须通过合约保证一定时期内的稳定协作，这样才能保证服务质量的稳定。内部的资源共享也必须建立在互惠互利的基础上，例如在设备的租用方面内部成员间应给以最优惠价格。但是这种联盟成员毕竟是利益不同的个体，由于存在“效益悖反”，而且成员大多从自身利益出发，有时很难达到资源的最优配置，尤其在信息和业务能力共享方面。

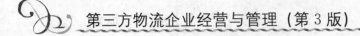

传统外包模式和战略联盟模式都是物流企业还继续从事自己的原有业务，对其他业务不投入，或投入很少，只是通过合作完成物流综合业务。这样，企业可以不必投入大量资金在自己不熟悉的业务上，仍致力于自己的核心业务，管理上也比较有经验。

3. 综合集团型运作模式

综合集团型运作模式就是组建综合物流公司或集团。综合物流是第三方物流发展的一种高级形式，对传统的物流业有了较大的改造，其服务项目大大扩展，可为客户提供一体化的物流服务，代理客户的所有物流业务。

综合第三方物流大大扩展了物流服务范围，对上游客户可提供原材料的及时运输、产品代理和物流系统设计等，对下游客户可全权代理配货配送业务，综合物流企业可同时完成商流、信息流、资金流和物流的传递。

综合物流公司的组建方式有多种渠道，但是一定要注意避免低级设施的重复建设。从充分利用现有资源的角度出发，主要有以下三种方案。

第一种方案是由项目发展商投资新建和改建原有的物流设备，完善综合物流设施，组建执行综合物流各功能的职能部门，这种方案比较适合迫切需要转型的大型传统运输和仓储企业。

第二种方案是项目发展商收购一些小型物流企业和部分生产流通业自备的物流设施，并对一些落后的设施设备进行改造。据统计，生产流通企业自备车辆和仓库占到社会总物流设施的一半左右，如果能对这部分设施进行整合，可直接推动客户租用第三方物流，激活第三方物流市场。

第三种方案就是原有的从事不同业务专项物流运营商以入股方式进行联合，组建成综合物流集团，这种方法初期投入资金少，组建周期短，联合后各运营商还是致力于自己的专项，业务熟悉，管理方便，参股方式避免了联盟模式中存在的利益矛盾，便于协作。

（二）非资产基础型第三方物流的运作模式

1. 综合物流代理运作模式

第三方物流处于客户与低层次的专业化物流公司（包括车队、仓储企业之类的从事单一物流业务的传统企业）之间，通过整合专业物流公司的资源为客户提供综合的物流代理服务。

这种运作模式以物流过程的管理为强项，不仅要完成客户的服务，还必须对物流服务供应商进行管理和组织。这种模式的合理性在于借助传统的运力和仓储资源，通过自己的组织和管理整合优化这些资源，避免了基础资源的重复建设，大大提高了服务水平。

2. 软件技术及信息服务型运作模式

这类公司的主要业务是为客户提供个性化的物流系统流程设计及管理方案，或为其定制物流管理软件，或者通过发达的信息网络系统，为客户及其他资产型物流企业提供及时有效的物流信息。

三、第三方物流企业运作策略

建立和发展适应网络经济形势的物流业，是一个大的社会工程，需要全区域，甚至全社会统一认识，形成合力，因为这牵涉像产业重组这样几乎涉及社会所有公司单位和人们的革命性变化，光靠公司自己单干是很难实现的，政府应当出面组织策划和实施，首先是基础建设——建网、上网，要迅速组建覆盖整个区域的因特网和公司内部网。动员组织公司、家庭和个人上网，特别是动员公司、银行在网上建立网站，建立虚拟商店、虚拟银行，开展电子商务。随着电子商务的开展，要逐渐进行产业重组，要有计划地撤销一些实际商店、实际银行的分行、支行、营业点，同时有步骤地将这些公司的下岗富余人员组建合理的配送中心。几个配送中心就可以合并成一个物流公司或物流中心，逐渐形成完善的物流业。

一般说来，第三方物流企业在运作上更注意以下策略的运用。

1. 合理规划配送中心布局

第三方物流公司组建配送中心一开始就一定要合理规划布局。各个小区设一个综合配送中心，负责小区的供货送货；若干小区联合起来，建立大的物流中心，负责向各个小区配送中心供货送货；还有更大的物流中心，例如港口码头、铁路站点，负责向全区甚至向国内内地大进大出地转运物资。不同的物流公司承担不同的功能，彼此又互相协作互相支持，构成一个功能齐全、布局合理、有着等级层次结构的物流公司体系。

2. 建立第三方物流企业

生产公司专搞生产，把生产公司的原材料供应、产品的销售送货等物流业务全交给第三方物流企业去承担。第三方物流企业是生产公司的大管家，既负责“后”勤，又负责“前”勤。这样做，第三方物流企业才会充分合理有效地组织利用资源，既保证自己的经济效益，又保证生产公司的经济效益。

3. 增加商品展示和销售零售

配送中心的基本功能除传统的物流中心和配送中心已有的货物储存、运输（及时进货和送货）、包装、装卸、流通加工等功能外，还要特别增加商品展示功能和销售零售功能，以适应电子商务的需要。这是因为人们通常都在网上虚拟商店中购物，但有时特别是节假日，人们也想逛逛商场，看看实物，而这些需求量不会太多。所以由物流中心和配送中心增设展示和零售功能来满足这些需求比较合适。

4. 在网上建立站点

建立第三方物流企业要立足于高科技、高起点，最基本的要求就是要在网上建立站点，提供信息。除介绍公司、仓库、货物信息以外，特别要提供用户所关心的送货信息。用户已经购买的货物送出去了没有，什么时候送的，送了多少。当然，第三方物流企业也少不了要有高水平的、先进的储运设施，要有足够的仓库储存场所、先进的包装、装卸，以及存放设备设施、舒适宽敞的商品展示和零售场所、强大先进的运输车队和强大的吞吐能力。另外，严格科学的管理系统也是必不可少的，也要实现事务处理信息化、信息处理电子化，要充分利用计算机和计算机网络来处理信息，要利用无线通信、卫星通信、数据传输和电子邮件等工具进行事务处理。

课后思考

1. 简述我国第三方物流企业的分类。
2. 试分析第三方物流企业经营策略。
3. 简述第三方物流企业运作的基本条件。
4. 第三方物流企业有哪些运作模式？
5. 试分析中国物流集成过程中存在哪些障碍？

案例分析

56NET物流网的建立

56NET物流网（www.56net.com，以下简称56NET）于2000年5月6日正式开通。该网站是把卫星定位系统GPS与互联网技术有机地整合起来，运用现代信息技术建立的物流服务专业网站。它可使物流企业的客户通过计算机终端，全天候地观察到所运物品的状态与方位。除实时监察功能外，还具备网上物流服务供求交易功能及专业信息服务的媒介功能。

2000年年初，上海一家名为虹鑫物流的民营企业，规模不大，思路却极为灵活。他们对中国物流市场进行了细致的剖析，得出了如下结论。

国外跨国物流企业拥有雄厚的资金与技术，但是因为文化与国情的差异，不太了解中国的物流市场，过分地讲究自动化，往往导致成本过高，除了一些超大型的外企，一般企业难以承受高成本无利润的物流服务，而外资物流企业从进入中国市场到熟悉这个市场有一个过程，所以从现在开始还有一段时间给国内的物流企业发展；国内物流企业要发展为跨地区的第三方物流企业，并建立分布在不同区域的物流分销网络需要雄厚的资金支持，由于物流行业近年来利润下降及地方保护主义的存在，这种方式的发展也较优先；另一种方式是联合各地有意识、有实力的物流企业组成联盟，实行异地合作，形成全国性的物流配送系统，这不仅贴合各地实际情况，还可以在有限的资金投入下，实现全国性的物流分销配送。

联盟是一个不错的对策，但究竟怎么联合，通过何种方式实现，却是个值得研究的问题。至少，联盟要具备一些基本条件才有意义。

（1）联盟的企业必须有紧密的业务协作，在全国范围内的配送体系有序、高效，甚至使联盟合作达到像一个企业内部操作一样有条不紊。

（2）联盟的组成要求各联盟企业之间实现功能与地域互补。

（3）联盟企业要求理念、机制、信息、管理、技术等方面基本达到统一数量级的水平。

（4）要有合理的合作条款与监督机制，确保联盟的运转正常。

（5）联盟企业之间要有一个相互沟通的信息平台。

由于此种设想所引发的合作联盟企业的会员将是遍布大江南北，地域分布十分分散，彼此间的联系无论是通过电话、传真还是拜访，都不方便而且造成信息不齐全、不及时。虹鑫物流于是将视线集中在国内蓬勃兴起的因特网上，试图将物流与网络结合，解决以上诸多问题。

首先，信息不齐全、不及时的问题将不存在，因特网的大容量与高效率足以使一条基本信息同时传到世界每个角落，以数据库的形式保留得以随时间调用。分散在全国各地的会员，可以彻底打破地域界限，通过无形的信息网紧紧地结合起来，在网络上商洽业务配送，再在网络上实现业务分拨。

其次，网络上的物流弹性很大，属于开放性质，能为所有的企业与外界交往打开一扇窗口，共享本行业或相关行业的信息，由此吸引的不仅是老客户还有新兴的企业，能为物流发展提供无限的空间。

再次，中国物流储运业比较落后，彼此间的业务以网络为载体，无论是自觉还是被迫，将大幅度提高行业的技术水准，同时带动管理与服务水平的提高。

最后，国内一些物流仓储企业对互联网在国内的发展有了一些启蒙认识，却都没有一个明确的概念，以异地业务合作与实现网络化为名，对许多同行业企业具有强烈吸引力，以此吸收物流企业加盟可以事半功倍。

基于以上的种种思考与设想，上海虹鑫物流有限公司与其他投资方一起，注册成立了上海惠康物流信息系统有限公司，并在 5 月 6 日开通了旨在推动中国物流仓储运输行业实现信息化的互联网平台 www.56net.com。

56NET 自开通起，就带有鲜明的个性特征，在强调媒介功能的同时，它更注重对实体经济的整合功能。通过中国物流企业联盟这个全国性的同行业企业网络与 56NET 这个虚拟的互联网络的互补，推动中国传统运输仓储行业转向为现代物流企业。

56NET 为它的使用提供了四大功能服务。

首先，信息服务功能。开通五个月，56NET 的媒介功能已经体现，内容丰富，时效性较强，而国内外能做到这一点的物流网站屈指可数。56NET 下一步的目标是要发展成为国内影响最大、专业内容丰富、咨询价值最高的物流专业媒体。

其次，虚拟配送中心功能。主要包括网上运力、网上资源与网上仓库三个模块。56NET 的会员通过使用这三个模块，进行适时物流信息交换，解决现有物流行业信息不对称、传递速度缓慢等问题。56NET 以优化整合全社会的物流资源，大幅提高行业生产效率为己任，其目标是使网上注册的运力与仓库的平均空载率与空仓库下降 15 个百分点。

再次，提高第三方物流服务质量的功能。主要包括网上委托、网上跟踪（含 GPS）及网上仓库三个功能模块。56NET 实现了在全国范围内进行全过程 GPS 跟踪与网上物流信息的全方位在线统计。

最后，其他衍生服务。为了确保会员的水准，56NET还提供了许多其他服务，比如为会员进行供应链管理咨询、ISO咨询输出、局域网开发建立，以及中国物流企业联盟的会员企业之间物流分销配送方案的拟定等。

讨论：56NET物流网的建立为物流行业带来了哪些便利？

第三章 第三方物流企业市场分析

第一节 第三方物流企业市场环境分析

一、第三方物流企业的市场定位

在我国发展第三方物流，有其自身独特的优势，同时也具有挑战性。第三方物流企业不只负责个别的运输业务，还负责包括从调货到库存管理、卸货、配送在内的客户的全部物流业务。因此第三方物流企业要站在货主企业的角度提供有利于物流合理化的综合物流服务。它必须熟悉货主企业物流活动的发展规律，具有物流系统开发、创新和运作能力，即针对企业采取最佳经营战略设计物流系统，利用自己公司或其他公司的物流设备在实际应用中解决问题。第三方物流公司的经营效益直接同货主企业的物流效率、物流服务水平及物流效果紧密联系在一起。

开展第三方物流服务业务，可以不需要拥有多少设施和装备，就像多式联运经营人一样，更多的是进行策划、组织和管理。发展物流企业最重要的是需要一批专长于生产企业管理，特别是物流管理方面的专家，选择具有一定规模的生产或加工企业（客户），针对现有物流管理提出各种可选择性方案，并说服客户由公司来进行全部或部分的物流管理工作。第三方物流发展的最终定位是物流集成商，即虚拟的第三方物流服务企业。它提供的是一个计算机接口、一个接触点、一份合同、一份集单，买卖双方把所有的与物流有关的业务交给这一个公司全权代理，不管它是自己运作，还是再去转包给别人。如果获得了足够的业务，可以考虑建设一个专用或公共的物流中心来支持公司的业务。当然一个好的专业物流公司应有便利于客户的广泛网络，在这一点上，信息网络比物理网络更加重要。

二、第三方物流企业市场环境分析

（一）宏观环境分析

1. 经济发展前景好

加入世贸组织（WTO）以来，中国经贸政策的统一性和透明度大大提高，市场开放程度进一步扩大。中国入世，每年为中国经济增长提供 0.7%～1%的动力，而未来 15 年中中国经济可保持至少 7%的增长。

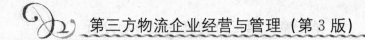

2. 物流行业政策法规的推出

我国现行的物流政策法规基本上可分为两大体系、两个层次。所谓两大体系即法律类物流政策与行政类物流政策；两个层次即全国性政策与地方性政策。从总体上看，我国现行的物流政策，特别是法律类政策应该说是较全面的，从而基本上可以维护目前我国物流领域的基本经济秩序

3. 政局稳定

目前，中国政局稳定，经济运行平稳，民族关系日益改善，人民生活水平日益提高。未来相当长的时间内，政局仍将在平稳、健康的轨道上发展，这对物流行业的长期稳定发展是一个重要的“信号”。

（二）物流行业分析

1. 我国物流业发展潜力巨大

2009年3月和2011年8月，国务院先后出台了《物流业调整和振兴规划》和《关于促进物流业健康发展政策措施的意见》等一系列重要文件，在政策扶持、企业重组、优化布局等方面给予物流业极大支持，在短时间内推动了国内物流业总体规模加速增长，发展环境和条件不断改善，服务水平显著提高。据国家发改委、国家统计局、中国物流与采购联合会联合发布的数据：2012年，我国物流总额已达177.3万亿元，同比增长9.8%，其中工业品物流总额162万亿元，是推动社会物流总额增长的主要动力，农产品物流总额同比增长4.5%，单位与居民物品物流总额同比增长23.5%，受网络购物等电子商业形态的快速发展，快递业及与之相关的物流业发展势头迅猛；物流业增加值实现3.6万亿元，交通运输、仓储、批发与零售、邮政物流增加幅度分别达8.7%、6.8%、9.8%、26.7%；物流业已经在我国GDP中占6.8%之重。

2. 我国第三方物流发展潜力巨大，市场竞争日趋激烈

我国的改革开放政策，使国外的物流管理模式和经营管理理念不断的传入，再加上第三方物流在国内市场需求量不断增长，给国内第三方物流的大规模发展树立了一个模式，有了这样的一个模式，第三方物流以其飞快的速度在全国各地推广开来。通过不断的学习和探索，无论是国家和各个省市政府，还是各个企业、学校及普通老百姓，他们对物流服务的意识都普遍增强了，物流的素质也随之不断提高。正是在这种显著的效果影响下，我国各级政府十分重视对物流基础设施的建设，尤其在道路建设方面的成绩显得十分突出，为我国第三方物流的发展创造了有利的条件。我国物流业的高速度高质量发展的基础条件有：四通八达的铁路网，横纵贯通的高速公路以及方便快捷的乡村公路，使物流速度、物流量都随之大大提高了。

第三方物流在我国有着巨大市场发展潜力，但市场竞争也在日趋激烈。一方面，加入WTO以后，随着我国物流行业逐步开放，越来越多的国外物流供应商进入国内物流市场，对中国第三方物流业形成严峻的挑战，使得我国物流业竞争日益国际化，从相关的跨国公司物流市场服务需求调查统计分析报告来看，跨国公司物流外包比例高达90%左右，主要

被国外的一些物流企业所占领，外资企业占中国整个物流市场总额的8%，大约65亿美元；另一方面，企业受到市场金融危机和经济下滑的影响，第三方物流市场上开始面临有效需求不足的局面，物流市场的服务需求不旺。2008年，我国社会物流总额约合人民币89亿元，同比去年增长19.5%，增速回落了6.7个百分点。目前，国内已有超过四成的物流企业利润总额在不断下降。

(三) 第三方物流市场竞争者分析

我国第三方物流面临来自国内外竞争者的多重压力，具体分析如下。

1. 来自国外物流企业的挑战

我国成功加入WTO后，物流领域与运输服务和分销领域一样，将进一步对外开放。国外物流企业纷纷看好中国物流市场的发展空间，面对庞大的物流市场需求和弱小的供应能力，国外物流企业早已跃跃欲试。尽管由于国内对物流领域的保护，外国物流企业的发展受到严格限制，但他们却通过各种可能的途径，纷纷占领中国物流市场战略高地，其中已有部分世界著名的物流企业先期进入了中国市场，参与国内物流市场的竞争，如快递业巨头UPS、FedEx、DHL和TNT，运输物流公司马士基、美国总统班轮等。目前还没有进入中国市场的国际著名物流企业也已经做好了一切准备，即将进军中国物流市场。

随着我国加入WTO和服务市场的逐步开放，这些国外物流企业借助它们牢固的物流网络及物流联盟，运用先进的物流专业知识和经验，将为客户提供完善的综合物流服务（包括进出口、国内运输、相关的货物追踪、现代仓储和相关的增值服务）。从快运网络看，FedEx和大田公司的合作计划将物流网络建设到中国的每个乡镇。这些网络的建立，将对中国的运输市场形成垄断，作为物流核心环节的运输市场将掌握在国外物流巨头的手中；从综合物流服务网络看，马士基物流依托原有的货代网络在沿海20多个城市建立物流网络，这些网络初步具备了综合物流服务能力。这些已经登陆中国的三资企业占据了物流供给市场的相当大部分的份额，他们的到来势必给国内物流市场形成巨大的冲击。

我国已经加入WTO，当国家对物流业的保护不复存在时，外资物流企业将会发动全面的攻势。

(1) 战略整合：依靠雄厚的资金兼并和收购国内物流企业，迅速在全国范围内形成网络。

(2) 战略进攻：依靠完善的管理，先进的设施，健全的网络，雄厚的财力，对本地企业展开战略进攻。他们以高薪猎取人才，以低价格和提供更好的服务掠夺直接货源，将大批国内的物流企业摧毁。

(3) 战略均衡：经过一番搏杀，市场上只剩下几家大型的物流企业，它们开始采取联盟策略共享物流网络，市场进入相对平衡期。此时，国内物流企业大多数已经破产，被收购或沦为低附加值的服务提供商。

不难看出，国外的大型物流服务商，不论在管理水平，技术实力，资金实力，还是在

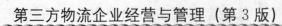

对人才的吸引力方面，将对国内的第三方物流企业造成严重威胁，中国物流面临在外资的冲击下重新整合的关键时期。

2. 国内物流同行之间的竞争

社会化、专业化的第三方物流服务的承担者是物流企业，是构成第三方物流市场竞争的主体。目前我国对于物流企业并没有明确的界定，在研究中往往将各种物流服务提供者与第三方物流企业混同起来，在此有必要进行一下说明。从定义来看，第三方物流企业是在供方和需方以外承担物流活动的专业组织，从这个意义上来说，一个企业，不管是从事物流某一环节的功能活动还是提供几个环节或是综合性的物流服务，都可以视为物流企业，像传统的仓储、运输、流通加工、货代等从事单一物流活动的企业都是物流市场服务的提供者，都应算是第三方物流企业中的一类。但从第三方物流的特征来看，又显然无论是硬件还是软件上都与第三方物流企业的要求不符，不是严格意义的第三方物流企业，最多只能算是第三方仓储、第三方运输、第三方货代等类物流企业。但从发展方向来看，它们已具备了一些发展成为第三方物流的条件，如网点设施、专业人才和技能、渠道关系等，要在竞争日益激烈的市场环境中求得生存和发展，向第三方物流企业发展转型是其必由之路，而且很多传统储运企业已经开始了转型的实践。因此可以将传统仓储、运输、货代、邮政等某一物流领域的企业统称为准物流企业，纳入第三方物流市场竞争者当中进行研究。

实际上对第三方物流企业的竞争环境应当辩证地看，一方面这些新加入者给原有的物流企业形成巨大的压力，另一方面这些新加入者又是物流市场的重要组成部分，这个市场因为这些新面孔的出现而变得更加强大。

第二节 第三方物流企业存在的问题及原因分析

第三方物流自 20 世纪 90 年代初逐渐在中国发展起来，但直到今天，在国内市场非常成功的企业也非常少，更多企业仍然处于投入期。即便是那些跨国物流公司，也基本集中于其擅长的国际业务，在拓展本土业务方面举步维艰。下面就第三方物流企业在发展中遇到的问题做一简要分析。

一、第三方物流业的进步与不足

（一）物流基础设施初具规模，但仍存在很多问题

物流基础设施是在供应链的整体服务功能上和供应链某些环节上，满足物流组织与管理需要的、具有综合或单一功能的场所或组织的统称。从满足这种物流组织需求的角度，物流基础设施可以分为：专门化设施和专业化设施。专门化设施指在特定区域，因具有上下游业务关系和产品生产过程联系的企业相对集中，或作为一定区域货流较为集中的节点地区，需要提供满足集中物流组织管理要求的专门化设施，包括物流园区、物流中心、配

送中心，以便在特定区域实现供应链集中管理的功能。专业化设施指处在供应链的不同环节，在不同的空间位置上对供应链具有支持作用，满足供应链管理要求的单个功能，或以单个功能为主，兼具其他辅助功能的专业化设施，该类设施具有按照自身服务对象需要进行布局和功能设置的特点，这些设施包括各种运输方式的运输枢纽、场站、仓储设施等。我国已经初步具备了发展现代物流产业的基础设施和装备条件，但是对于物流基础设施的运用和认识还存在很多问题。一是物流基础设施的规划与布局问题，如规划的宏观层次不够，与既有相关规划的衔接不够，空间布局不合理等；二是既有资源的整合程度不高，对物流基础设施占用土地的性质界定不清，资源整合与土地占用之间缺乏有效的协调；三是新建设施的投资规模过大，物流基础设施的经营效益不佳，设施建设成本上升造成了社会物流成本的提高；四是物流基础设施的交通、运输组织存在问题，如既有交通组织思路将导致交通效率的低下，缺乏运输组织的有效支持。

（二）企业开始重视物流，但仍滞留在概念层面

从2001年开始，中国企业和物流企业对物流的认识取得了跳跃性的进步。物流不再被简单地认为是仓储或运输，也不再被认为是配送。人们开始从供应链管理的角度和物流为企业创造价值的角度来认识物流的日益重要的作用。

中国的传统企业经历了以生产为导向的阶段到以市场为导向的阶段直至现在以客户为导向的阶段。企业从单纯追求量进步到开始关注通过内部的精细化运作来提高企业的利润率，物流开始进入企业管理者的关注范围之内。企业开始积极应用现代物流业提供的各种便利，主动接受因此而产生的企业文化和业务流程的变更，采用先进的信息技术，甚至开始聘用跨国公司的高层物流主管和海外归国人员。

但是大量企业的物流活动缺乏专业化物流服务，相当多的企业仍然保留着“大而全”“小而全”的经营组织方式，从原材料采购到产品销售过程中的一系列物流活动，还是主要依靠企业内部组织的自我服务完成。

国务院发展研究中心市场经济研究所“中国物流产业发展前景及产业政策研究”联合课题组的调查显示，在工业企业中，36%和46%的原材料物流分别由需求企业和供应企业承担，而由供求双方以外的第三方物流企业承担的仅为18%。在产品销售物流中，由第三方物流企业承担的仅为16.1%；在商业企业中，由企业自理和供货方承担的物流活动分别为76.5%和17.6%。

由于物流组织不尽合理，受资源分布、流通体制、产业布局和企业生产组织的影响，物流舍近求远、迂回流动的现象较为严重，物流运转耗时多、费用高。据调查，我国工业生产中物流活动所占时间为整个供应过程的90%以上；一般商品物流费用占商品总成本的百分比，美国为10%～32%，而我国就是在物流较发达的珠江三角洲地区也高达50%～60%。这一方面与中国物流业发展水平不高无法满足企业需求有关，另一方面与企业自身的认识以及企业文化相关。

（三）第三方物流企业发展不足

在中国，物流作为一个产业真正崛起的重要标志之一是围绕着物流服务的需求和供应产生了一个庞大的产业群体，包括作为物流需求方的形形色色的制造企业，分销或批发企业，零售行业；作为物流供应方的第三方物流，第四方物流，物流咨询机构，物流基础设施供应商，物流软件公司，物流硬件设备公司；作为物流监管方的政府机构和行业协会以及作为物流支持体系的科研院所和教育培训机构；等等。

跨国物流企业通过合资和独资的方式也纷纷进入中国。它们的进入方式又分为三种：第一种方式的代表如沃尔玛、麦当劳等，它们在进入中国的同时，把为自己服务的第三方物流公司也带入了中国；第二种方式的代表有宝洁、IBM、诺基亚等，它们采用的是本土化的战略，在中国寻求合作伙伴，或对中国物流企业进行改造，为自己服务；第三种是国外物流公司进入国内主动为外资企业和中国企业服务，例如日本通用株式会社从1992年开始，就分别在大连、上海和深圳成立了物流公司；美国联邦快递公司已经成功地向中国进军，在亚洲有6000名员工；丹麦的马士基公司也是雄心勃勃，决心在中国大显身手；新加坡与上海联手，成立了上海招新物流有限公司，建立了覆盖全国的物流网络。

物流的水平离客户的要求还有一定的距离，大多数的公司还只能提供基本的仓库管理和运输管理的服务。即使有能力提供增值服务的公司，也不能满足客户对服务水平的要求。在很多情况下，物流公司的客户满意度甚至低于企业自办物流运作的满意度，而且绝大多数的物流公司还属于城市或者区域性的物流公司，规模较小，没有国际化经营的能力。目前拥有国际性网络的物流公司只有几家，主要是国有的大型企业和民营企业。

随着改革的深化，企业传统营销方式和物流管理有了很大改变。无论是工商企业的原材料采购和产品销售，还是物流部门的服务和管理水平，都发生了重大变化，尤其是国外工商界中的大企业普遍采用“零库存”等提高企业市场竞争力的做法，使越来越多的工商企业意识到，必须把仓储、运输、包装、装卸等物流环节从生产企业中分离出来，由社会专业化物流部门承担，以降低成本，提高企业竞争力。第三方物流企业能够使生产企业降低生产成本，提高市场竞争力，在国外已经发展很成熟，但我国明显发展不足。许多外资企业投资中国后，苦于在中国本土找不到较大规模的第三方物流企业，不得不把目光投向中国境外。总体上来看，我国物流业近年发展较快，但是虽然有相当数量的仓储运输物流企业，但其服务、技术、规模等难以满足工商企业的需求，还存在许多不容忽视的问题。从资金实力和网络布局来看，中国目前还没有一家真正意义上的第三方物流公司。

二、我国第三方物流企业存在的主要问题

在跨国物流巨头虎视眈眈中国市场之时，国内第三方物流企业则秣马厉兵，意欲突围；上市公司挟巨资而来；民营物流企业对时事反应敏锐；而靠山吃山的邮政、民航、铁路、物资等部门亦居安思危，图谋在有限的时间里依托现存的政策、历史、资源优势抢占

新一轮制高点。但是这些都无法掩盖我国物流企业现存的问题，这些问题主要表现在以下几个方面。

（一）我国第三方物流企业的整体发展水平不等

我国第三方物流企业的起点不同，基础不同，导致各第三方物流企业的整体发展水平不平衡。有的企业仍以仓储、运输为主，还处于传统物流的阶段；有的企业则根据市场的需要建立自己的物流信息系统，处于向现代物流的转型期，仅有极少数企业跨入了现代物流的行业。从整体上讲，我国第三方物流企业的工作质量和效率不高，服务内容有限，无法形成完整的物流供应链，大多数企业只能提供单项或分段的物流服务。

（二）我国第三方物流企业软硬件不完备

第三方物流服务需要有硬件及软件技术上的支持。我国的经济水平普遍较低，现代化水平不高，第三方物流企业还处于起步和发展的阶段，基础设施还不完备。物流资产存量很大，但没有得到优化配置，利用率较低；物流设施相对比较陈旧，技术水平低，闲置比较严重。从硬件上讲，铁路、公路、港口、机场及物流中心、仓库等是物流业发展必不可少的固定设施，由于我国曾一度忽视物流，所以长期投资不足，物流硬件总体不发达，但是随着投入的不断增加，截至 20 世纪末，已初步建立起以铁路为骨干，公路、民航等多种运输方式协调发展的运输网络。但初具规模的物流设施仍无法满足物流发展的需要，在今后需要进一步完善。从物流设备上讲，我国的第三方物流现代化水平还不高，物流的整体装备存在不足，交通运输工具的装载能力、物流的自动化处理能力还比较缺乏，立体仓库、条码技术的应用还比较少。从物流软件上讲，随着互联网技术的发展，物流信息系统成为降低成本、提高效率、完善服务的基础，而我国绝大多数的物流企业还处于传统的手工作业阶段。

（三）我国第三方物流服务市场刚刚形成

国内企业对第三方物流还主要停留在概念的阶段，对集成物流服务的概念和价值理解甚少，并且几乎没有供应链管理的概念。第三方物流和相关服务通常被人们看作是商品化服务，其需求者只是简单地购买最便宜的物流服务，并没有考虑到价格高一些的物流服务可能会为其产品产生附加价值，从而带来竞争优势。他们倾向于把物流服务的各个有机组成部分看成是独立的物流活动。在这样的环境下，物流服务提供商更加倾向于仅仅就供应链中某个较小的组成部分提供服务。与此相反，现代物流体系认为，对价格的过分重视往往会导致人们忽视“整体供应链”带来的集成化的物流服务。这种集成化的物流服务会产生双重好处，即一方面提高了服务的质量，另一方面又降低了整体成本。但是我国的物流服务市场还处于雏形阶段，与世界仍然无法接轨。我国第三方物流服务存在的问题主要体现在以下五个方面。

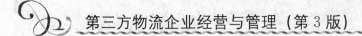

1. 中国物流服务尚未国际化

随着加入世贸组织，中国更加紧密地与世界各国的经济联系在一起，至少有两个因素将给中国的物流服务带来冲击：由于它们的外国合作伙伴往往已经建立起世界水平的物流系统，为了与国际接轨，中国的企业必须相应发展自己的物流体系和方法。中国企业将不得不在没有政府保护和补贴的情况下，与那些已经或正在全世界范围内建立世界级第三方物流体系的企业展开竞争，特别是那些依靠进出口业务支持其区域经济发展的地区。

2. 物流过程中的库存控制关注少

并没有什么方式可以让人们了解到目前到底有什么存货，数量有多少。市场上存在着“倒逼机制”，即零售商为满足自己的销售需要而反向拉动生产商的库存数量，却不管生产商和原材料供应商可能因此而造成的损失。整个供应链各环节的产品和服务并不短缺，但是由于运作效率低下，使得整个供应链的产品库存推向上游，因此制造企业无法通过控制原材料库存降低整体成本。

3. 第三方物流的标准化和规范化较差

第三方物流环节的运输工具、承载设施、设备的标准和规范不统一，导致物流无效作业环节增加，物流速度降低和物流成本上升，影响了物流的效益和竞争力。此外，目前我国第三方物流企业还存在经营成本较高，物流市场的机制不健全，竞争不规范等问题。第三方物流企业规模小，专业化程度低，没有形成大型的、有实力的、拥有跨地区甚至全国性网络的物流骨干企业和龙头企业，物流服务功能比较单一。

4. 第三方物流配送建设与电子商务发展不相适应

目前，网络技术发展很快，但第三方物流配送系统建设相对滞后，影响到电子商务的推广和应用，成为电子商务发展的瓶颈。

5. 第三方物流服务的信息系统缺少

第三方物流服务过程参与方之间的信息共享非常有限，在很多情况下甚至根本不存在。

总而言之，一方面我国目前专业的第三方物流企业较少，而能成规模的则更是少之又少，特别是新成立的第三方物流企业，有些竟然是鼠标加三轮车的配送体制；另一方面一些资金比较雄厚的企业投巨资于储运设备和场地，建立自己的规模型第三方物流企业。这些状况发展的结果是，一方面使配送服务水平粗糙化，另一方面也使社会储运资源大量闲置浪费。

三、我国第三方物流企业主要问题的产生原因及对策

（一）产生原因

从宏观上来看，第三方物流企业发展存在上述问题的原因有三个。

（1）对第三方物流业发展的重要性认识不足。由于缺少理论研究，人们的认识没有得

到统一和升华，作为经济发展的战略地位不可能得到体现，在实践中必然出现资金不足、人才缺乏、措施不力、发展滞后等现象。

(2) 第三方物流业的管理体制仍是计划经济时代的产物。虽然商业物资等系统进行合并，但生产、交通、流通等相应的物流分别属于不同管理部门的格局并未改变，物流体制不顺，分工不明确，行业管理无法实施，导致政策不对等、标准不统一、条块分割、条条封锁，全国统一物流网难以形成，影响第三方物流企业的发展。

(3) 第三方物流的立法和规定没有到位。虽然目前从政策上和舆论上物流的发展有着广阔的空间和舆论的支持，但是在执行中，仍然缺乏相应的法律和规定来界定和保护物流企业的发展。

从微观上来看，由于国内企业对于物流的理解问题以及观念的狭隘制约了物流企业的进一步现代化，当然这只是客观因素。从物流企业自身来说，原因主要有三个。

(1) 物流技术推广的速度缓慢，技术投入少。目前中国物流企业的投资的理念仍然停留在国外十年之前的水平上，即物流企业的主要投资集中在物流基础设施上，而没有放在物流信息技术上。这导致整个物流行业对信息技术的应用少，物流信息化降低，缺乏行业标准的采用和推广。

(2) 物流从业人员素质有待于进一步的提高，以实现物流的精细化运作。现在中国绝大多数的物流人才是在传统的相关行业的从业人员的基础上转化而来的，缺乏运作现代物流的必要的技能。

(3) 服务能力较小，还处于照抄照搬外国经验的阶段，缺乏对物流技术运作的实际经验，绝大多数企业无法提供一体化的物流服务，无法满足企业对于物流系统设计和物流信息技术两项最大的需求。

(二) 应对对策

针对以上所列问题，结合刚才所指出的产生这些问题的原因，中国物流业的发展可以采取如下对策。

(1) 做好物流发展总体规划，实现物流整体效益最优化。改变目前我国物流业各部门互不协调、重复建设的现状，特别要规划建设一些大型的物流中心和配送中心，以形成比较完整的全国性物流网络，推动物流业向集团化、联合化、规模化方向发展。

(2) 合理利用物流配送领域的存量资产，加强现有仓储、运输工具等的组织与整合，鼓励企业通过资产重组和功能整合，用活用好现有物流设施。鼓励对现有物流设施进行改造，走内涵式发展道路，防止出现新的重复建设，造成资产闲置和浪费。

(3) 加强组织和协调。建立由交通、铁路、外经贸等有关部门参加、具有统一协调职能的高层次的领导机构，统一领导、组织、协调全国物流业发展，通过政策引导、改进管理、强化服务，为现代物流业的发展创造良好的宏观环境。

(4) 对整个行业来说加强物流管理的研究和人才培训，努力扩大国际合作。

第三节　第三方物流企业战略选择

一、第三方物流战略概况

（一）定义

所谓第三方物流战略是指企业为了寻求第三方物流的可持续发展，就物流发展目标及达到目标的途径与手段而制定的长远性、全局性的规划与谋略。物流战略的制定，就是在上述目标下，企业从产品生产（或服务）到最终消费整个物流过程管理和控制所采用的手段和方法。在制定物流战略后，需要对战略的执行和实施进行控制，必要的时候还要进行相应的调整，这个过程称之为第三方物流战略管理。

（二）第三方物流战略类型

企业在从事生产时可以选择适当的发展战略。社会经济的发展促进了企业生产经营战略的多样化，尤其是现代科学技术的发展，诞生了一系列新的概念和适用工具，使得企业在发展战略上有不断的创新，使其更加丰富，更趋科学和合理。

大体来说，第三方物流企业所考虑的是供、产、销诸环节的紧密结合。从技术发展和现代企业的实践看，可供选择的物流战略主要有以下几种类型。

1. 准时制物流战略

所谓准时制物流，顾名思义，就是指物流管理做到准时采购、准时生产和准时销售。这一概念引自于准时制管理（Just－in－Time，JIT）。

JIT是一种产生于日本丰田公司的生产方式，其中心内容是："在必要的时间，对必要的产品从事必要量的生产或经营"，从而消减各种浪费，直至实现零库存。JIT应用于物流领域，就是指要将正确的商品以正确的数量在正确的时间送到正确地点，这里的"正确"就是"Just"的意思，既不多也不少、既不早也不晚，刚好按需要送货。这当然是一种理想化的状况，在多品种、小批量、多批次、短周期的消费需求的压力下，生产者、供应商及物流配送中心、零售商都要调整自己的生产、供应、流通流程，按下游的需求时间、数量、结构及其他要求组织好均衡生产、供应和流通，在这些作业内部采用看板管理中的一系列手段来削减库存，合理规划物流作业。

当然，我们也必须看到，准时物流战略是建立在正常的经济贸易秩序之上的。任何一个环节出现问题，都会给企业带来巨大的损害。形象一点说，就是其中一个环节中断或脱节，那么就可能使企业破产。现代企业发展就是建立在这种高压力、紧节奏的基础之上，或者说，这也是现代企业发展的方向之一。

2. 一体化物流战略

并不是所有的企业都需要建立自己的物流体系。同样，在物流企业中，也不是每一个企业都能涵盖所有商品的流通。因此，企业之间的协同发展显得极其重要。企业之间在物流管理方面的协作，就是一体化物流战略的主要内容。

一体化物流（Integrated Logistics）是20世纪末最有影响的物流趋势之一，其基本含义是指不同职能部门之间或不同企业之间通过物流上的合作，达到提高物流效率、降低物流成本的效果。一体化物流或物流的一体化包括两种形式：垂直一体化物流和水平一体化物流。在两种一体化物流形式中，目前研究最多、应用最广泛的是垂直一体化物流。

（1）垂直一体化物流。垂直一体化物流要求企业将提供产品或运输服务等的供货商和用户纳入管理范围，并作为物流管理的一项中心内容。垂直一体化物流要求企业从原材料到用户的每个过程实现对物流的管理，要求企业利用自身条件建立和发展与供货商和用户的合作关系，形成联合力量，赢得竞争优势。垂直一体化物流的设想为解决复杂的物流问题提供了方便，而雄厚的物质技术基础、先进的管理方法和通信技术又使这一设想成为现实，并在此基础上继续发展。目前，垂直一体化物流已经不再是传统上的制造商和上游供应商或制造商和下游的分销商的关系，而是面向供应链，将整个供应链上的所有环节的市场、分销网络、制造过程和采购活动联系起来，以实现客户服务的高水平与低成本，赢得竞争优势。

（2）水平一体化物流。水平一体化物流是一种虚拟经营物流产业战略，它是指物流企业通过与同行企业进行联合或合资，对现有资源进行强化组合，实现两个或两个以上企业优质管理的组合，形成产业新优势，以提高物流运营效率，降低物流活动成本，进而提高市场占有率和市场竞争能力。例如，不同的企业可以用同样的装运方式进行不同类型商品的共同运输。当物流范围相近，而某个时段内物流量较少时，几个企业同时分别进行物流操作显然不经济。于是就出现了一个企业在装运本企业商品的同时也装运其他企业商品。从企业经济效益上看，它降低了企业物流成本；从社会效益来看，它减少了社会物流过程的重复劳动。显然不同商品的物流过程不仅在空间上是矛盾的，而且在时间上也是有差异的，这些矛盾和差异的解决就要依靠大量物流需求和物流供应能力信息的信息中心。此外，实现水平一体化的另一个重要条件，就是要有大量的企业参与且有大量的商品存在，这时企业间的合作才能提高物流效益。当然，产品配送方式的集成化和标准化等问题也是不能忽视的。

一体化物流战略是基于以下两方面的原因而产生的。

首先，社会产品极大丰富，消费者的消费呈个性化、多样化发展趋势，客观上要求企业在商品生产、经营和配送上必须充分对应消费者不断变化的趋势，这无疑推动了多品种、少批量、多频度的配送。

其次，一些中小企业从经营成本和竞争压力以及技术等诸多因素考虑，对于物流配送没有必要进行过多的投入，而是借助于已有的或正在发展中的物流系统进行生产经营。这样，物流企业的协同发展就有了广泛的基础，并能得到大多数中小企业的认同。

在当今竞争日趋激化和社会分工日益细化的大背景下，许多企业都集中在自己的核心业务，在物流管理方面并不擅长，第三方物流企业能够提供比供方和需方采用经营物流系统更快捷、更安全、更高服务水准，且成本低的物流服务。正如惠尔浦公司所说，"我们对物流业务并不精通，我们是生产电器的。"

目前，第三方物流运营模式已成为各个国家，企业物流管理的主流模式。1997年，英国的主要零售商已控制了94%的工程配送（从配送中心到商店），其中将近47%的配送是外协的。在美国的一些主要市场上，第三方物流的利用率已经达到73%，还有16%的企业正在研究未来3PL的利用。此外，在国际物流方面也有物流服务外协的趋势。据荷兰国际配送协会的调查表明：2/3的美国、日本、韩国等的配送中心是由第三方物流公司管理的。据中国仓储协会调查：我国目前的工业企业的物流活动中，全部委托第三方代理的占被调查企业的52%，有45.3%的企业正在寻找新的物流代理商。

例如，美国通用汽车的萨顿工厂通过与赖德专业物流公司的合作，取得良好的效益。萨顿集中于汽车制造，而赖德管理萨顿的物流事务。赖德接洽供应商，将零部件运到位于田纳西州的萨顿工厂，同时将成品汽车运到经销商那里。萨顿使用电子数据交换（EDI）进行订购，并将信息发送给赖德。赖德从分布在美橱、加拿大和墨西哥的300个不同的供应商那里进行所有必要的小批量采购，并使用特殊的决策支持系统软件来有效地规划路线，使运输成本最小化。

又如，美国赖德专业物流公司向一家床垫制造商西蒙斯公司（Simmons）提供一种新技术，使得后者彻底改变了自己的经营方式。在合作前，西蒙斯公司在每一个制造厂储存了2.5万个床垫来适时满足客户的时尚需求。合作后，赖德在西蒙斯的制造厂安排一个现场物流经理。当订单到达时，该物流经理使用特殊的软件来设计一个把床垫发送给客户的优化顺序和路线。随后这一物流计划被发送列工厂的楼底，在那里按照确切的数量、款式和顺序制造床垫，并全部及时发送，该项物流合作从根本上降低了西蒙斯对库存的需求。

（三）第三方物流战略目标

第三方物流战略的选择与确定是一个创造性的过程，它可以给企业带来竞争的优势。第三方物流战略通常应实现以下三个目标：降低成本、减少投资和改善服务。

1. 降低成本

这是指第三方物流战略实施的目标是将与运输和存储相关的可变成本降到最低。为此，通常要对各备选方案进行评价。例如，在不同的存储方案或者不同的运输方式中进行选择，以形成最佳战略。战略规划的首要目标是利润最大化，因此在服务水平不变的前提下，应找出成本最低的方案。

2. 减少投资

该战略目标是使第三方物流系统的投资最小化。例如，为避免进行仓储而直接将产品送达客户，放弃自有仓库，选择公用仓库；选择适时（JIT）供给的办法，而不采用储备库存的办法，或者选择第三方供应商提供物流服务。与需要高额投资的战略相比，这些战略可能会导致可变成本增加，但最终投资回报率很可能会得以提高。

3. 改善服务

这一战略认为企业收入取决于所提供的顾客服务水平。尽管提高服务水平将大幅度提高成本，但收入增加的幅度可能会超过成本上涨的幅度。当然，要使该战略产生好的效果，还应该制定出与竞争对手截然不同的服务战略。

第三方物流战略对第三方物流系统中的每一个环节都要进行规划，而且要与整体物流规划过程中的其他环节相互协调与平衡。企业不需要特别的程序和技术，需要的仅仅是敏锐的头脑。一旦物流服务战略形成，接下来的任务就是实施，包括从各备选方案中做出选择。

二、第三方物流战略规划及层次

第三方物流战略规划试图回答做什么、何时做和如何做的问题。它涉及三个层面：战略层面、策略层面和作业层面，它们之间的主要区别在于计划的时间跨度。战略规划是长期的，时间的跨度通常超过一年。策略规划是中期的，一般短于一年。作业计划是短期决策，是每个小时或者每天都要频繁进行的决策。决策的重点在于如何利用战略性规划的物流渠道快速、有效地运送产品。

各个规划层次有不同的视角。由于时间跨度长，战略规划所使用的数据常常是不完整、不准确的，也可能是平均的，一般只要在合理范围内接近最优，就认为规划达到要求了。而作业计划则要使用非常准确的数据，计划制定的方法应该是既能处理大量数据，又能得出合理的计划。例如，我们的战略规划可能是整个企业的所有库存不超过一定的金额或者达到一定的库存周转率，而库存的作业计划却要求对每类产品分别管理。

由于第三方物流战略规划可以用一般化的方法加以探讨，而作业计划和策略性规划常常需要对具体问题做深入了解，还要根据具体问题采用特定方法。所以，在此主要探讨的是物流规划的主要问题——设计整体物流系统。

三、第三方物流战略规划领域

第三方物流战略规划主要解决四个方面的问题：顾客服务目标、设施选址战略、库存战略和运输战略，除了设定所需的顾客服务目标外（顾客服务目标取决于其他三方面的战略设计），物流规划可以用物流三角形表示。这些领域是相互联系的，每一领域都会对系统设计有重要影响，因此，应该作为一个整体进行规划。尽管如此，分别进行规划的例子也并不少见。

1. 顾客服务目标

企业提供的顾客服务水平比任何其他因素对系统设计的影响都大。服务水平较低，可以在较少的存储点集中存货，利用较廉价的运输方式，服务水平高则恰恰相反。但当服务水平接近上限时，物流成本的上升比服务水平上升的更快。因此，物流战略规划的首要任务是确定适当的顾客服务水平。

2. 设施选址战略

存储点及供货点的地理分布构成物流规划的基本框架。其内容主要包括，确定设施的数量、地理位置、规模，并分配各设施所服务的市场范围，这样就确定了产品到市场之间的线路。好的设施选址应考虑所有的产品移动过程及相关成本，库存战略包括从工厂、供货商或港口经中途存储点然后到达客户所在地的产品移动过程及相关成本。通过不同的渠道来满足客户需求，如直接由工厂供货、供货商或港口供货，或经选定的存储点供货等，则会影响总的分拨成本。需求成本最低的需求分配方案或利润最高的需求分配方案是选址战略的核心所在。

3. 库存战略

库存战略指管理库存的方式。将库存分配（推动）到储存点与通过补货自发拉动库存，代表着两种战略。其他方面的决策内容还包括，产品系列中的不同品种分别选在工厂、地区性仓库或基层仓库存放，以及运用各种方法来管理永久性存货的库存水平。由于企业采用的具体政策将影响设施选址决策，所以必须在物流战略规划中给予考虑。

4. 运输战略

运输战略包括运输方式、运输批量和运输时间以及路线的选择。这些决策受仓库与客户以及仓库与工厂之间的距离的影响，反过来又会影响仓库选址决策。库存水平也会影响运输批量和运输决策。

顾客服务目标、设施选址战略、库存战略和运输战略是物流战略规划的主要内容，因为这些决策都会影响企业的盈利能力、现金流和投资回报率，其中每个决策都是互相联系的，规划时必须对彼此之间存在的相悖关系进行充分的权衡考虑。

需要强调指出的是，在物流系统战略规划过程中，信息系统规划也是其重要的组成部分，而且通常贯穿于上述四项战略规划始终，也正因为如此，我们在此未将信息规划列为一个规划领域。不过我们将在本书第九章专门论述物流信息系统设计的有关问题。

四、第三方物流的竞争战略选择

按照国际上比较流行的市场营销理论，企业主要的竞争战略选择有三种：一是成本领先战略；二是集中化战略；三是差异化战略。这个理论基本可以覆盖或解释其他竞争理论，物流行业的竞争战略也可以用这个理论框架来解释。

（一）成本领先战略

当企业与其竞争者提供相同的产品和服务时，只有想办法做到产品和服务的成本长期低于竞争对手，才能在市场竞争中最终取胜。在生产制造行业，往往通过推行标准化生产，扩大生产规模来摊薄管理成本和资本投入，以获得成本上的竞争优势。而在第三方物流领域，则必须通过建立一个高效的物流操作平台来分摊管理和信息系统成本。在一个高效的物流操作平台上，当加入一个相同需求的客户时，其对固定成本的影响几乎可以忽略不计，自然具有成本竞争优势。那么，怎样才能建成高效的物流操作平台呢？

物流操作平台由以下几部分构成：相当规模的客户群体形成的稳定的业务量，稳定实用的物流信息系统，广泛覆盖业务区域的网络。

稳定实用的信息系统是第三方物流企业发展的基石，物流信息系统不但需要较高的一次性投资，还要求企业具有针对客户特殊需求的后续开发能力。企业可以根据自身的需求选择不同的物流系统，但任何第三方物流企业都不可能避开这方面的投入。

对于一个新的第三方物流企业，除非先天具有来自其关联企业的强大支持，一般不大可能直接拥有广泛的业务网络和相当规模的客户群体，万事开头难，能否在一定时间内跨越这道门槛是企业成功与否的关键。对于一个第三方物流企业来讲，这是企业发展的一个必经阶段。如果能够在两到三年中完成业务量的积累和网络的铺设，企业将迎来收获的季节；如果不能达成，往往意味着资金的浪费和企业经营的寒冬。

对于一个全新的企业，主要有三个途径能够完成这一任务。第一个途径是在严密规划的基础上，采用较为激进的方式，先铺设业务网络和信息系统，再争取客户。这种方式较为冒险，只有资金实力非常强的企业才可能这样做。一些外资公司就声称要在很短的时间内在全国成立几十家分公司或办事处。第二个途径是与某些大公司结成联盟关系，或成立合资物流公司以获取这些大公司的物流业务。在国内家电行业和汽车行业都有这类案例。这种方式较为稳妥，使企业在短期内获得大量业务，但这种联盟或合资物流由于与单一大企业的紧密联系，会在一定程度上影响其拓展外部业务的能力。最后一种途径是建立平台，它是更为缓慢的方式，边开发客户，边铺设网络。走这条道路的企业，必须认真考虑企业竞争的第二种战略，集中化战略。

（二）集中化战略

把企业的注意力和资源集中在一个有限的领域，这主要是基于不同的领域在物流需求上会有所不同，如IT企业更多采用空运和零担快运，而快速消费品更多采用公路或铁路运输。每一个企业的资源都是有限的，任何企业都不可能在所有领域都取得成功。第三方物流企业应该认真分析自身的优势所在及所处的外部环境，确定一个或几个重点领域，集中企业资源，打开业务突破口。在物流行业中，我们不难发现，BAX Global、EXEL等公司在高科技产品物流方面比较强，而马士基物流和美集物流则集中于出口物流，国内的中远物流则集中在家电、汽车及项目物流等方面。集中化战略也告诉我们，在国内企业对第三方物流普遍认可以前，第三方物流企业必须集中于那些较为现实的市场。应该强调的是，这种集中化战略不仅仅指企业业务拓展方向的集中，更需要企业在人力资源的招募和培训、组织架构的建立、相关运作资质的取得等方面都要集中，否则，简单的集中只会造成市场机遇的错过和资源的浪费。

（三）差异化战略

集中化战略是从物流企业的服务对象角度来说的，如果从企业自身的角度出发则是差异化战略。差异化战略是指企业针对客户的特殊需求，把自己同竞争者或替代产品区分开

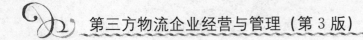

来，向客户提供不同于竞争对手的产品或服务，而这种不同是竞争对手短时间内难于拷贝的。企业集中于某个领域后，就应该考虑怎样把自己的服务和该领域的竞争对手区别开来，打造自己的核心竞争力。如果具有特殊需求的客户能够形成足够的市场容量，差异化战略就是一种可取的战略。笔者在实际市场拓展中发现，医药行业对物流环节良好操作规范（Good Manufacture Practices，GMP）标准的要求，化工行业危险品物流的特殊需求，供应商管理库存（Vendor Managed Inventory，VMI）管理带来的生产配送物流需求，都给物流企业提供差异化服务提供了空间。其实，对于一个起步较晚的新企业，差异化战略是最为可取的战略。

第四节　我国第三方物流企业的发展前景

一、我国第三方物流企业前景广阔

（一）不同的第三方物流提供商的优劣势及目标

下表分析了不同的第三方物流提供商的优劣势及目标。

不同的第三方物流提供商的优、劣势及目标

	优势	劣势	目标
传统仓储运输企业	国有企业拥有全国性网络及许多运输和仓储资产； 与中央及地方政府关系良好	一定比例闲散人员，效率不高； 注重内部的企业文化而不以客户和绩效为目标	借用广泛的网络和资产优势加速业务增长； 通过重组提高效率、增加功能
专业物流公司	民营、合资企业，业务、区域、客户相对集中； 效率较高，增长迅速	固定资产有限，资本扩张能力弱； 内部管理不能适应需求增长	引入战略伙伴或新投资者
生产流通企业的物流部门	主要为企业内部相关部门服务，具有针对性； 资产有限，网络覆盖性好	缺乏外部客户； 战略及未来定位受整个企业的发展影响	脱离总公司或进一步加强联系
外资物流企业	拥有海外网络及海外客户； 行业知识及运作经验丰富； 先进完善的管理系统； 资本雄厚	在中国缺乏相应的物流网络； 业务有限； 相对成本较高	通过收购或合作加强在中国市场中的竞争力

（二）中外第三方物流供应商服务对象侧重点不同

国外的第三方物流供应商主要关注进出口物流，其约占业务收入的70%，所以，它们的服务对象98%是外商独资或中外合资企业等国外客户。我国的第三方物流服务供应商更注重中国物流的商机，收入占总收入的88%，按调查企业分析，56%为国外客户服务，44%为国内客户服务。

（三）第三方物流企业发展存在障碍

(1) 生产与流通企业的非核心业务物流外包，就意味着裁员和资产出售；
(2) 客户对第三方物流缺乏认识；
(3) 客户对现在的第三方物流企业能否降低成本、能否提供优质服务缺乏信心。

（四）多数国外物流供应商正在寻找国内的合作伙伴

多数国外物流供应商正在寻找国内的合作伙伴，以获得迅速进入市场的机会。但国外物流供应商很难找到合适的本地合作伙伴。造成这一困难的原因在于我国的物流供应商尽管非常希望从国外的同行那里获得行业运作的知识及国际网络，但并不愿意让国外的合作方在它们的市场中获得资产所有权和管理权。

（五）第三方物流供应商普遍希望改善物流发展环境

我国供应商认为，缺乏物流人才是面临的最大挑战；外国供应商认为，“政府限制”是首要挑战。政策环境涉及运营许可、跨省运输、注册登记、税收政策、行业标准等，希望政府出台产业政策。

（六）在我国第三方物流发展初期，获取利润并快速成长是一件难事

第三方物流供应商首先从提供基础物流服务开始，展示他们有能力把这些服务做得最好，随后才开始提供高附加值的服务。虽然基础服务的利润率比较低，但只有通过把这些服务做好，才能说服顾客外包更复杂的、整合的供应链管理。

在一开始利润率较低的时期，应当避免过度投资，但是，应当购买一些必要的资产，以确保其对运营的控制和对客户的信誉度。物流供应商还应当在那些潜在的、高利润的并且与其自身能力相匹配的领域投资。

二、客户对第三方物流的不同需求

对客户而言，降低成本和周期、提高服务水平是面临的主要挑战，但行业不同，侧重点也不同。对汽车制造业，逐步从依赖进口零配件，转向从本地的零配件生产企业进货，它们日益强调通过“及时配送”降低库存水平的重要性；对服装行业，更重要的是如何缩短周转时间，以便对快速变化的市场流行趋势做出及时反应；对家电行业，降低物流成本

对确保赢利至关重要。客户认同国际物流供应商在IT系统、行业以及专业方面的经验，同时，他们也认同我国物流供应商在成本、本地经验与中国网络方面的优势。这一结果证实了国内的物流供应商同国际物流供应商建立战略联盟的协调效应。

国内企业，尤其是传统的国有企业使用第三方物流服务的比例较小；与此相反，在我国的跨国企业在外包物流方面的脚步最快，是目前我国第三方物流服务市场的重点。但是，这些跨国公司在外包时也十分谨慎。

客户外包物流有多方面的原因。首先，是为了降低物流成本；其次，是为了强化核心业务；最后，是为了改善与提高物流服务质量与水平。客户在选择第三方物流企业时，注重行业与运营经验即服务能力，注重品牌声誉，注重网络覆盖率，以及注重较低的价格。

客户外包第三方物流，原材料供应将从现在的15%增加到三年后的35%；生产商产品销售，将从目前的略高于45%增加到三年后的80%；分销商物流的外包，将从目前的略高于25%增加到近65%。

使用过第三方物流的客户中有超过30%的客户对第三方物流企业不满意。不满意最多的方面是：物流供应商的信息技术系统很差，信息反馈有限；互相之间沟通不顺畅，供方不了解需方的情况变化；缺乏标准化的运作程序，导致各地区的服务水平参差不齐；无法提供整体解决方案；等等。

课后思考

1. 试对我国第三方物流企业市场环境进行分析。
2. 试分析我国第三方物流企业存在的问题及其原因。
3. 简述第三方物流战略类型。
4. 论述第三方物流有哪些竞争战略选择。
5. 分析中国第三方物流企业的发展前景。

案例分析

夏晖公司与麦当劳的第三方物流市场关系

谈到麦当劳的物流，不能不说到夏晖公司（以下简称“夏晖”），这家几乎是麦当劳“御用3PL”（该公司客户还有必胜客、星巴克等）的物流公司，他们与麦当劳的合作，至今在很多人眼中还是一个谜。麦当劳没有把物流业务分包给不同的供应商，夏晖也从未移情别恋，这种独特的合作关系，不仅建立在忠诚的基础上，麦当劳之所以选择夏晖，在于后者为其提供了优质的服务。

而麦当劳对物流服务的要求是比较严格的。在食品供应中，除了基本的食品运输之外，麦当劳要求物流服务商提供其他服务，比如信息处理、存货控制、贴标签、生产和质量控制等诸多方面，这些“额外”的服务虽然成本比较高，但它使麦当劳在竞争中获得了优势。“如果你提供的物流服务仅仅是运输，运价是一吨4角，而我的价格是一吨5角，但我提供的物流服务当中包括了信息处理、贴标签等工作，麦当劳也会选择我做物流供应商的。”为麦当劳服务的一位物流经理说。

另外，麦当劳要求夏晖提供一条龙式物流服务，包括生产和质量控制在内。这样，在夏晖设在中国台湾的面包厂中，就全部采用了统一的自动化生产线，制造区与熟食区加以区隔，厂区装设空调与天花板，以隔离落尘，易于清洁，应用严格的食品与作业安全标准。所有设备由美国 SASIB 专业设计，生产能力每小时 24000 个面包。在专门设立的加工中心，物流服务商为麦当劳提供所需的切丝、切片生菜及混合蔬菜，拥有生产区域全程温度自动控制、连续式杀菌及水温自动控制功能的生产线，生产能力每小时 1500 公斤。此外，夏晖还负责为麦当劳上游的蔬果供应商提供咨询服务。

麦当劳利用夏晖设立的物流中心，为其各个餐厅完成订货、储存、运输及分发等一系列工作，使得整个麦当劳系统得以正常运作，通过它的协调与连接，使每一个供应商与每一家餐厅达到畅通与和谐，为麦当劳餐厅的食品供应提供最佳的保证。目前，夏晖在北京、上海、广州都设立了食品分发中心，同时在沈阳、武汉、成都、厦门建立了卫星分发中心和配送站，与设在中国香港和台湾的分发中心一起，斥巨资建立起全国性的服务网络。

例如，为了满足麦当劳冷链物流的要求，夏晖公司在北京地区投资 5500 多万元人民币，建立了一个占地面积达 12000 平方米、拥有世界领先的多温度食品分发物流中心，在该物流中心并配有先进的装卸、储存、冷藏设施，5～20 吨多种温度控制运输车 40 余辆，中心还配有电脑调控设施用以控制所规定的温度，检查每一批进货的温度。

多年来，麦当劳没有亏待他的合作伙伴，夏晖对麦当劳也始终忠心耿耿，夏晖食品公司大中华区总裁白雪李说，有时长期不赚钱，夏晖也会毫不犹豫地投入。因为市场需要双方来共同培育，而且在其他市场上这点损失也会被补回来。有一年，麦当劳打算开发东南亚某国市场，夏晖很快跟进在该国投巨资建配送中心。结果天有不测风云，该国发生骚乱，夏晖巨大的投入打了水漂。最后夏晖这笔损失是由麦当劳给付的。

讨论：夏晖与麦当劳的第三方物流市场关系。

第二篇

第三方物流企业经营管理

第四章　第三方物流企业客户关系管理

第一节　概述

一、客户关系管理

（一）客户关系管理的内涵与本质

1. 客户关系管理的内涵

贝利于1982年率先提出了“关系营销”的概念，理论界研究客户关系的序幕被正式拉开。多年来，客户关系管理理论的研究有着质的飞跃，但国内外学者在对客户关系的界定上又显著不同。但总的来说，相关专家都一致认为成功营销项目的核心是“吸引和挽留最有价值的客户”。客户关系管理（CRM）首先是一种管理理念，它的核心思想是将客户作为企业的战略资源来看待的，在满足客户需求的基础之上对客户进行深入的分析，据此来对客户服务逐步完善，确保客户终身价值的实现；其次，客户关系管理是一种管理软件、管理技术，它通过将最好的商业实践与数据挖掘、数据仓库、一对一营销、销售自动化及其他先进的信息技术相结合，为企业的销售、客户服务等众多领域提供自动化的解决方案。

综合目前研究成果，客户关系管理研究可分为两大派。其一是在有效客户关系管理及其运用方面学术界和实业界的探索。其二则是以SAS、SAP和IBM等为代表的CRM方案平台开发商，其对客户关系管理的定义强调从技术的角度，他们把客户关系管理看作一个过程，企业凭借此过程，能够更好地掌握和运用客户的信息，以达到增加客户忠诚度，终身挽留客户的目的。

本书将客户关系管理的定义作如下描述：客户关系管理作为企业的一种经营哲学和总体战略，它通过先进的信息通信技术来获取客户的相关数据，并运用相关的数据分析工具对其进行分析，以此来挖掘客户的需求特征、行为模式、偏好变化趋势等，积累、运用和共享客户知识，并通过为不同的客户提供具有针对性的优质价值的定制化产品和服务对处于不同生命周期的客户关系及其组合进行管理，采取一定的措施来强化客户忠诚，并最终实现客户与企业价值最大化之间的合理平衡的动态过程。

该定义的含义包括以下五个层面。

（1）不能把客户关系管理只看作是一种简单的概念或者方案，客户关系管理又是企业的一种经营哲学和战略，它存在于企业的每个经营部门与经营环节当中，以达到在获取一定利润的前提下合理有效地对企业现有的和潜在的客户进行管理。

（2）实现客户与企业价值的最大化的动态平衡是客户关系管理的目的，即实现客户与企业的双赢。首先，客户关系管理的基础是坚持以客户为中心并为客户创造更佳的价值；其次，作为一个以盈利为目的的组织，企业生存和发展的宗旨就是实现利润的最大化。而为客户创造最佳的价值与企业获取最大的利润两者之间又是对立统一的，如果只顾着为客户创造最佳的价值就必然导致企业成本的增加，这样就会损害企业的利益，进而不能确保企业在为客户创造长期持续的客户价值方面的能力。然而，只有为客户创造更优异的价值，才能不断地提高客户满意度与忠诚度，才能实现获取并挽留客户的目的，进而实现企业价值的最大化。

（3）从真正意义上确保客户关系管理的有效性，关键就在于在对客户互动的管理是否有效。企业必须对与客户接触的每个界面进行有效的管理才能为客户创造优异的价值，在与客户的互动中要实现全情境价值的最优化，最大限度地获得客户的相关信息。

（4）客户关系管理的技术支撑是以因特网和数据挖掘等工具为代表的信息技术。为使企业能以整合的方式收集、运用、共享和更新相关的客户信息，最大限度地获取、运用和共享客户知识，需要先进的信息技术作为支持为客户创造优异的客户价值，实现有效客户互动、制定和实施客户关系管理战略。

（5）客户关系管理要求企业要把主要精力集中在最有价值的客户身上，但并不是要求企业放弃那些低价值的客户，而是要在对客户细分和深入分析的之后，区别对待低价值的客户。

2. 客户关系管理的本质

客户关系管理理论的基石是以客户为中心并为客户创造价值，实施客户关系管理的企业必须突破营销部门和客户服务部门的传统模式，实施跨部门的、贯穿于整个组织的战略，把客户中心型战略与强化客户忠诚和增加利润的流程整合在一起。客户关系管理的本质具体表现在以下几个方面。

（1）客户关系管理的最终目标是实现客户价值的最大化。随着“产品导向”向“客户导向”的转变，客户的选择越来越决定着企业的命运。客户之间的关系及相关的客户知识、能力，都是当今企业最重要的战略资源之一。企业执行客户关系管理，就是要对企业与客户之间存在的各种关系进行全面管理，实现客户价值的最大化。企业与客户的关系不仅包括销售过程中所发生的业务关系，也包括企业售后服务中发生的业务关系。对这些关系实施全面有效的管理，能够提升企业在营销与关系管理方面的能力，降低营销成本，控制营销过程中导致的客户抱怨等行为。

（2）客户关系管理本质上是企业与客户的一种竞合性博弈。首先，如果企业想能够持续健康稳定的发展，就得具备扩大规模的资金，相应地就要求企业有更强的赢利能力，而获得更大的利润就要求企业首先为客户提供满意的产品和服务。其次，为了获取相应的利润，企业就必须追求投入与收益的平衡，而为了满足客户高层次的需求，还必须维持客户的需求与满足之间的平衡。在竞争与合作的大前提下，客户与企业之间已经不是一种供需矛盾的对立关系，而是一种持续学习的关系。

（3）企业实施客户关系管理战略所追求的根本目标是建立客户忠诚。所谓的客户忠诚是指企业现有的客户高度承诺保证会在将来一直重复购买企业特定的产品或服务，而产生的对同一产品或服务的重复购买行为，与此同时，无论市场竞争环境如何变化，其他竞争性产品做出何种营销努力，客户都不会发生转移购买的行为。与拥有较高的市场份额相比，拥有忠诚客户的企业比竞争对手更具有竞争的优势。

大多数企业实施CRM战略的一个基本目标是客户忠诚指标而已不再是客户满意指标，企业实施CRM的目的就是通过合理有效的客户保持战略，不断保持与客户的良好关系，不断加强客户关系持续的意愿，最终建立客户忠诚，实现长期稳定的客户重复购买。

（二）客户关系管理的核心思想

1. 客户是企业发展最重要的战略资源之一

客户是企业收入和利润的源泉，如果没有客户，企业就没有收入和利润，也就不存在市场价值。详细地说，如果一个企业没有客户资源，它的产品或服务价值就无法实现交换，企业就也就没有相应的收入，更没有利益可言，当然也就没有了存在的意义，因此客户资源是企业生存的基础。

就目前来说，客户已经不再是被动的消费者角色了。一方面，客户愈加推崇、追求产品的个性化；另一方面，在同质产品的消费上，客户也有追求个性化消费模式的趋势。同时客户在产品、渠道、服务、沟通等方面选择的空间也在不断地增大，转移壁垒逐渐降低，客户的忠诚也日益下降，市场的主导权又从企业逐渐转回到客户的手里。因此，企业为了获取与挽留客户，必须坚持以“客户为中心”，从根本上重视客户的需求，不断进行产品创新、实现差异化经营。

2. 企业与客户之间关系的全面管理

建立“以客户为中心”的企业战略管理模式，就要全面管理企业间的各要素以及企业与客户之间的各种关系。通过对客户管理的人性化，使企业能够建立和维护一系列与客户之间的关系，继而使企业提供更加快捷、周到的服务，提高客户满意度，最终提升企业的营销能力，降低企业的营销成本，是对企业和客户之间的所有售前、售中、售后的关系进行全面管理的目的。

3. 客户关系管理的两项基本任务是识别和保持有价值的客户

根据帕累托（Pareto）原理，一个企业80%的利润通常是由20%的客户所创造的，而其余80%的客户对于企业来说是微利、无利的。企业要生存和发展就必须保持有价值的客户，因此，客户关系管理第一个基本任务就是识别有价值的客户。

客户忠诚从萌芽到成熟需要经历一定的过程，客户关系有显著的周期性特征。怎样留住已经识别的有价值的客户，使客户关系进入稳定期，尽可能地增加客户关系的生命周期，避免其进入衰退期，同时实现客户对企业价值的最大化，也就是所谓的客户保持，它是客户关系管理必须完成的另一个基本任务。

（三）客户关系管理的系统分类

随着客户关系管理供应商的增多，产品的功能也随之增多且有所侧重，依照目前市场上主流的功能分类方法，可以将客户关系管理系统分为运营型、合作型和分析型三种。

1. 运营型客户关系管理系统

运营型客户关系管理系统是客户关系管理软件中最基本的，使用者包括销售人员、营销人员以及现场服务人员，支持前台办公流程自动化是运营型客户关系管理系统的主要作用，保证企业与客户之间良好的沟通交流是实施管理的目的，进而使企业利用多种沟通渠道获取相关的客户信息，以便建立一个客户档案，并存储在客户关系管理信息系统当中。运营型客户关系管理系统在销售、营销和客户服务三个部分的业务流程及管理信息化进行了改造，侧重客户接触点（市场、销售、客户服务等方面）业务流程的自动化，它通过跟踪、分析以及驱动市场的导向来提高前台的日常运作效率，降低运作的差错率。这类客户关系管理系统主要是面向与客户直接接触的业务人员、销售人员。

2. 合作型客户关系管理系统

该种类型的客户关系管理系统通过将市场、销售、服务三个部门进行结合并支持其协作，目的就在于依据客户沟通所需手段渠道的集成和自动化，注重客户、员工以及商业伙伴的协同与合作，主要有业务信息系统（Operational Information System，OIS）、联络中心（Contact Center，CC）和 Web 集成管理（Web Integation Management，WIM）。员工、客户及商业伙伴通过协作界面的使用实现了实时沟通，保证了信息的完整性、及时性、准确性和可靠性。

3. 分析型客户关系管理系统

分析型客户关系管理系统是对应用运营型客户关系管理系统和合作型客户关系管理系统产生的信息进行加工处理和分析，并产生相应的报告与客户智能，不仅能为客户提供个性化的服务，还能为企业提供决策支持。企业通过分析并预测收集到的关于客户的数据转化为信息，然后通过一定的方法又把信息进一步转换成客户知识，最后再将客户知识应用到相应的目标营销活动中去。分析型客户关系管理主要功能包括现有应用系统的整合、存放在不同数据库中的相互关联的原始数据的整合、关联性查询、客户价值评估和客户细分、利用分析数据和商业智能方法验证行业经验、分析和考察客户的消费行为和数据挖掘、建立数据模型和预测市场活动效果、调整重要参数和估计对收益和利润的影响、知识发现和知识库、产品定位和市场决策、数据模型的优化和确定营销策略。

二、第三方物流企业客户关系管理的特征

（一）客户的双向性

传统企业一般都是与客户进行一对一地交流，交流过程中只涉及产品或服务的供方和

需求方，而不涉及第三方。第三方物流企业的客户与传统企业有很大不同，第三方物流是物流企业为供应方和需求方提供产品运输、产品配送、仓库存储等各项物流服务的，是供方和需方之间的纽带，第三方物流企业是从生产到销售过程中进行服务的第三方，为客户提供专门的物流服务，但商品的所有权不归企业所有。第三方物流客户包括第一方（商品的供应方），也包括第二方（商品的需求方）。实际上，第一方企业真正的客户是第二方。因此，第三方物流企业的客户具有双向性，如图 4－1 所示。这就使得第三方物流企业的客户服务有两个特征：一是为使第三方物流企业能够很好地替代客户企业为客户企业的客户提供客户服务，要求其对客户企业客户的需求特征有一个充分的理解；二是第三方物流企业客户服务水平是由客户企业以及客户企业客户的评价共同决定的。只要一方客户流失都将导致另一方客户（客户的客户）的流失，因此就会出现客户加倍流失的现象，如图 4－2所示。相反，客户的忠诚的获得速率将会大大增加。

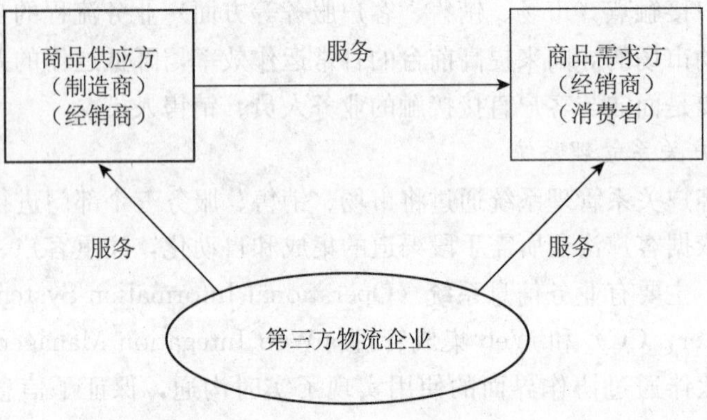

图 4－1　第三方物流企业客户关系示意图

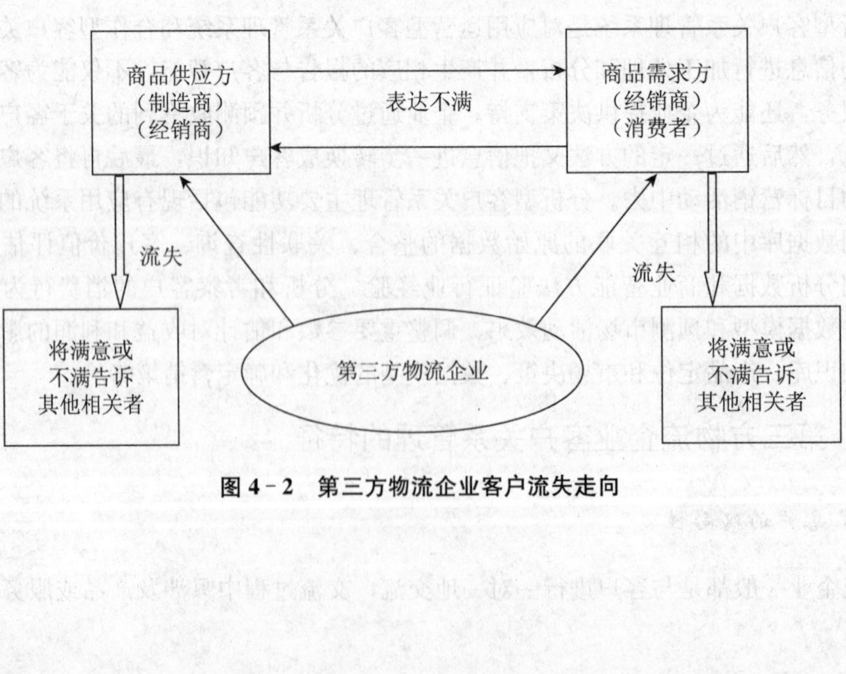

图 4－2　第三方物流企业客户流失走向

（二）第三方物流企业客户满意度标准不同

第三方物流企业与传统服务型企业相比所拥有的客户类型不同。传统服务型企业的客户以个人客户为主，而第三方物流企业的客户则是以团体为主，与个人客户的差异在于，这些团体客户的消费理性较高，他们对获得服务和价值利益的满意程度经常是通过绩效考核和利润比率共同来衡量的，而企业的总体满意水平与企业内部多个接受企业提供产品或服务的部门都是相关的，所以说第三方物流企业要想获取较高的评价，就不能只停留在单一顾客的单向满意水平上，而要充分考虑到客户内部的各个部门对服务水平的要求。因此，第三方物流企业在进行客户关系管理时，要同时考虑到客户各个部门的服务要求，尽量使每个部门达到满意，进而实现客户整体满意。

（三）第三方物流企业客户数量相对较少，且变化率大

由于传统企业的客户以分散的个人为主，所以数量相对较多。如目前中国建设银行共拥有约 2 亿个私人账户和 60 万法人客户。而第三方物流企业的客户大都是较大的生产企业或是零售企业，数量相对较少且集中。此外，第三方物流企业服务的双向性还表明，只要一方客户流失都会导致网络客户（客户的客户）的流失，因此就会出现客户加倍流失的现象。相反，客户忠诚的获得速率就会显著增加。

（四）客户关系管理的全面性、持续性和创新性

第三方物流企业为客户提供的物流活动本质上就是服务，它具体包括货物的运输与配送、库存管理、装卸、包装、流通加工等。第三方物流企业所提供的服务不仅要包括一般的物流服务，还应该包含各类增值性服务。第三方物流企业在服务内容上与传统物流企业相比，为客户提供的不仅是一次性运输或配送服务，而是一种长期的具有契约性质的综合物流服务，其服务范围不只局限于运输、仓储服务，而是更加注重客户物流体系的整体效率和效益。因此第三方物流客户关系管理必然要求在每个客户接触点上的服务都必须满足客户需求。

在与客户建立好了关系之后，第三方物流企业最重要的任务就是维护客户关系，与客户之间的关系不能被简单地定义为交易关系，它实际上是一种战略合作伙伴关系，每一次的物流服务都要保质保量的完成，要与客户保持经常性的沟通，做好客户关系管理的各项工作。

另外，客户服务的变化往往会产生新的客户服务需求，所以在客户服务管理中，应当充分重视研究顾客服务的发展方向和趋势，不断创新物流服务。

第二节　第三方物流企业客户关系管理现状与困境

一、第三方物流企业客户关系管理必要性

作为一种新的物流形态，第三方物流的本质是就是为客户企业提供物流服务。随着服务营销的日趋成熟，客户关系营销所带来的潜在利益日益明显，这就引起了众多的第三方物流企业对客户利益的重视。为使营销的重心从“交易导向”向“客户关系导向”转变，第三方物流企业就必须实施有效的客户关系管理战略。

根据大量成功的营销实践经验，企业更愿意花费资金在能获得较高客户忠诚的项目上，即使企业在短期内可能会遭受损失，但只要保持好客户关系就会使企业取得长期稳定的利益。因此，若想形成其他第三方物流企业无可比拟的核心竞争力，企业在实施客户关系管理战略时应当适当的放弃追求短期利益的市场份额，去追求长远利益的客户份额。

具体来说，我国第三方物流企业实施客户关系管理战略是第三方物流企业的行业特殊性，客户的双向性，细分客户群体、发掘潜在客户，我国第三方物流企业竞争和发展四个方面的必然要求。

（一）第三方物流企业行业特殊性的要求

目前，为使物流由“活动”变为一种“服务”，更多的企业愿意把自身的物流活动交给独立的第三方物流企业。与传统的运输企业相比，第三方物流企业在服务内容上为客户提供的不仅仅是一次性的运输或配送服务，而是一种长期的具有契约性质的综合物流服务，它服务的最终目标就是确保客户物流体系能够高效率的运转起来，其服务范围也不仅仅局限于运输和仓储服务方面。从长远来看，第三方物流的服务领域还会进一步拓展，甚至成为客户销售体系的一个组成部分，所以说，第三方物流企业的生存与发展和客户企业的命运是密不可分的。因此，第三方物流企业必须高度重视客户，加快物流服务体系的完善进度，切实实施客户关系管理战略。

（二）第三方物流企业客户双向性的要求

作为物流服务的提供者，第三方物流企业是连接商品的供应方（第一方）与需求方（第二方）之间的桥梁，一项服务同时为两个客户服务。如果第三方物流企业没有充分理解和掌握客户企业的服务需求，也就无法为客户提供高质量的物流服务，因此就必然降低客户企业对第三方物流企业的评价，最终导致客户企业的流失。只要有一方客户流失就必然导致另一方客户（客户的客户）的流失，从而出现客户加倍流失的现象。相同地，如果第三方物流企业实施客户关系管理，能够从客户企业的实际需求出发，为其提供优质的个性化的服务，满足双方对物流服务的需求，同时提高他们的满意度，就必然引起客户忠诚获得速率的增加。

（三）细分客户群体、发掘潜在客户的要求

众所周知的，任何企业的任何资源都是有限的。因为客户价值是高度异质的，又根据帕累托定律，可以得知片面的追求所有客户的服务满意、客户保持率势必造成低价值客户分配过多的资源，而高价值客户资源分配不足的情况。这两者都会降低全面客户价值，进而导致企业和股东的利益严重受损，而客户关系管理中的客户价值管理就可以给第三方物流企业提供帮助，从而解决这个问题。

将根据客户价值管理区分出的第三方物流企业战略客户进行客户轮廓分析，可以发现高价值客户所具有的交易行为模式和人口统计特征，企业就可以选择更合适的沟通方式，策划更有效的营销活动。企业可以将对现有客户的分析结果应用到潜在客户的识别与获取中，与现有高价值客户具有近似特征的潜在客户将来最有可能成为高价值客户。

（四）我国第三方物流企业竞争和发展的要求

自加入 WTO 以来，我国的经济得到了迅速的发展，各行业对物流服务活动的需求也越来越大，因此第三方物流的市场前景还是很好的。但是，正因为国内物流市场被逐渐放开，我国第三方物流企业的发展环境也不容乐观：一方面，我国很大部分的第三方物流企业是由传统的储运、仓储企业转化而来的，在物流观念、物流技术及物流解决方案的设计等方面上与国外大型的综合物流企业还存在相当大的差距；另一方面，随着国外的如联邦快递（FedEx）、联合包裹（UPS）、敦豪（DHL）、德国邮政等大型综合物流企业的进驻，占据了国内物流市场的不少份额，特别是高端物流市场。为此，我国第三方物流企业就必须找到一条确立竞争优势的道路。根据企业对国民的了解，从客户需求入手，为客户提供优质、高效的物流服务，对客户资源进行有效管理，维护和修护客户关系，从而形成一个长期、稳定、互惠互利的客户关系。

二、第三方物流企业客户关系管理的现状

近年来，我国第三方物流企业受客户关系管理理论在众多领域的广泛应用的影响，越来越意识到客户关系管理的重要性。现在，我国的物流业正处在向现代物流转型的重要时期。虽然企业在一定程度上对客户重视，也积累了一定的客户信息和客户知识，却没能从根本上做到以“以客户为中心”。事实上，国内大多数物流企业对客户关系的管理还局限于售后跟踪服务、客户售后咨询、产品理赔以及有限的客户回访等售后服务的相关环节上。没有从根本上理解客户关系管理的内涵与本质。我国第三方物流企业在实施客户关系管理过程中还存在以下问题和特征。

1. 客户关系管理意识缺失，观念依然陈旧

国内很多的第三方物流企业都未能正确理解物流客户关系管理是物流企业的核心竞争力这一理念，而只是把客户关系管理水平的高低当作一种销售竞争的手段，缺乏整体理念和建立长期、稳定的合作关系的意识。第三方物流企业本质上是属于服务行业，它服务于

从生产到消费的全过程。但很多第三方物流企业仅从站在自己业务范围的视角上看待自身的服务，因而缺乏高屋建瓴的气势和视角，对于客户企业的需求了解还不够。

物流企业的决策层更愿意实施对CRM项目的原因在于CRM能够满足物流企业的三个基本需求：一是提高物流作业效率，缩减开支；二是通过对客户消费行为的理解来提高物流服务质量；三是能在整个物流企业内部充分共享客户的相关信息，提高那些直接接触客户的员工的工作效率。然而一些第三方物流企业还未能充分意识到这一点，因此他们依然从企业自身出发，并没能真正满足客户的需求。若要真正坚持以“客户为中心”就必须改变我们陈旧、落后的观念。

2. 物流企业客户关系管理依旧落后

虽然上层领导也意识到了客户关系管理的重要性，但并没有将工作落到实处。目前我国大多数的物流企业并没有设立专门的组织机构来对客户关系进行管理，没有以客户关系管理为目标来设置相应的岗位。在实施客户关系管理时，必须以强大的信息及技术处理方面的能力作为基础，如分析信息支持网络运用、数据库建设等的能力。然而这些对于我国物流企业来说还不熟悉，这样就增加了实施客户关系管理的难度。

3. 误认为客户关系管理就是取悦客户，目光短浅

国内许多物流企业在实施客户关系管理的过程中，是以推出各种营销折扣、折让等简单的促销手段为主。虽然他们已经意识到了客户资源的重要性，并且也都在一定程度上实行了客户关系管理，但却“以利润为中心”来代替“以客户为中心”。这些企业尽管将“客户就是上帝”奉为企业的价值观，但由于缺乏长期稳定的经营理念，当客户与它们的根本利益相冲突时，可能就会毫不犹豫地选择牺牲客户的利益。然而，客户关系管理强调的是保持并维护客户关系以便于企业能长期稳定的经营下，进而服务客户和奉献社会。

4. 对客户关系管理软件的错误认识

很大一部分物流企业在实行客户关系管理时，过分地依赖于软件的效果。有些物流企业将问题简单化了以至于认为只要用了CRM项目，销售业绩和企业的市场竞争力就能立即得到提升。但是客户关系管理软件只是一项辅助技术，它只是将企业内部的资源进行了整合，并没有直接接触客户关系，不能将客户关系管理软件神化。举个例子，销售自动化是客户关系管理项目实施中一个有用且效果非常好的工具，但它与客户不直接联系，企业只是借此更好地优化资源配置。所谓的价值最大化也只是帮助人们指出在哪个客户群值得投入更多精力，以此给公司带来最大的收入，而这些与客户也无关，仍然需要企业制定具体的策略去研究如何进行资源的有效合理配置。客户关系管理软件不是万能的，CRM软件是不能直接服务于客户的，只有将软件与内部资源进行有效整合才能真正的实施CRM项目，并达到预期效果。

三、第三方物流企业客户关系管理的困境

基于以上现状，目前在实施客户关系管理的过程中我国第三方物流企业还面临以下几方面的困境。

1. 物流客户关系管理项目的缺乏

国内许多第三方物流企业的客户关系还在使用“一刀切”的方式，也就是说，这些第三方物流企业并没有充分了解和掌握客户的实际真正的需求，没有区分对待不同的客户和不同的服务需求而继续采用相同的策略和服务手段，这就严重影响了客户关系的水平及质量。实际上，物流企业客户关系管理的项目和内容应该以商品特性、季节、市场形势、竞争对手情况，最主要的是客户的实际需求与价值体现为出发点，制定符合客户需求的关系管理策略，更好地满足客户的不同需求。

2. 没有规范的物流服务评价标准

通常情况下，客户对物流企业进行客户关系管理绩效评价时将合约条款的内容作为评价的标准，而大多数物流企业在合约中只描述结果，缺乏具体实施的依据。另外，合约中的条款都比较粗泛化，没有将具体要怎么做纳入条款中。如果物流企业只是按照合约实施，就必然会有所疏忽。如果物流企业能够制定规范的评价标准，就迫使企业按照具体细则实施，在此过程中也更容易发现企业在进行客户关系管理时存在的不足之处，并及时更正。评价标准的实施是在保证客户满意度和忠诚度的基础上进行的，它不是物流企业的个体行为。因此物流企业评价标准的制定应该寻求与客户方的合作，至少客户应该为物流企业客户关系管理绩效评价进行打分。

3. 物流信息化薄弱

物流企业依靠网络跟踪服务来实现电子订货、运价咨询等系统，而这些系统的建立需要以技术为支持，所以说，物流信息系统是现代物流行业的支柱。目前在网络建设方面我国物流企业的整体水平比较差；客户关系管理系统是 ERP 系统功能的延伸，它要求企业在成功实施 ERP 后再运用客户关系管理系统，但我国 ERP 应用普遍较低，也缺乏完善的体系，因此在客户关系管理的成功运用上还存在着很大的不确定性；另外，市场上的客户关系管理软件大都是通用化的，与企业的实际情况不一定相匹配，所以客户关系管理应该以企业自身为前提选择功能模块灵活的系统，否则，客户关系管理将失去意义。

4. 缺乏实施客户关系管理的评价体系

客户关系管理得以有效实施的保障是具备实施客户关系管理的评价体系。在国内现有的物流服务中，即使是实施客户关系管理的物流企业都没有建立科学合理的客户关系管理绩效指标体系，指标体系的缺失造成服务目标不明确，服务过后没有反馈等诸多问题。

第三节 第三方物流企业客户关系管理实施办法

整个客户关系管理都是以客户关系基础理论体系作为基础的，客户关系基础理论体系是由客户价值识别理论和客户忠诚理论所构成，如图 4-3 所示。在众多潜在的客户群中识别出有价值的潜在客户是客户价值识别理论的基本任务，而客户忠诚理论则是将有价值的潜在客户转化为现实客户。客户值识别理论和客户忠诚理论构建都必须在客户关系生命周期的框架下进行。

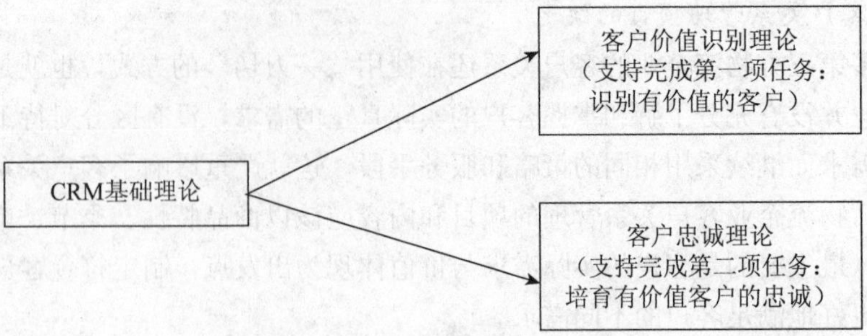

图 4-3　CRM 基础理论总体框架

因此，第三方物流企业实施客户关系管理战略时必须以识别客户、保留客户为中心。第三方物流企业实施客户关系管理战略成功的关键在于通过企业内部、外部的各种管理活动来提高识别客户和保留客户的能力。第三方物流企业通过客户价值管理来识别有价值的客户，并合理的分配营销资源；通过完善物流服务内容提高物流服务水平来保持有价值的客户。

一、客户价值管理

客户价值（Customer Value）包含两个方面的意义。其一，客户作为价值感受主体，企业为价值感受客体的客户价值，也就是说企业提供给客户的价值。它衡量了企业提供给客户的消费者剩余的大小。其二，企业作为价值感受主体，客户为价值感受客体的客户价值，也即客户给企业创造的价值。它衡量了客户对于企业的相对重要性，有利于企业为客户提供产品、服务，以及问题解决方案并且能够使长期盈利最大化。

因此，为能够有效的实施客户价值管理战略，第三方物流企业应该同时关注客户价值的两个方面，一个方面是企业提供给客户的价值，另一个方面是客户给企业创造的价值。只有在企业进行市场投资且能获得充分的回报时才能有效地提供客户价值。而在实际与客户的交易过程中，基于客户价值的两个维度会出现四种不同的情形：明星客户、敏感性客户、“搭便车”客户、放弃客户。如图 4-4 所示。

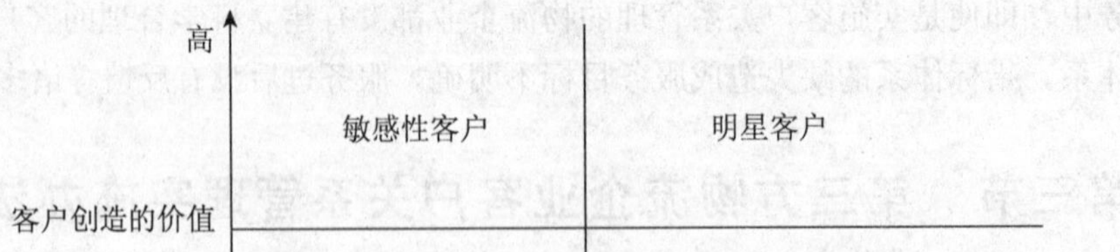

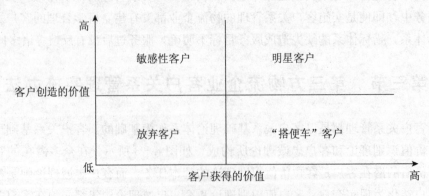

图 4-4　客户价值双维度识别框架模型

图 4－4 描述了客户价值两个维度的四种不同情形。第三方物流企业凭借提供给明星客户的物流服务使其获得了很高的价值，同时明星客户为第三方物流企业创造了高价值，如高额的边际利润、强烈的客户忠诚等，这种关系是平衡的、对等的，而且是互惠互利的，智慧的第三方物流企业通常会建立这样的客户群体。

相反，放弃客户没有通过第三方物流企业的物流服务获得多少价值，也没有为第三方物流企业创造多少价值。通常情况下，这种类型的客户对公司并不重要。他们的主要价值来自大量销售所创造的规模经济，如减少成本和提高促销效率。如果在达不到一定的规模经济的情况下，第三方物流企业若不能把他们转变成高利润的客户，那么就应该考虑或者降低对这些客户的投资，或者彻底放弃这些客户。

图 4－4 显示的另外两种情况是不平衡、不稳定的关系。敏感性客户能为第三方物流企业创造较高的价值，却没有从第三方物流企业那获得太多的价值。这种类型的客户可能是一些新获得的经验不稳定的客户群体，也可能是长期稳定的客户，只是因为惯性而对公司保持忠诚。从某种意义上说，这些客户很敏感，如果不适时地采取正确的物流营销策略，也许它们会转向竞争对手。

第三方物流企业可以通过付出更多的努力，以提供更好、更多、更完善的物流服务支持来提高他们的价值增长性。第三方物流企业要主动与敏感性客户进行沟通，对他们未被满足的需求积极采取相应的措施，阻止使其发展为放弃客户。

“搭便车”客户从第三方物流企业那里获得了超值的物流服务或者产品，但为第三方物流企业所创造的价值却不大。无论出于哪种原因，这些客户都在利用与第三方物流企业的关系来获得大部分的价值。对待这类客户公司的营销策略应该是降低服务成本，提高物流服务价格，使其转向竞争对手。

二、客户物流服务管理

实施物流服务管理可以帮助第三方物流企业实现销售差别化服务。在物流市场需求多样化、差异化的情况下，第三方物流企业只有满足各种不同类型、不同层次的市场需求，且能够迅速有效地满足客户的要求，才能使其在激烈的市场竞争和市场变化中得以生存和发展。而客户服务的差异是差别化经营战略中的一个最重要的内容。第三方物流在保证物流服务的差别化时，要保证本企业的物流服务不同于其他物流企业，这不仅是物流服务战略的重要特征，也是提供高物流服务质量的基础。要实现差别化战略，第三方物流企业就要有对比性的物流服务意识，既要了解、重视并收集竞争对手的物流服务信息，又要使本企业的物流服务不同于竞争对手的物流服务。

伴随着日益激烈的竞争，第三方物流企业物流服务质量的高低就决定了其命运，所以说，第三方物流企业必须要制定高质量的物流服务战略，使其提供的物流服务跟随不断变化的客户需求。在分析了外部竞争环境与内部企业资源的情况下，第三方物流企业制定客户物流服务战略的步骤和主要内容可归纳如下。

1. 明确物流服务的内容

第三方物流企业提供的物流服务内容主要包括：①基本的物流服务，如运输服务、仓储服务、装卸搬运服务；②增值性服务，如物流系统计划与设计服务、采购服务与供应链管理、流通加工服务、报关及其他配套服务等；③特定的增值服务，它是指第三方物流企业为客户提供的专项服务以实现一定的营销目的。

2. 收集客户物流服务的信息，准确理解客户信息

第三方物流企业制定物流服务计划的依据主要包括客户对物流服务重要性的认识及客户对物流服务的满意度。其中，最重要是对客户需求的准确把握。第三方物流企业必须针对不断变化的客户需求而采取相应的措施并不断改变物流服务的目标。第三方物流企业只有在充分了解和掌握客户对物流服务的需求时才能真正制定以客户为导向的物流服务战略。第三方物流企业可以通过以下三个步骤来了解和确定客户的需求。

(1) 理解客户企业的业务及客户企业对其客户的服务要求。只有为客户提供高质量的物流服务，才能为客户提供更大的价值，所以第三方物流企业必须要充分了解客户所从事的业务以及客户对其业务的需求，从而将其转化为第三方物流企业物流服务的标准。在了解客户的需求的同时又能为客户提供相应的客户服务，并使之满意就能增加客户的满意度，降低物流服务的成本。除此之外，还要充分地收集客户的相关信息，只有在客户满意的前提下，才能使第三方物流企业与客户的关系更持久，为企业争取更多的潜在客户。

(2) 通过与客户的良好沟通来鉴明客户的需求和期望。第三方物流企业要保持与客户的良好沟通，从客户那里研究对客户来说更为重要和关键的物流服务特性，同时给客户提出一些定性的、开放性的问题，以此了解客户的真正需求，将客户的需求列出一张清单以引起企业内部员工及管理层的重视。

(3) 和客户共同探讨需求和期望的重要性。当客户的最低需求和期望确定之后，第三方物流企业就能够探索出每个服务项目的重要性。通过与客户的讨论、沟通等过程中发现客户最看重的服务标准及其原因。根据这些信息就可以区分客户需求并为客户提供个性化的增值服务。如果提供给客户的增值服务连客户的基本需求都不能满足，客户肯定不会满意。

3. 整理分析信息，评价当前物流服务及其能力

在了解客户的真实需求以后，第三方物流企业要找出其所提供的物流服务的能力与客户需求之间的差距，进而有针对性的为客户提供相应的物流服务。客户的需求是有差异的，且存在一定的优先次序，通常位于优先位置的物流服务是第三方物流企业要提供的物流服务的核心。第三方物流企业要全面了解客户的真实需求，结合本企业物流服务能力和水平，确定企业要改善和提升的物流服务内容。

另外，第三方物流企业要将本企业的物流服务能力与竞争对手及优秀企业的物流服务能力进行对比并找出不足和差距加以改善，使第三方物流企业能够真正满足客户的需求。

4. 划分客户群并制订相应的客户服务组合

第三方物流企业在制订客户物流服务方案时，要根据不同的客户群体制定相应的物流服务方案，因为客户需求受到不同的客户思维方式、行动模式等多种因素的影响。同时，

还应该考虑客户的潜在价值以及对企业的贡献度。

在划分好客户之后，第三方物流企业首先要针对不同的客户群制订不同的物流服务方案，保证将企业资源优先分配给那些高价值客户。这样不仅能使企业提供满意的客户服务，又能够将成本控制在合理范围内。在成本分析与竞争企业物流服务水平的分析相结合的基础之上，按照不同的客户群体来制定相应的客户服务组合。

5. 客户的评估和优化

第三方物流企业要定期对客户物流服务战略进行评估，评估后若发现实施效果与现实之间的差距，就可以对物流服务战略进行优化、调整。因此，它是一个动态变化的过程。

在物流服务方案的评估过程中，评估客户是否满意的唯一指标就是客户的反馈，客户的反馈能真实反映企业的物流服务是否满足了客户的需求。故在制定了客户物流服务战略以后要定期进行检查评估，评估该战略满足客户需求的能力，收集该战略的不足之处等信息，明确物流服务是否需要改进和完善。

三、客户满意度管理

企业效益的源泉就是客户满意，让客户满意是企业服务创新的驱动力，客户对第三方物流企业物流服务的接受程度取决于第三方物流企业的客户满意度水平。因此，第三方物流企业必须足够重视客户的满意度，才能够给客户提供各种更优质的物流服务，并切实做好客户满意度的管理。除了第三方物流企业所提供物流服务的质量和水平是影响客户满意度的因素以外，还有许多其他的影响因素。所以说在保证和控制物流服务质量上、在对客户物流服务的过程中、在增强客户对物流服务质量的体验上、在正确处理客户的投诉中，第三方物流企业要做好以下五方面的工作，以此来提高客户对物流服务的满意度。

1. 接触客户、了解客户、研究客户

(1) 第三方物流企业首先要建立以“客户为中心”的物流服务理念，继而实施一系列活动来收集客户的体验资料，并对本企业员工进行培训，让员工们了解客户满意度对维持客户关系的重要性。

(2) 企业要依据客户需求的不断变化进行业务机构的调整。长久以来，物流客户服务的主要内容还是基本的运输、仓储、配送、装卸或是简单的流通加工等。但随着第三方物流市场的不断发展，物流信息服务、金融服务也逐渐成为客户的重要需求，因此第三方物流企业要对内部机构做出适当的调整来提供一些更高层次的客户需求。

(3) 第三方物流企业要强化与客户的交流、沟通，缩短与客户之间的距离。要花费大量的精力用于与客户的全面接触上，及时了解客户的需求，作出快速反应以制订满足客户需求的服务方案，继而维持与客户的良好关系。

(4) 建立“内部客户”制度。也就是说，在企业内部的工作流程中，上一个物流服务活动环节的部门把下个环节的部门当成客户，使企业整个工作都是围绕客户来展开，最终为客户提供最满意的服务。

2. 招聘、培训高质量的服务员工

（1）为使企业招聘的服务员工在物流服务过程中让客户满意，就要求企业要保证招聘服务员工的质量，对招聘程序严格控制。第三方物流企业要在服务的主动性、服务经验以及服务品质等方面考察服务人员的整体素质。

（2）招聘结束后，要对招聘的员工进行培训，培训的内容一般包括：培训一线员工物流服务的基础知识和企业背景知识；培训员工的具有适当的决策技能，明确各自的职责；培训员工有关客户服务的全局观念；培训员工的团队协作意识和精神。

3. 为客户提供个性化的服务

能够为客户提供个性化的产品和及时性的服务是提高客户满意度的关键。在客户对个性化的需求愈加强烈的情况下，第三方物流企业要提供满足客户不同需求的个性化服务。企业所提供的物流服务具有特殊性，为保证客户的满意就只有在提供物流服务的过程中增加客户的感受机会，而不能通过产品的外形或其他性能来实现。具体说来，第三方物流企业在充分了解和掌握了客户的实际需求后，能够根据客户的需求来设计物流服务组合；为了增加客户体验和感知的机会，要使客户参与到物流服务方案的制定和设计中来；通过个性化的敏捷化物流服务的制定使客户能够享受所提供的个性化服务；提供物流服务之前，第三方物流企业就应该使客户感到便利；确保货物运送的及时性及后续服务的质量。

4. 重视客户关怀

第三方物流企业越来越重视客户的流失情况，其本质是第三方物流企业对客户的关怀不够。客户流失的主要原因主要有：让客户感到物流服务的不可靠；第三方物流企业不能及时响应客户的需求；在提供物流服务时第三方物流企业没能给客户带来便利，导致客户选择了其他的企业。鉴于以上客户流失的原因，第三方物流企业的服务人员应该做到“7R”的标准服务，即合适的顾客（Right customer）、合适的时间（Righ time）、合适的产品和服务（Right product）、合适的价格（Right price）、合适的场合（Right place）、合适的方式（Righ way）、合适的需求（Right demand），让客户关怀体现在客户购买服务的前、中、后全过程。

第三方物流企业要在客户购买物流服务前，根据客户关怀去改善物流服务，通过不同的定量和定性方法来确定客户对物流服务的期望，进而设计合适的物流服务方案；在客户购买物流服务中、后的两个阶段，第三方物流企业要通过对接触过客户的员工进行服务培训和考核来完善客户关怀。所以，企业必须制定严格的物流服务操作程序和相应的行为规范来管理员工在物流服务过程中的行为，从而使物流服务水平得到很大的提升。

5. 正确处理客户的抱怨和投诉

为了满足每个客户的需求，第三方物流企业往往会提供高质量的物流服务，但在实际操作的过程中，又不可能做到完美，总会有一些客户对企业提供的物流服务不满意。当客户有较多的不满意时就会抱怨，甚至是投诉第三方物流企业。如果这些抱怨和投诉不能得到很好的处理，客户的不满意就会持续扩散，会严重的影响客户关系的维持以及企业的形象。因此，第三方物流企业设置一套科学合理的客户投诉处理机制来解决类似的问题，还可以考虑建立专门的客户服务投诉部门来履行，找出客户投诉的原因并给出相应的处理。

课后思考

1. 简述客户关系管理的概念。
2. 简述第三方物流企业客户关系管理的特征。
3. 简述第三方物流企业客户关系管理的必要性。
4. 试述第三方物流企业客户关系管理的困境。
5. 试述第三方物流企业制定客户物流服务战略的步骤和主要内容。
6. 试述第三方物流企业如何提高物流服务满意度水平？

案例分析

日本某中小型第三方物流企业的服务方案

随着零售市场的多元化发展，通过邮购和网上购物形式购买商品的消费者在日本已经形成了一个庞大的群体。在这样的背景下，针对这些消费者的送货上门就成为一个物流企业所关注的内容。位于大阪的小型第三方物流公司——伊罗杰托公司（以下简称“伊罗杰托”），成立于2001年，注册资本仅10万美元左右致力于为商务提供物流、信息支持及整体解决方案。其服务内容主要为：消费者在互联网、广播等媒体上选中商品，然后用自己的手机（i—mode、VODA phone Live、Ezweb对应机型）通过伊罗杰托的手机专用商品订购网页输入相应的商品编号，伊罗杰托提供的24小时之365天的全天候服务将负责把用户的订货信息（用户名称、商品名称、数量、价格等）及相应的会员信息进行分类、整理、储存，再向各商家进行订货、集货和送货上门，如图4－5所示。

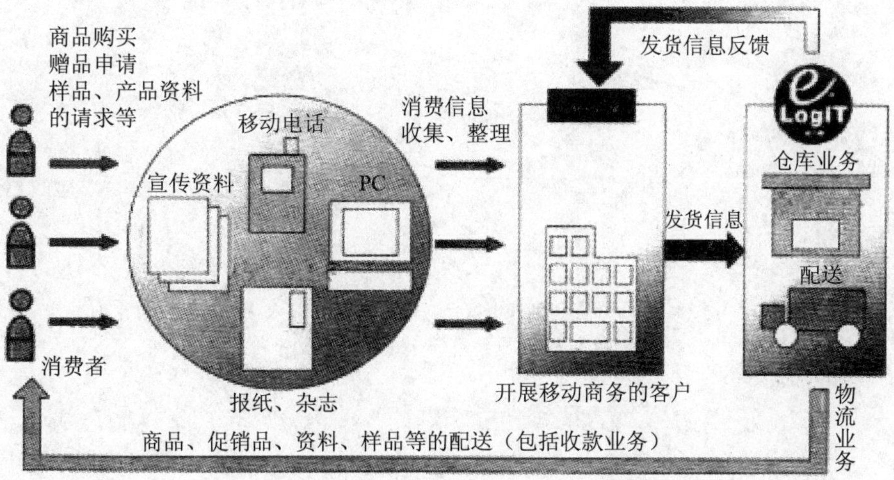

图4－5　伊罗杰托的服务内容示意

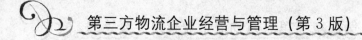

现在和伊罗杰托签约的企业包括电视台、专业邮购杂志等 100 余家采用邮购形式进行销售的公司，具体如下所示。

[电视购物] 朝日电视台的“收藏品 X”栏目、BS 电视台的“收藏品 F”栏目、日本电视台的“世界快乐购物”栏目等。

[邮购杂志]《东京一周》《移动 BEST》《I－mode 商品集锦》《DANCE STYLE》《LUIRE》等。

[发布式广告] K－1 WORLD GP2002、INOKI BOM－BA－YE 2002、LIVE TOUR 2002 等。

[歌（影）迷杂志] Mr. CHILDREN 歌友会、YAMAZAKI 歌友会等。

伊罗杰托的物流服务方案当中，涵盖了所有根据客户企业的实际需要的物流外包、物流咨询、物流系统构建及支持等战略性物流服务。对于采用者来说并非是单纯的物流业务外包，而是以“物流”为中心进行企业经营战略的提案或者流程改善提案。

过去的采用邮购销售的企业由于印刷产品宣传页、宣传手册，以及和媒体的交涉等都造成了大量的管理、沟通和成本方面的负担。和以往的物流公司不同，伊罗杰托将提供诸如从宣传材料的材料选择、设计、印刷、包装到发送，以及发送后的对象名单更新等全方位的服务，使客户企业可以将它们的服务作为一种市场开发、增加消费者市场的战略手段。现在从传统物流服务的商品出入库管理、库存管理开始，到企业宣传资料的发放、样品的发送等各种各样的支持业务都被伊罗杰托列入所提供的服务内容。

讨论：分析伊罗杰托如何提供其物流服务。

第五章　第三方物流企业合同管理

第一节　概述

在经济全球化的今天，在我国第三方物流业还存在诚信缺失的情况下，企业要生存和发展，开拓市场获取利润固然重要，保证权益不被侵害更为重要。为此，企业还要不断创新，充分运用各种法律手段规避和化解经营管理中存在的各种风险，切实维护自身的合法权益。物流外包合同是物流外包管理中的重要工具，也是防范物流外包风险的主要杠杆。加强物流外包合同管理，规范并完善物流合同，实时监督物流外包合同的实施，能有效控制物流外包项目的质量、交货期、成本，规避风险，减少纠纷，保证按期、按量、按质地完成物流任务。

一、第三方物流服务合同的概念

对于物流服务合同的定义，学者有很多见解，有的学者将其界定为：专业物流服务企业按照与物流需求企业所达成的，在特定的时间段内，由专业物流服务企业向物流需求企业提供系列化的物流服务，物流需求企业支付报酬的协议。还有学者认为：所谓的第三方物流服务合同，就是第三方物流活动的当事人之间设立、变更、终止权利义务关系的协议。也有学者认为：物流服务合同是指物流经营人与物流用户约定，由物流经营人为后者提供全部或部分的物流服务，而由后者向物流经营人支付报酬的合同。

根据三种定义，可以明确物流服务合同的主体和标的：①物流服务合同主体——物流服务的提供者，即物流经营人；②物流服务合同主体——物流服务的需求者，即物流用户；③物流服务合同主体——物流服务的实际履行者；④物流服务合同标的——物流服务。

二、第三方物流服务合同的特点

第三方物流的一个重要特点就是物流服务关系的合同化，第三方物流通过合同的形式来规范物流经营者和物流消费者之间的关系。物流经营者根据合同的要求，提供多功能直至全方位一体化的物流服务并依照合同来管理其提供的所有物流服务活动及过程，因此第三方物流又叫合同制物流或契约物流，开展第三方物流活动就需要订立第三方物流合同。

1. 一般性特点

与一般的民商事合同一样，其一般性特点有以下四个。

（1）物流服务合同是典型的双务、有偿合同。第三方物流经营人负责验收货物数量，查验货物表面是否完好，为物流需求方提供仓储、运输、配送、简单加工、物流管理方案设计等服务；第三方物流经营人要及时向客户告知有关的履约情况，按照合同要求完成服务，并要保守客户的经营手段、经营经验和产品信息等商业秘密。而物流用户则要如实申报货物，确保货物安全、合法，配合物流经营人及时提供有关单证和资料等，并按时支付相应的报酬，清偿物流经营人代为垫付的有关费用。因此，双方之间的权利义务存在对等给付关系和有偿关系。

（2）物流服务合同是诺成合同。只要合同当事人之间达成合意，物流合同即告成立，无须以交付标的物为有效成立要件。如果将物流服务合同定性为实践性合同，客户未交付标的物之前，合同不成立，这使得物流合作处于不稳定状态，增加了物流经营人的风险，不利于第三方物流业的发展。同样，如果物流经营人在物流用户交付标的物之前反悔，而接受了其他客户的服务要求，对前一个物流用户来说也不公平。因此，为了维护合同当事人的公平权益，将物流服务合同界定为诺成合同比较合理。

（3）作为物流服务合同主体的第三方物流企业是依据公司法等商事法律注册成立，享有权利并承担义务的独立法人主体，以提供物流服务而收取报酬为经营宗旨。

（4）物流服务合同还具有要式性等特征。要式合同是指法律要求必须具备一定的形式和手续的合同。

2. 特殊性特点

第三方物流服务合同还具有以下几个特点。

（1）第三方物流合同的主体相对较为复杂，特别是物流活动的实际履行者。物流服务需求者和提供者是第三方物流合同的基本主体，但物流服务提供者有时会把海运、陆运、通关、仓储、装卸等环节的一部分或全部分包给他人，委托他们完成相关业务，使其参与物流合同的实际履行，如运输企业、港口作业企业、仓储企业、加工企业等，物流合同的实际履行方成为第三方物流法律关系不可或缺的主体。

（2）第三方物流服务内容具有广泛性和复杂性。在物流现代化发展过程中，提供第三方物流服务的企业从简单的存储、运输等单项活动转为提供全面的物流服务，其中包括物流活动的组织、协调和管理，设计最优物流方案，物流全程信息的收集、管理等。提供第三方物流服务的企业大体上又可以分为资产型物流公司和非资产型物流公司。资产型物流公司又有以提供运输服务为主和提供仓储服务为主等不同类型；非资产型物流公司又有以提供货物代理为主、提供信息和系统服务为主、提供增值服务为主等不同类型。业务的专业化和多样化使得第三方物流合同的内容涉及运输、储存、装卸、搬运、包装、流通加工、配送、信息处理等诸多环节，合同当事人的权利义务关系也因此呈现出多样性、广泛性和复杂性等特点。

（3）通常是具有混合合同特征的无名合同。第三方物流合同涉及环节众多，合同的内容具有广泛性和复杂性。单一的物流服务合同在性质上容易确定，如纯粹的运输合同法律关系或仓储合同法律关系，其合同名称就是运输合同或者是仓储合同，属于合同法上的有名合同。然而，第三方物流合同往往是综合的物流服务合同，是集运输合同、委托合同、仓储合同、加工合同等各种合同于一身的混合合同，因而，物流经营者的法律地位也是集存货人、托运人、委托人、代理人等各种身份于一身的混合地位，然而在我国合同法中并没有物流合同的概念和相关规定，而且在物流活动实践中，也很少把合同称为物流合同，因为物流活动大多还是体现为运输合同，物流企业与客户签订的合同大多数是运输合同，但物流合同往往又超出运输合同的范围，如合同中要求物流企业对委托托运的货物进行包装修补、集装箱拼箱、装箱或者拆箱，这时物流企业与客户的合同就有了加工承揽的性质与特点，这些远远不是一个运输合同所能涵盖的，因此，把这种综合的物流服务合同称为运输合同就是不准确的。通常来说，第三方物流合同特别是综合的物流服务合同，其法律性质应该是具有混合合同特征的无名合同。

三、物流外包合同管理的基本原则

（一）全面性

全面性指物流外包合同的管理工作能覆盖物流外包过程中可能发生的所有事情。从广义上说，物流外包服务项目的全部工作都可以纳入物流外包合同管理的范畴。物流外包合同管理是包含与物流服务相关的人员、资金、物资、质量、绩效考评的完整的管理系统。

（二）严格性

严格性指物流外包合同管理必须严格遵循签署的合同。外包合同是外包项目实施过程中的最高行为准则，企业与外包商在物流外包关系存续期间的一切交易活动都是为了履行合同责任。一切活动的基本指南是合同中的相关条款，不得随意更改，如果实在要进行更改，也必须先经过合同变更这一程序。

（三）灵活性

灵活性指物流外包合同的管理能适应外包过程中出现的意外变化，企业与外包商之间的关系必须能反映外包交易中的实际情况。所有的外包合同都是基于一些关键假设（如技术、商业条件、人员）而设计的。合同签署以后，这些假设条件可能发生改变，企业最初设计的服务需求和三年后的要求可能截然不同。物流外包合同管理要保证物流外包合同能适应这种不确定性，在严格履行合同的同时，能在不违背原合同宗旨的条件下进行一定的变动，实际上，某些合同中关于服务范围的界定“乙方应根据甲方的需要，提供甲方要求的有关运输服务，包括但不限于：……”就为合同管理的灵活性提供了基础。

灵活性和严格性的结构间的明显冲突总是给一些律师带来挑战，他们工作就是保证合同协议的严密性。一个长期的外包合同本身就具有自身的不确定性，因为它旨在确定一个长期的关系，这种关系会随着消费者的服务需求而不可避免地发展和变化。合同需要适应这样的不确定性，但是在不确定性发生之前，消费者和提供商必须保证他们都理解合同中涉及的目标和目的。这种共同的理解取决于一种真正伙伴关系的形成，而这种伙伴关系的形成是建立在风险和报酬之间的良好平衡的基础上。

一般情况下，起草一份合同的过程要考虑这些问题是很费时、费钱的，但是这通常是一项极有价值的投资。系统的长期工作和计划有助于保证双方把所有重要的事项都囊括在内。同样值得考虑的是对专家顾问的利用，以加速和调节这一过程并保证它的客观性。用三到六个月的时间来酝酿一个长期的外购计划是很平常的，所以商业的客观性在相当紧凑的过程中显得至关重要。

四、几种常用的合同

如果说传统物流业提供的主要是仓储和简单的运输服务，那么，第三方物流企业提供的服务显然就复杂多了。第三方物流企业还包括如集运、存货管理、加贴商标、订单实现、属地交货和包装等服务内容，更重要的是第三方物流企业要帮助客户按照客户的经营战略去谋划其物流，所以第三方物流企业可能涉及更多种类的合同，大体有仓储合同、保管合同、委托代理合同、水路运输合同、租船合同、海上货物运输合同、航空运输合同、多式联运合同，等等。这里简要介绍几种常用的合同。

（一）仓储合同

仓储合同又称仓储保管合同，是保管人储存存货人交付的仓储物，存货人支付仓储费的合同。仓储活动是为他人货物储存、流通、运输过程提供储藏和保管服务的一种活动。在第三方物流不断发展的今天，仓储活动已成为国际、国内商品流转中一个不可或缺的环节。仓储活动对于加速物资流通、减少仓储保管的货物的损耗、节省仓库的基建投资、提高仓库的利用率、增加经济效益，都具有重要的意义。

仓储合同具有以下法律特征。

(1) 保管人必须是拥有仓储设备并从事仓储保管业务的人。未经核准经营仓储业务者，不得订立仓储合同。这是仓储合同与保管合同的重要区别。可以说，仓储合同是一种特殊的保管合同。

(2) 仓储合同为诺成、双务、有偿合同。仓储合同不以仓储物的交付为合同成立要件，只要双方意思表示一致，合同就成立生效；合同成立生效后，双方既享有相应的权利，又负有相应的义务，故为诺成、双务合同；因存货人须向保管人支付仓储费，所以，仓储合同又是有偿合同。

(3) 仓储合同是诺成、非要式合同。为约束仓储合同双方的行为，更好地维护双方的利益，《合同法》第 382 条明确规定，仓储合同自成立时起生效，所以仓储合同是诺成合同；法律、法规未对仓储合同的形式以特殊规定，所以又是非要式合同。

（二）保管合同

根据我国《合同法》第365条的规定，保管合同是指保管人保管寄存人交付的保管物，并返还该物的合同。

保管合同是社会生活中常见的一种合同，它具有以下特点：第一，保管合同的保管物只能是特定物或特定化的种类物。因保管合同终止后，保管人须将保管的原物归还寄托人，故保管合同的保管物必须特定。第二，保管合同原则上为实践合同，即自保管物交付时成立。但当事人可以约定不以保管物的交付为合同成立要件。第三，保管合同中转移占有权。保管人对保管物无使用收益权，更无所有权。第四，保管合同可以是有偿的，也可以是无偿的。

（三）委托代理合同

委托合同是委托人和受托人约定，由受托人处理委托人事务的合同，是委托人与代理人意思表示一致的结果。而委托代理合同中则存在委托人、代理人（受托人）和第三人之间的权利与义务关系，法律效力涉及三方或者多方当事人。

委托合同可以成为委托代理的基础关系，从而导致委托代理的产生。这是因为，如果委托人委托的事务对外须为法律行为时，一般都要授予代理权，于是此时委托合同即成为委托代理的基础关系。

第三方物流又称为代理物流，有不少物流企业就是以代理为其主要业务的，如货代与船代，因而委托代理关系在第三方物流领域的地位非常重要。

以货代领域为例，我国法律根据代理人是否以本人的名义与第三人进行商事活动为依据，把代理划分为直接代理和间接代理。

直接代理是指货代企业以委托人的名义与承运人签订海上货运合同。通常在集装箱整箱和散件运输业务中，货代与委托人之间表现为直接代理关系。

间接代理是指货代企业为了委托人的利益，以自己的名义与承运人签订海上货运合同。通常在集装箱拼箱运输和国际多式联运业务中，货代企业与委托人之间表现为间接代理关系。

（四）运输合同

民法理论中的运输合同是指“由承运人将承运的货物或旅客及行李包裹运送到指定地点，托运人或旅客向承运人交付运费的协议”。这一定义强调的是运输合同双方当事人的意愿，强调了传统民法理论中合同当事人的自由意志，与我国《民法通则》的合同定义是相吻合的。

运输是第三方物流行业的基石，可以说没有运输也就没有物流，所以一份好的运输合同对物流企业及其客户都至关重要。根据运输方式的不同，运输合同一般可以分为海上运输合同、水路运输合同、陆上运输合同、航空运输合同、铁路运输合同以及多式联运合同等。

由于运输合同常常掺入涉外因素，因此情况比较复杂。以海上货物运输合同为例，即使人类有着数百年的海洋运输历史，也没有能形成一个统一的海上运输法律法规。时至今日，关于海上货物运输就有海牙公约、海牙—维斯比公约和汉堡公约三大公约，以及各个国际组织和各个国家颁布的与海运有关的，适用范围或大或小、或一致或冲突的公约、法律法规等。

（五）保险合同

“保险制度”存在的价值即在于风险的分担，而在现代商业运作中，风险无处不在，物流服务业同样如此。对于单一物流服务，其间可能出现的风险一般都在我国保险公司的承保范围之内，出现纠纷易于解决；但涉及综合物流服务，尤其是涉及多式联运甚至是国际多式联运时，则因涉及环节多，一旦出险，责任不易确定，而索赔额度又往往较高，因此即使在保险公司的承保范围之内，保险公司因考虑以上因素而未必愿意承保，出现纠纷也不易解决。针对这种状况，目前出现了专门承保物流服务经营风险的物流互保协会，以保证物流服务经营的顺利进行。

第二节　第三方物流服务合同的签订

合同在当今的经济生活中占据着举足轻重的地位，有关合同的每一个细节都可能极大地影响到合同当事人的利益得失，所以第三方物流从业人员一定要重视合同的方方面面，包括合同签订前的准备、合同签订的过程、合同的内容、合同的执行以及对合同内容的管理等。

一、合同的磋商

合同磋商是以达成契约作为实现某项交易的磋商形式。在磋商中，磋商双方就标的、质量、数量、期限、付款方式等几个要件达成协议，并以法律形式规定下来。

当然，合同磋商并不是一次就能成功的。多数情况下，交易双方要反复多次磋商，进行各种意向性、协议性磋商，直到条件成熟，才进入合同签约阶段。由于合同磋商表明交易双方已进入实质性交涉阶段，所以合同磋商具有以下几个特点。

（1）磋商目标明确，涉及实质性问题。

（2）合同磋商是以法律形式确认双方交易的有效性。磋商如果能进入签约阶段，则进入实质性阶段，它标志着双方合作的开始，也为交易提供了可能性和保障性。

（3）合同磋商人员较为重要。签订合同要符合法律程序，具有合法性。要确保合同为有效合同，双方的签字人必须是法人或者是委托代理人。所以，在合同磋商中，双方的主谈人基本上都是企业或项目负责人或授权代理人，具有决定权。在合同磋商中，通常由律师出席。

二、合同的订立

第三方物流服务合同是处于平等法律地位的物流服务商与用户方双方的民事法律行为，只有在双方意思表示一致时才能成立。

与其他合同一样，第三方物流服务合同是双方的协议，其订立过程是双方协商的过程。物流服务商为了揽取相关服务项目，要对自己的企业（包括办事机构地点等）、经营范围（包括运输线路，交接货物的地域范围，运价，运输能力，相关设施的配备，双方的责任、权利、义务等）作广告宣传，并用运价表、提单条款等形式公开说明。在涉及单一物流服务形式时，一般由服务商主动联系用户，并签订相关合同。如果涉及综合物流服务，包括仓储、运输甚至多式联运时，则经过对比、权衡后，用户方或其代理人向经营物流服务的公司或其营业所、代理机构提出物流服务申请或填写订舱单，说明货物的品种、数量、起运地、到达地、运输期限要求等相关服务内容，物流服务商根据申请的内容，并结合自己的营运路线、所能使用的运输工具及其班期等情况，决定是否接受委托。如果认为可以接受，则在双方商定费率及费用支付形式，货物交接方式、形态、时间，集装箱提取地点、时间等情况后，由物流服务商在交给用户方（或代理）的场站收据副本联上签章，以证明接受委托。这时物流服务合同即告成立，用户方与服务商的合同关系确定并开始执行。

三、签订合同时应注意的问题

第三方物流服务合同的签订不同于简单的代理、运输、仓储、保管、报关等合同的签订。第三方物流公司出售的是一个方案，是按一定流程管理的设计方案，该流程要解决企业的各种疑难问题，达到简化程序、减低成本、提高管理水平、提高企业经济效益和市场竞争力的效果，合同涉及的环节多、时间长、要求复杂。所以，企业在签订合同时应注意以下几方面的问题。

1. 所签合同要完善

第三方物流企业与客户签订合同是一个非常复杂的过程，任何一方如在签约前考虑不周或者准备不足，都有可能在未来执行合同时出现问题。此外，合同的执行标准及衡量标准，是客户与第三方物流企业在签约时首先应协商解决的问题，但在实践中，大量的合同根本未对此作出规定，导致双方在执行合同或对所提供的服务方面产生争议。

2. 所签合同要合理

合同中要考虑双方的利益，达到双赢的目标，这一点很重要。如果只考虑一方赚钱，而使另一方无利可图，这样的合同即使签下来，履约中也会出现各种问题。实践证明，如果双方的理念一致，所签合同的目标相同，履约中一般就不会产生什么问题，即使有问题也较容易解决。

3. 服务范围要明确

许多第三方物流企业往往忽视服务范围的重要性。第三方物流企业与客户第一次合作签订合同时，一定要对“服务范围”做明确的界定，包括如何为客户提供长期的物流服务、服务的具体内容、服务到何种程度及服务的期限，总之要对服务范围有一些具体的规定。否则，第三方物流企业对要干什么都不清楚，而客户也不清楚支付的是什么服务费用。“服务范围”应详细描述有关货物的物理特征，所有装卸、搬运和运输的要求，运输方式，信息流和物流过程中的每一个细节。

4. 不要让客户误解

第三方物流企业不要为了争取客户而使其产生误解，将物流服务视为灵丹妙药，认为第三方物流企业可将客户所有的毛病都连根治愈。应让客户认识到，没有一个物流方案能十全十美地解决企业的全部问题；即使要解决某一方面的问题，也需要详尽的策划和充足的时间，以付诸实施这样一个过程，最终才能见效。

5. 合同要具有可行性

对于专业性较强的企业，签约前应向有关专家咨询，甚至请他们参与谈判，分析企业生产和管理的特殊性、特殊要求及特别需要注意的问题，避免留下难以弥补的后患。对于第三方物流企业经过努力仍无法做到的方面，千万不要轻易承诺。

6. 必须考虑经济性

第三方物流企业接受和签订的协议最终能影响产生效益的项目，而适当水平的物流成本开支必然与所期望的服务表现有关。要取得物流企业的领导地位，关键是要掌握使自己的能力与关键客户的期望和需求相匹配的艺术，对客户的承诺是形成物流战略的核心。一个完善战略的形成，需要具有对未实现所选方案的服务水平所需成本的估算能力。

7. 避免操之过急

许多企业在尚未做好任何准备的情况下，就去寻求第三方物流企业的帮助，并对第三方物流企业寄予过高的期望，匆匆签约。或许这些企业有太多的迫在眉睫需要解决的问题，但这样做往往带来忙中必然出错的后果。

8. 条款要有可塑性

第三方物流企业在签订协议时，要掌握好一种尺度，即达到何种水平。比较好的尺度是将合同定在中间性的、可改进的方案，而非最终方案的程度上，以便为今后几年留出调整、改进的余地。合同条款要订好，要有保护措施，不要轻易订立那种没有除外责任、没有责任限额的条款，否则将收取很少的费用而承担无限的责任；不要轻易承担严格责任制条款，而要争取过失责任制条款。

第三节　第三方物流服务合同的科学管理

合同管理的成效如何，直接关系到企业的经营管理业务。所以，企业必须加强合同管理，确保合同的严肃性和法律的权威性，充分发挥合同在商品购销管理中的作用。

一、第三方物流服务合同当事人

第三方物流合同中，当事人包括以下几类。

(1) 物流服务需求方，一般作为物流合同的当事人之一，享有法律及物流合同规定的权利，履行相应义务，是物流法律关系中主要的一方，主要包括各种工业企业、批发零售企业及贸易商等。

(2) 第三方物流经营人，是物流合同的另一方，与物流服务需求方签订物流服务合同的企业。

(3) 物流合同的实际履行方。物流服务需求方和第三方物流经营人是第三方物流法律关系中的重要主体，但一般还包括物流合同的其他实际履行方，包括运输企业、港口作业企业、仓储企业、加工企业等。第三方物流经营人通过实施代理权或分包权使这些企业参与物流合同的履行，成为第三方物流法律关系不可或缺的主体。

二、第三方物流服务合同主体法律关系分析

物流合同的内容具有广泛性和复杂性，物流合同涉及运输、储存、装卸、搬运、包装、流通加工、配送、信息处理等诸多环节，同时由于第三方物流经营者拥有的资源不同，经营特色和经营方式也多样化，第三方物流合同当事人之间的法律关系也变得复杂起来。

从第三方物流合同的内容和性质来看，不管是物流服务提供者（物流经营者）与物流服务需求者（物流客户）的关系，还是物流经营者与物流活动实际履行者的关系，根据不同的合同约定和物流实践，比较常见的几种法律关系有以下三种。

1. 运输、仓储、加工等一般物流服务法律关系

物流最主要目的是通过运输链的顺利衔接，实现物质资料从供给者到需求者的物理移动最优化，所以运输、仓储、装卸、搬运等活动仍然是整个物流活动的核心要素。当第三方物流企业接受客户的委托，自己进行运输、仓储、装卸、搬运等物流作业活动，自己完成物流合同所约定的内容时，这种经营模式与传统运输业、仓储业等区别不大，当事人双方形成相应的法律关系，如运输法律关系、仓储法律关系等。

2. 委托代理法律关系

物流企业不可能拥有履行物流服务合同的所有资源，因此不可避免地在物流服务合同中约定物流经营者在一定权限内可以物流需求者的名义委托第三方完成物流业务，这时物流服务合同的当事人之间就形成了委托代理关系，即物流经营者以物流需求者的名义同第三方签订分合同，履行物流合同的部分内容，对该份合同的权利和义务，物流需求者也应享有和承担。另外，物流经营者也常常接受货主的委托，以货主的名义办理货物的报关、报验、保险、结汇等业务。此时物流经营者除了和物流需求者之外，还以货主的名义与海关、商检、动植物检疫、保险公司、银行或其他有关第三方发生法律关系。

3. 居间法律关系

在实际业务操作中，物流经营者可能提供与运输有关的信息、机会等服务，促成物流需求方与物流提供方（如货主与承运人、港口经营者等）之间的交易，从中收取一定的费用和报酬，并协调有关当事方的利益，而自己并没有同任何一方签订委托代理合同或向任

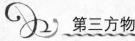

何一方提供实体物流服务。此时，物流经营者处于居间人的法律地位。

三、实施科学的合同管理

（一）重视业务合同谈判，建立业务合同谈判机制

合同不是写出来，而是谈出来的，最后形成的合同文本是谈判出来的结果。在业务合同谈判的实践中，主要注意以下三方面。

1. 据理力争，平等互利

一份成功签约的合同，应该是双方平等协商、互惠互利的结果。例如中储物流在与某大钢厂的谈判中，钢厂以业务遍及全国为由，主张使用他们的仓储保管合同；在诉讼管辖地问题上，主张由钢厂所在地人民法院管辖。中储物流据理力争，称其股份也是全国性企业，上市公司有其规范，不同地区因其地域特殊性，不可强求一致，必须相互协商修改合同条款；至于诉讼管辖地，应遵循平等原则，由起诉方选择双方所在地的任一处来管辖。最终，此钢厂接受了中储物流的意见，达成了一致。

2. 巧妙设置，合理规避

如何将自身风险降到最低，是设置合同条款的重要准则。例如中储物流在与某外商物流企业谈判中，由于需要其代垫的运输资金数额较大，又是滞后结算，因此中储物流设置了预付款制度，即客户先期预付一定数额的款项，业务中发生的运杂费先从预付款中支出，当累计到合同限定数额时，客户在规定期限内及时支付，补充了原先预付款中支出的对等金额。这样既有效解决代垫资金来源问题，同时也一定程度上规避了代垫资金带来的经营风险。

3. 咬文嚼字，反复推敲

合同中的字句，是不能模棱两可、随意而为的。又如中储在与某铝厂签订传真件发货协议时，对方提出要核对传真件发货通知单中的“所有要素”准确无误，后来，通过耐心地沟通，客户改变初衷，同意接受中储主张的仅核对通知单栏目中的“文字内容”，从“所有要素”到“文字内容”，虽只是四个字的变化，含义却相差甚远。

（二）从企业整体利益出发，健全重要业务合同评审制度

重要业务合同，一般可从业务规模（某一期间物资量或单笔物资量）、金额、风险性等标准来衡量，只要业务合同具备上述标准中的任何一项，均可以视为重要业务合同，纳入评审制度。

健全重要业务合同评审制度，可以协调各部门立场，从大局出发，形成企业整体利益，在合同中不局限于某业务是否有收益，而是更强调企业整体利益，进一步挖掘其潜在需求；健全重大业务合同评审制度，还可以集思广益，凝结集体智慧，从业务开发、作业以及法律、财务等不同部门角度，对合同进行更大视角范围的审视和评定，将一些主要问题暴露在合同正式签订之前。

（三）完善业务合同文本框架

作为重要业务合同的补充，对于属常规操作业务且稳定的客户，一般制成固定的格式合同。格式合同中的条款，预先反复推敲，考虑周全，可以较好地维护公司权益，操作起来也更为便利。同时，又预留其他约定事项的空白处；如果约定事项内容较多，可另行签订补充协议，这些均有效增强了格式合同的灵活性。

对于单笔业务的零散客户，则可以采取托运书的形式，将一些主要的条款内容印制在委托书的背面加注说明，类似于邮政特快专递（EMS），客户一旦签章合同即告生效，同时也意味着接受加注说明中规定的权利和义务。

（四）关注业务合同执行过程

合同作为法律事实的一种，其主要的法律特征之一就是具有合法性、确定性和可履行性。依法签订的合同，受国家法律保护，内容确定，随之而来的就是合同的执行问题。

例如，重要业务合同经过合同评审之后，相关部门对具体条款均有了直观的认识，在执行过程中根据确定的目标履行相应义务。通过制订有关的规章制度，规范合同执行管理：业务开发部门做好全程业务跟踪，作业部门实施具体的生产作业，财务部门加强结算管理，法律部门全面监督合同履行情况等。相关部门各司其职，共同做好合同执行工作。

（五）对业务合同进行归档、分类，构建业务合同库

如果说上述合同管理手段是一种动态管理方式，更多的是着眼于从合同谈判、签订、执行等过程化的管理，那么构建业务合同库，则应属于静态管理方式，根据公司物流业务实际，对不同部门的不同业务合同进行归档、分类，逐步构建业务合同库。

在业务合同库中，不仅仅有已经签订的正式合同，还应该包括该合同初稿、评审意见、相关会议纪要以及在合同执行过程中形成的补充协议等，这些相关材料均应纳入合同库的有效管理中，做好存档，以备查考。

（六）在合作中向客户学习

在物流业务实践中，客户们的法律意识都非常强。在合作中应向客户们学习，充分运用法律，最大限度地发挥其效力空间，规避运营风险，维护好第三方物流企业的合法权益。

第四节　合同纠纷的解决方法

一、概述

（一）合同纠纷的含义

合同纠纷，是指因合同的生效、解释、履行、变更、终止等行为而引起的合同当事人的所有争议。合同纠纷的范围广泛，涵盖了一项合同从成立到终止的整个过程。具体说来，合同纠纷有以下几种：合同的效力，即合同是否有效之争议；合同语言文字理解不一致之争议；合同是否已按约履行之争议；合同违约责任应当由何方承担及承担多少之争议；合同是否可以单方解除之争议；等等。

第三方物流合同当事人签订合同之后，理想的状态是当事人各自按照合同规定的内容完成应履行的义务，直至合同圆满终止。但是在现实生活中，由于各种各样的原因（既有合同当事人的主观原因，也有情势变迁方面的客观原因），导致合同在签订之后的履行过程并不是一帆风顺的，往往会出现各种各样或大或小的纠纷。没有任何纠纷，合同圆满履行完毕的情况是不多见的，尤其是在大型合同及涉外合同之中。对于合同纠纷，有些可由当事人协商解决，有些却协商不了，从而使一方当事人诉诸仲裁或诉讼。一旦纠纷得不到解决，就会影响合同的正常履行，甚至扰乱社会经济秩序。因此，合同纠纷应尽量予以避免。

（二）第三方物流合同纠纷的种类

第三方物流合同纠纷的种类，从不同的角度来看有不同的划分。

1. 无效合同纠纷和有效合同纠纷

这是从合同的效力角度对合同纠纷进行的划分。

2. 口头合同纠纷和书面合同纠纷

这是从合同的形式角度对合同纠纷进行的划分。

3. 国内合同纠纷和涉外合同纠纷

这是从合同是否具有涉外因素来划分合同纠纷种类的。

4. 有名合同纠纷和无名合同纠纷

这是从合同名称是否法定的角度对合同纠纷进行的划分。合同法具体规定名称的合同为有名合同，其他合同则为无名合同。

5. 标准合同纠纷和非标准合同纠纷

这是从合同条款是否标准化的角度对合同纠纷进行的划分。除标准合同之外的所有合同纠纷均为非标准合同纠纷。

除上述五种划分合同纠纷的方法外，还有从其他角度进行划分的，如可划分为合同订立纠纷、合同履行纠纷、合同变更纠纷、合同转让纠纷、合同终止纠纷等。这里不再一一述之。

（三）第三方物流合同纠纷的成因

1. 客观方面的成因

在合同履行过程中，会出现一些客观上的原因，导致合同无法按约履行，由此引起纠纷。这里所指的客观方面的成因，指由非合同当事人主观意志所导致的，不得已而为之的因合同履行过程中的变化而引起纠纷的原因。例如，在合同履行过程中发生了不可抗力，致使合同不能全部或部分履行。双方当事人对不可抗力的范围，遭受不可抗力的一方是否采取了措施防止损失扩大，不可抗力是否已导致合同不能履行等问题的看法上不一致，因此而起纠纷。

2. 主观方面的成因

合同是双方当事人协商一致的结果。既然双方当事人在自愿、平等的基础上订立了合同，那么，按合同履行义务应当是毫无疑问的。然而，合同签订后，一方当事人可能会因为种种原因而主观上不想履行或不想完全履行合同。例如，运输合同中，买方与卖方签了购销钢材的合同之后，合同所确定的钢材价格上涨，卖方认为如仍按合同规定的价格交给买方，就会损失一大笔钱，于是，卖方就想提价，或毁约，或以支付违约金的方式不履行合同。买方则不同意，坚持按事先规定的价格购买，双方遂起纠纷。

一项合同纠纷，有时由单纯的主观原因或客观原因而引起的，有时则既有主观原因，又有客观原因。合同纠纷归根结底是与双方当事人订立合同的意图相违背的，除非是一方当事人有意欺骗对方当事人，借纠纷而企图获利，合同在履行，甚至终止时发生纠纷是在所难免的，重要的是在发生纠纷之后如何能行之有效地去解决纠纷。

（四）第三方物流合同纠纷的特点

1. 纠纷主体的特定性

合同纠纷的主体特定性，主要是指合同当事人，有时也涉及第三人的情况，以物流委托代理合同为多见，但主要是发生在订立合同的双方或多方当事人之间。

2. 本质属于民事纠纷

合同纠纷从本质上说是一种民事纠纷，签订合同的当事人是平等主体的公民、法人或其他组织，合同行为是民事法律行为。民事纠纷应通过民事方式来解决，如协商、调解、仲裁或诉讼等。民事方式不同于行政方式和刑事方式。行政方式是通过行政手段来直接干预合同纠纷，这与合同法平等的理念是不符合的，是与我国社会主义市场经济的要求相违背的。刑事方式是国家通过刑事手段来解决合同纠纷，合同一旦需要通过刑事方式解决，就不是同纠纷而是刑事案件。当前利用合同进行诈骗的情况很多，对于此类情况，应以诈骗案处理，而不是一般的合同纠纷。

3. 纠纷内容的多样化

第三方物流合同纠纷的内容涉及合同本身内容的各个方面，几乎每一个与合同有关的方面都会引起纠纷，纠纷内容亦多种多样，甚至订立合同的当事人方面也会有纠纷。如合同一方当事人是第三方物流企业的分支机构，本没有对外签订合同的权力却签订了合同，一旦该方违约又无力承担债务时，必须也应当由设立该分支机构的第三方物流企业来承担责任，如果该企业不愿意，则纠纷就会产生。

二、第三方物流合同纠纷的处理

根据我国合同法的规定，解决合同纠纷共有四种方式：一是协商，自行解决，这是最好的方式；二是调解，由有关部门帮助解决；三是仲裁，由仲裁机关解决；四是诉讼，即向人民法院提起诉讼，以寻求纠纷的解决。

1. 协商

合同纠纷的当事人，在自愿互谅的基础上，按照国家有关法律、政策和合同的约定，通过摆事实、讲道理，以达成和解协议，自行解决合同纠纷的一种方式称为协商。

发生合同纠纷的双方当事人在协商解决纠纷的过程中，应当注意以下问题。第一，分清责任是非。协商解决纠纷的基础是分清责任是非。当事人双方不能一味地推卸责任，否则，不利于纠纷的解决。第二，态度端正，坚持原则。在协商过程中，双方当事人既要互相谅解，以诚相待，勇于承担各自的责任，又不能一味地迁就对方，进行无原则的和解。尤其是对在纠纷中发现的投机倒把、行贿受贿，以及其他损害国家利益和社会公共利益的违法行为，要进行揭发。对于违约责任的处理，只要合同中约定的违约责任条款是合法的，就应当追究违约责任，过错方应主动承担违约责任，受害方也应当积极向过错方追究违约责任，决不能以协作为名，假公济私，慷国家之慨而中饱私囊。第三，及时解决。如果双方当事人在协商过程中出现僵局，争议迟迟得不到解决，就不应该继续坚持协商解决的办法，否则会使合同纠纷进一步扩大，特别是当一方当事人有故意的不法侵害行为时，更应当及时采取其他方法解决。

合同双方当事人之间自行协商解决纠纷，应当遵守以下原则：一是平等自愿原则，不允许任何一方以行政命令手段强迫对方进行协商，更不能以断绝供应、终止协作等手段相威胁，迫使对方达成只有对方尽义务，没有自己负责任的“霸王协议”；二是合法原则，即双方达成的和解协议，其内容要符合法律和政策规定，不能损害国家利益、社会公共利益和他人的利益。否则，当事人之间为解决纠纷达成的协议无效。

2. 调解

双方当事人自愿在第三者（即调解的人）的主持下，在查明事实、分清是非的基础上，由第三者对纠纷双方当事人进行说服、劝导，促使他们互谅互让，达成和解协议，从而解决纠纷的活动称为合同纠纷的调解。调解有以下三个特征：

（1）调解是在第三方的主持下进行的，这与双方自行和解有着明显的不同。

（2）主持调解的第三方在调解中只是说服、劝导双方当事人互相谅解，达成调解协议，而不是做出裁决，这表明调解和仲裁不同。

（3）调解是依据事实和法律、政策，进行合法调解，而不是不分是非、不顾法律与政策地“和稀泥”。发生合同纠纷的双方当事人在通过第三方主持调解解决纠纷时，应当遵守自愿原则和合法原则。根据合法原则的要求，双方当事人达成协议的内容不得与法律和政策相违背，凡是有法律法规规定的，按法律法规的规定办；法律法规没有明文规定的，应根据党和国家的方针政策，并参照合同规定和条款进行处理。根据国家有关法律法规的规定，合同纠纷的调解，主要有三种类型：行政调解、仲裁调解、法院调解。

3. 仲裁

仲裁也称公断。合同仲裁是指由第三者依据双方当事人在合同中订立的仲裁条款或自愿达成的仲裁协议，按照法律规定对合同争议事项进行居中裁断，以解决合同纠纷的一种方式。仲裁是现代世界各国普遍设立的解决争议的一种法律制度，合同争议的仲裁是各国商贸活动中通行的惯例。

根据我国法律的规定，如果合同双方在合同中约定了仲裁协议，那么应当按照仲裁协议进行仲裁，不能自行起诉。例如，某第三方物流企业与国外某航运公司在运输合同中订有在伦敦仲裁的条款。后双方发生合同纠纷，该海运公司向合同订立地某市海事法院起诉，海事法院以订有伦敦仲裁的条款为由，驳回起诉。但是法律另有规定的除外，如该仲裁条款违反公共秩序。与第三方物流业相关的仲裁，大致有三种类型：民间仲裁、社会团体仲裁、国家行政机关仲裁。

根据我国《仲裁法》的规定，通过仲裁解决的争议事项，一般仅限于在经济、贸易、海事、运输和劳动中产生的纠纷。如果是因人身关系和与人身关系相联系的财产关系而产生的纠纷，则不能通过仲裁解决；依法应当由行政机关处理的行政争议，也不能通过仲裁解决。

由于仲裁方法比较灵活、简便，解决纠纷比较快，费用又比较低，所以很受当事人欢迎。但是，如果当事人一方不愿仲裁，则不能采用仲裁的方式，而只能采用诉讼的方式来解决双方当事人之间的争议。

4. 诉讼

诉讼是解决合同纠纷的最终形式。所谓合同纠纷诉讼是指人民法院根据合同当事人的请求，在所有诉讼参与人的参加下，审理和解决合同争议的活动，以及由此而产生的一系列法律关系的总和。

合同纠纷诉讼是民事诉讼的重要组成部分，是解决合同纠纷的一种重要方式。与其他解决合同纠纷的方式相比，诉讼是最有效的一种方式，因为诉讼由国家审判机关依法进行审理裁判，最具有权威性，而且裁判发生法律效力后，以国家强制力保证裁判的执行。

合同纠纷诉讼与其他解决合同纠纷的方式，特别是和仲裁方式相比，具有以下几个特点。

（1）诉讼是人民法院基于一方当事人的请求而开始的，当事人不提出要求，人民法院不能依职权主动进行诉讼。当事人不向人民法院提出诉讼请求，而向其他国家机关提出要求保护其合法权益的，不是诉讼，不能适用民事诉讼程序。

（2）法院是国家的审判机关，是通过国家赋予的审判权来解决当事人双方之间的争议的。审判人员是国家权力机关任命的，当事人没有选择审判人员的权利，但是享有申请审判人员回避的权利。

（3）人民法院对合同纠纷案件具有法定的管辖权，只要一方当事人向有管辖权的法院起诉，法院就有权依法受理。

（4）诉讼的程序比较严格、完整。例如，民事诉讼法规定，审判程序包括第一事程序、第二事程序、审判监督程序等。第一审程序又包括普通程序和简易程序。另外，还规定了撤诉、上诉、反诉等制度，这些都是其他解决合同纠纷的方式所不具备的。

（5）人民法院依法对案件进行审理作出的裁判生效后，不仅对当事人具有约束力，而且对社会具有普遍的约束力。当事人不得就该判决中确认的权利和义务关系再行起诉，人民法院也不再对同一案件进行审理。负有义务的一方当事人拒绝履行义务时，权利人有权申请人民法院强制执行。任何公民、法人包括其他组织都要维护人民法院的判决，有义务协助执行的单位或个人应积极负责地协助人民法院执行判决；如果拒不协助执行或者阻碍执行，行为人将承担相应的法律后果。以国家强制力作后盾来保证裁判的实现，也是诉讼形式有别于其他解决纠纷形式的一个显著的特点。

合同纠纷诉讼虽然属于民事诉讼，但与其他民事诉讼相比，又有其自己的特征。

（1）合同纠纷诉讼的产生是合同当事人在履行合同的过程中，因权利和义务关系而发生了纠纷和争议。如果不是因合同的权利和义务关系而发生的纠纷和争议，就不是合同纠纷诉讼。

（2）合同纠纷诉讼具有广泛性、专业性和技术性。一方面，合同纠纷诉讼涉及面广，在社会主义市场经济体制下，社会生产经营活动过程中所发生的绝大部分经济活动都要靠合同来规范和调整，由此而产生的纠纷诉讼都可以纳入合同纠纷诉讼的范畴；另一方面，大量的合同纠纷所涉及的问题具有很强的专业性和技术性，如技术合同纠纷、保险合同纠纷等，在处理这些纠纷的过程中必然涉及很多的专业知识和技术知识。

（3）合同纠纷诉讼具有较大的社会效益性。随着我国经济建设的迅猛发展，生产建设的规模、市场交易的数量越来越大，与此相应的合同纠纷诉讼的标的也就越来越大，及时解决这些纠纷，特别是重大的合同纠纷，对于维护社会经济秩序，保证经济生活的正常运转，促进社会主义市场经济的建设和完善，促进经济的发展具有十分重要的作用。

课后思考

1. 简述第三方物流服务合同的概念及特点。
2. 简述签订合同时应注意的问题。
3. 分析第三方物流服务合同主体法律关系。
4. 简述如何实施科学的合同管理。
5. 如何处理第三方物流合同纠纷。

案例分析 1

仓储合同案例分析

宏泰钢材销售公司预测 2013 年的钢材市场会旺一些，欲多储存一批钢材，并且此时的钢材批发价格处于低谷，但如果大批量购入钢材，宏泰钢材销售公司却无法存放。于是宏泰钢材销售公司与方明储运公司签订了一份仓储合同，双方约定：自 2013 年 4 月 1 日起由方明储运公司提供可存放 70 吨钢材的仓库，保管期限为 1 年，保管费为 3800 元。如果一方违约，应支付对方保管费 20％的违约金，并赔偿对方所受到的实际损失。合同订立后，方明储运公司开始清理仓库并为钢材的储存做了大量的准备工作，拒绝了其他公司要求储存的请求。但随后钢材市场一直未见起色，价格却一跌再跌，宏泰钢材销售公司未敢大批量购入，于是在 3 月 15 日通知方明储运公司要求撤销合同，声称目前没有购进 70 吨钢材，故不再需要仓库储存，要求方明储运公司尽快寻找其他客户，以免损失扩大。方明储运公司不同意，认为自己已为合同的履行做了大量的准备工作，并因此而丧失了与其他客户订立合同的机会，要求宏泰钢材销售公司按照合同的约定支付违约金。宏泰钢材销售公司认为合同还未成立，而且自己已提前通知方明储运公司寻找其他订立合同的机会，已尽充分的通知义务，防止了方明储运公司损失的扩大，故拒绝承担违约责任。

仓储合同自何时成立，涉及仓储合同为诺成性合同还是实践性合同的问题。关于仓储合同是诺成性合同还是实践性合同，长期以来一直存在争议。但《合同法》第 382 条规定：“仓储合同自成立时生效。”从这一规定可以看出，仓储合同为诺成性合同，自双方意思表示一致时成立，并不以仓储物的交付为成立要件。仓储合同为诺成性合同是由仓储合同保管人的主体资格以及仓储合同的目的决定的。

讨论：在本案中，宏泰钢材销售公司与方明储运公司哪一方应承担违约责任？

案例分析 2

公路货运合同案例分析

2008 年 6 月 19 日，金诚食品公司委托荣庆物流公司运输泡菜等货物，双方签订了货物托运单，托运单写明托运方为金诚食品公司，收货方地址为深圳市罗湖区春风路 52－56 号；运输时间仅有起始时间 2008 年 6 月 19 日，截至时间处为空白；货物名称“泡菜”，数量“共 1618”。托运单上虽未明确此次货运的运费金额及收货人名称，但双方当庭确认运费为 10500 元，收货人为深圳市弦门商贸有限公司（以下简称：深圳弦门公司）。当日，荣庆物流公司从金诚食品公司处将 1618 箱泡菜运走。运输车辆到达深圳后，深圳弦门公司拒收货物。8 月初，荣庆物流公司将该批货物运回北京，并通知金诚食品公司将货物运走。同年 8 月二十几日，金诚食品公司从荣庆物流公司处收回了部分货物，剩余部分金诚食品公司认为已经坏了没有运走。此后，荣庆物流公司将剩余货物作为废品进行了处理。

本案中，双方就事实部分的主要争议点是荣庆物流公司将货物交付收货人深圳弦门公司时，货物是否已经损坏。金诚食品公司认为荣庆物流公司应按货物的性质进行冷藏运输，但荣庆物流公司的运输车没有达到冷藏标准，其与深圳弦门公司为买卖关系，深圳弦门公司因收到的货物坏掉已向金诚食品公司提出赔偿要求，并提交了一份深圳弦门公司的信函（复印件），该信函写有“由于物流公司原因，导致6月份送到深圳的货全部坏掉，由此造成经济损失：50000元（人民币5万元整）。望贵公司尽快给予我司这笔赔偿金额”。经询问，金诚食品公司并未对深圳弦门公司进行实际赔偿。荣庆物流公司认为，托运单中未对运输方式进行特别约定，但荣庆物流公司是按零下8℃标准进行运输的，深圳弦门公司当时仅以外包装变形就拒收货物，其与金诚食品公司之间存在利害关系，对深圳弦门公司的信函不予认可。

讨论：荣庆物流公司要求金诚食品公司赔偿其运回货物发生的运费、保管费、装卸费共计33276元的诉讼请求，法院是否支持？

第六章 第三方物流服务项目管理

第一节 概述

一、项目管理的定义及特征

（一）项目管理的定义

项目管理是指以项目及项目资源为对象，运用系统的理论和方法对项目进行高效率的计划、组织、实施和控制，从而实现项目目标的管理方法体系。

从以下五个方面来理解项目管理的定义。

1. 项目管理的主体

项目管理的主体是项目经理。项目经理受项目发起人的委托在时间有限、资金约束的条件下完成项目目标，有权独立进行计划、资源调配、协调和控制，他必须使组织成员成为一个工作配合默契、具有积极性和责任心的高效团体。

2. 项目管理的客体

项目管理的客体是项目本身。项目管理是指针对项目的特点而形成的一种管理方式，因而它的适用对象是项目。

3. 项目管理的职能

项目管理的职能由计划、组织、协调和控制组成。项目管理的职能是由项目经理来执行的，他通过高效地运用这些职能来实现项目的目标。

4. 项目管理的任务

项目管理的任务是对项目及其资源进行计划、组织、协调、控制。需要注意的是，项目管理的任务与项目的任务含义是不同的。

5. 项目管理的目的

项目管理的目的是实现项目的目标，即提供符合客户要求的产品或服务。

（二）项目管理的特征

项目管理与日常管理相比，有许多不同之处。

1. 项目管理具有创造性

项目的独创性特点，决定了每实施一个项目都要具有创新性。

2. 项目管理是一项复杂的工作，具有较强的不确定性

项目一般由很多个部分组成，工作跨越多个组织、多个行业、多个学科，可供参考的经验很少甚至没有，不确定因素很多，而项目管理要在各种约束的条件下实现项目目标，这些条件决定了项目管理的复杂性。

3. 项目管理需要专门的组织和团队

项目管理通常要跨越部门的界限，在工作中将会遇到许多不同部门的人员，因此，需要建立一个不受现存组织约束的项目组织，创建一个由不同部门专业人员组成的项目团队。

4. 项目经理的作用非常重要

项目经理要在有限的资源和时间的情况下，运用系统的观点、科学的方法对与项目相关的所有工作进行有效的管理，所以项目经理对项目的成败起着非常重要的作用。

二、第三方物流服务项目

如果仅就第三方物流服务而言并不具备成为项目的条件，若第三方物流公司在为生产企业提供的服务，以生产企业选择物流商开始，以在一定时间节点内，第三方物流企业按照生产企业的要求在成本、时间、质量上达到服务要求，最终被生产企业确定成为物流代理为止，作为一个项目，即第三方物流服务项目。第三方物流服务项目的特征如表 6－1 所示。

表 6－1　第三方物流服务项目的特征

序号	特征	一般项目	第三方物流服务项目
1	资源	相应的人、财、物	（1）专业的物流人员、管理人员 （2）相对完善的物流网络，硬件设备和仓储条件 （3）可供公司正常运作的资金实力
2	组织结构	建立独立项目部	建立独立的物流项目部
3	时间限定	在既定时间完成指定目标	在约定时间内完成合同指定物流服务，成功运作企业物流项目
4	一次性	任务完成项目即完成	对于约定的时间而言，第三方物流服务项目也具有一次性
5	目的性	完成既定目标	按合同约定办理，比如成为地区物流代理商或者为某企业实现 20%的利润率
6	整体性	独立统一	独立统一
7	连续性	交付使用	完成目标后，可参照方案对其他客户进行项目二次开始或在此基础上对之前客户开展持续业务

综上所述，第三方物流企业为生产公司提供的物流服务具备项目的特征，为了更好地完成服务工作，通常采用项目管理的理念和方法来对其进行管理，并尝试在此类项目与项目管理理论的结合上达到更好的效果。

第二节　第三方物流项目的洽谈与招投标

一、购买第三方物流服务的决策过程

作为物流服务需求方的工商企业，购买物流服务的决策过程一般有以下几个步骤。

（一）需求的概念化

这一步包括客户完全意识到物流需求，并把它们明确地表达出来，从而成为对潜在第三方物流服务供应商的服务需求。由于大多数第三方物流的决策对企业目标的实现关系重大，决策的过程复杂，所以开始时对需求理解所花费的时间较长。

（二）确定可选目标

该步骤的一半时间用来确定选择第三方供应商的标准。第一步中有关对需求的表达应使确定选择标准在可管理的范围。

虽然物流经理一般明显地参与对第三方物流服务商选择的决策，但是其他部门包括财务、制造、营销、信息系统、人力资源部的经理也常常参与其中。另外，公司总裁参与第三方供应商的选择决策也是常见的。

确定可选对象的过程包括要求感兴趣的物流供应商提供建议书、初选候选人以达到可管理的数量以及对这些候选公司进行评价与考虑。

（三）选择供应商

这一步对客户是关键的。第三方供应商的选择只有对可能的候选人的信誉作非常详细的考虑后才能作出，它必须对最终候选人有专业性地接触与了解。

如第二步讨论的，在公司里，有好几个经理在决定第三方物流购买过程中起着至关重要的作用。在最终选择的决策中，应鼓励在他们之间进行一定程度的协调，保证他们中的每一位对作出的决策有一致的理解，并了解对被选的物流公司的期望。

（四）第三方物流服务关系的实施

一旦作出选择第三方物流供应商的决策，就必须认识到与该物流公司的相互理解与合作是非常重要的，可以说这一过程与前三步是一样重要的。

根据与新的第三方物流服务关系的复杂程度，整个实施过程可以是相对较短的，也可以延续一段时间。例：如果这一过程包括了对顾客物流系统网络的显著改变和重构，则完

全付诸实施就需花费更多的时间，而当第三方的作用较为直接与简单时，则实施过程可以较快。

（五）过程改进

传统的购买过程结束于选择第三方物流的实施阶段。对于第三方物流供应商的参与，要知道他可以继续的类型与可以突破的改进。供应商应对这种类型的改进负责，同时突破性的改进也是必需的，因为只有这样，才可能增加公司的竞争优势。要达到此目标，需要鼓励第三方供应商打破传统的思维方式，创造性地进行思维。当然，这也包含风险，只有冒险才能获得物流过程显著改进的益处。

二、第三方物流项目的洽谈

（一）洽谈准备

第三方物流项目的洽谈，通常由于供需双方的需求角度不同，事先很难预测洽谈会形成什么样的结果。但是，根据市场资源的配置规律，当第三方物流服务的社会供应大于社会需求时，需求的一方处在主动和有利的地位，有更多的市场机会选择、比较供应方。相反，当第三方物流服务的社会需求大于社会供应时，供应的一方处在主动和有利的地位，同样有较多的市场机会选择、比较合适的需求方。然而，从物流市场的普遍发展规律来看，真正能承担起强大的、全面的第三方物流社会服务功能的企业和集团不可能很多，而承担相对有限的或在某个专项领域具有特色的第三方物流服务的企业肯定是大多数。因此，在围绕第三方物流服务项目的洽谈实践中，作为第三方物流服务的需求方，出于需要，一般会同时选择一个或多个第三方物流服务供应方进行洽谈，以在比较中决定最终合作方；而作为第三方物流服务的供应方一般为了争取与需求方的合作机会，亦会同时考虑需求方对物流服务供应的要求，从满足需求方要求的角度选择一个或多个方案进行洽谈。由此，在第三方物流服务项目进行洽谈前，相比供需双方在洽谈中所处的角度和地位，要求供应方做好周密、系统的洽谈准备，被实践证明是至关重要的工作。

1. 了解、掌握物流服务需求一方的基本情况

第三方物流服务供应方要了解、掌握物流服务需求方的基本情况，主要包括：

（1）产品生产规模；

（2）产品生产供应对象和销售范围；

（3）经营理念和文化背景；

（4）采购供应、生产制造、成品销售的模式与特点；

（5）选择第三方物流服务的动因及服务要求。

了解、掌握以上五方面的基本情况，有助于第三方物流服务供应方在进行物流项目洽谈前，作出有重点的准备与策划，制订切实可行的洽谈方案。

2. 明确洽谈人员，制定洽谈策略

参加第三方物流服务项目洽谈，通常是以第三方物流服务供应方所属的市场或业务部门的人员为主体，这些部门或人员一般业务素质较高，管理协调能力较强，但是根据物流服务项目洽谈的实际需要，要区别情况，要明确主谈人和协谈人，主谈人可以是部门主管，也可以是物流总监或经理，协谈人可以是其他人员。

制定洽谈策略是参加项目洽谈人员要着重研究解决的问题。根据经验，制定洽谈策略可从以下几方面进行：

(1) 权衡和对比竞争对手状况，重点突出自己的强项和优势；

(2) 研究差异化的服务战略，贴近需求方的个性化特点；

(3) 运用成功和有代表性的服务典型实例进行推荐；

(4) 坚持诚信、承诺原则，不故意夸大能力，不随意贬低他人；

(5) 善于从满足需求重点切入，引起需求方的重视和兴趣；

(6) 略述管理与经营理念。

（二）洽谈机会的把握

1. 及时性

物流服务供应方一旦了解到客户对物流服务有某种需求的信息时，应以最快的速度或最有效的方式同客户取得联系，并针对客户的需求提供相关信息，使客户对你的主动、热情、认真、负责的服务精神感到满意并留下良好的第一印象，从而为下一步深入洽谈创造有利条件。

2. 真实性

向客户提供的相关信息必须是真实的、可靠的，在具体的物流项目洽谈中，虚假的、夸大功能的、损害他人形象和声誉的信息，往往会误导客户，使客户产生怀疑，甚至造成客户不满意及毁坏物流企业形象的后果。

3. 全面性

客户一般都希望物流服务供应方提供的信息是系统的、完整的、可选择的。因此，向客户提供的信息要全面，便于客户通过提供的信息可以非常直观地发生兴趣。当然，能够引起客户兴趣的，除了物流服务供应方已做过企业自我包装，在社会中拥有一定知名度外，参与同客户洽谈的对象的气质、仪容仪表、谈吐方式，对客户的理解和了解以及介绍物流服务提供的计划、办法等都是能否引起客户兴趣的重要和关键因素。

4. 为客户提供咨询

与客户进行物流项目洽谈，物流服务供应方应了解和承认这样一个事实，即客户在选择物流服务购买时，大多在具有相同服务功能的不同服务方式之间、相同服务方式的不同物流服务供应方之间进行对比分析，除非这种物流服务在当前处于垄断地位，客户没有选择权。显然，在市场经济条件下，竞争打破了垄断，客户选择的机会很多，因而，当物流服务供应方与客户洽谈时，为了提高自己被客户选中的机会，应从关注客户利益的角度，尽可能地向客户提供有关评价选择方案的咨询。提供的咨询包括宣传材料和直接讲解，必须将自己的服务优点和缺点、价格和性能之类如实告诉客户。那种只图自己赚钱，只讲自己优点，而不讲缺点；只讲自己的价格低，而不讲其质量水平；或只讲自己的质量水平，而不讲客户将付出的成本的行为，都可能引起客户不满意。现代物流中，物流的大部分功能、作用和操作方法等，客户往往并不完全了解，这也需要物流服务供应方为客户评价选择方案提供咨询服务。

5. 为客户的购买行为提供帮助

客户经过与物流服务供应方的一番洽谈和比较后，决定购买何种物流服务是物流服务供应方非常关心的。客户决定购买物流服务可以是全部，也可以是部分，但所购服务都是供应链中不可缺少的组成部分。由于购买的物流服务在供应链中起到至关重要的作用，所以客户作出购买行为的决定都很慎重，而一旦决定购买了，又希望购买过程简单顺利。由此，物流服务供应方在与客户洽谈的过程中，还有一个重要内容不可忽视，这就是当客户实施了对你的服务购买决定后，你的服务承诺即开始实施，为能足够地满足客户的购买要约，让客户满意，必须注意利用好洽谈机会，尽量使客户放心，减少客户的忧虑，使客户认为只有选择了你，才是最简便和最顺利的。

6. 为客户提供售后服务

客户选择满意的物流服务供应方提供服务，其基本目的是为了增强自己的核心竞争能力，通过选择第三方物流服务承担非核心经营业务来降低物流成本，提高产品质量，增加效益，为下游客户提供满意的产品和服务。对于物流服务供应方，为承接物流项目进行事先策划、方案设计，然后与客户进行洽谈，直至订立合同，进入运作，构成了为客户量身定做物流服务方案的过程。但在实际物流项目洽谈中，对各种可能产生但不易被客户事先估计的因素，即影响客户需求目标实现的不利因素，如果物流服务供应方能够充分地提示客户，并提出恰当和理想的解决措施，使客户意识到这些措施是有效和有保证的，而且强于和优于其他的物流服务供应方，体现出售后服务的质量、能力及水平，就会增加物流服务供应方在物流项目洽谈会中的成功概率，不仅能影响客户一次的购买决策，而且可以影响下一次以及与该客户有关的其他客户的购买决策。

三、第三方物流项目的招投标

（一）第三方物流项目招投标人概念

1. 第三方物流项目招标人

招标人是指依法提出招标项目、进行招标的法人或者其他组织。这里有两层意思，首先，招标人是提出招标项目、进行招标的人；其次，法人或其他组织可以作为招标人，自然人不能成为招标人。据此，物流项目的招标人通常是该服务项目的需求方。

2. 第三方物流项目投标人

投标人是指具有民事权利能力和民事行为能力，并依法享有民事权利和承担民事义务，包括具备对招标要约有响应能力和承担能力的法人或者其他组织。具体投标人可以是经合法批准成立，依法登记领取了营业执照，有一定的组织机构和财产，但不具备法人资格的组织。据此物流项目的投标人通常是响应招标要约、有物流服务能力的供给方。

3. 招标方式

按照招标方式，一般有公开招标和邀请招标两种形式。公开招标是指招标人以招标公告的方式邀请不特定的法人或者其他组织投标。公开招标也称为无限竞争性招标，是一种由招标人按照法定程序，在公开出版物上发布招标公告，所有符合条件的供应商或承包商都可以平等参加投标竞争，从中择优选出中标者的招标方式。而邀请招标是指招标人以投标邀请书的方式邀请特定的法人或者其他组织投标。邀请招标也称为有限竞争招标，是一种由招标人选择若干供应商或承包商，向其发出投标邀请，由被邀请的供应商、承包商投标竞争，从中选定中标者的招标方式。但为了保证招标的竞争性，法律规定，招标人应当向三个以上的潜在投标人发出邀请。目前，在物流项目的招标、投标中，公开招标的不多，大多数为邀请招标，但第三方物流企业应对两种招标方式都有足够的策划准备。

（二）第三方物流项目招投标的概念

1. 第三方物流项目招标

所谓“第三方物流项目招标”就是招标人（或第三方物流服务需求方）在购买第三方物流服务前，按照公布的招标条件，公开或书面邀请投标人（或第三方物流服务提供者）在接受招标文件要求的前提下前来投标，以便招标人从中择优选择的一种交易行为。

2. 第三方物流项目投标

所谓“第三方物流项目投标”就是投标人（或第三方物流服务提供者）在同意招标人拟订的招标文件的前提下，对招标项目提出自己的报价和相应的条件，通过竞争企图为招标人选中的一种交易方式。这种方式是投标人之间的直接竞争，而不通过中间人，在规定的期限内以比较合适的条件达到招标人所要达到的目的。

（三）第三方物流项目招投标的一般程序

招标、投标的程序一般是公开、公正、公平进行的，从实践来看，通常有以下程序。

1. 招标人编制招标文件

招标文件是招标和投标活动中最重要的法律文件，它不仅规定了完整的招标程序，而且还提出了各项具体的技术标准和交易条件，规定了拟订立合同的主要内容，是投标人准备投标文件和参加投标的依据，是评审委员会评标的依据，也是拟订合同的基础。因此，招标人应当根据招标项目的特点和需要编制招标文件。招标文件应当包括招标项目的技术要求、投标报价要求、评标标准等所有实质性要求和条件，以及拟签订合同的主要条款。招标文件的具体内容一般有以下两方面。

（1）投标须知。包括对投标人的资格要求；投标人的资格审查标准；招标文件和投标文件的澄清程序；对投标文件的内容、使用语言的要求；投标报价的具体项目范围及使用币种；投标保证金的规定；投标的程序、截止日期、有效期；开标的时间、地点；投标书的修改与撤回的规定；评标的标准及程序。

（2）拟签订合同的主要条款。包括招投标合同双方订立的权利、义务；运输、保险及验收的规定；价格调整程序、付款条件、付款方式及支付币种的规定；履约保证金的数额、使用币种及支付方式；合同中止、解除的条件及后续处理；解决合同纠纷的程序；违约责任。

2. 招标人发布招标公告

招标人发布招标公告或选择潜在投标人、发出投标邀请。招标人进行公开招标，一般在公开刊物上或在媒体及互联网上发布招标公告；招标人发出投标邀请，一般以投标邀请书的书面形式送达被特定邀请的投标人，被特定邀请的投标人的投标资格事先应经过初审。

3. 投标人响应招标

投标人响应招标后，按投标邀请书约定的时间、地点及手续向招标人索取或购买招标文件。

4. 投标人编制投标文件

投标文件是投标人依据招标文件而对招标人的要约作出实质性响应的文件。对招标文件提出的实质性要求和条件作出响应，是指投标文件应当对招标文件规定的实质性要求和条件作出相对应的回答，不能存有遗漏或重大的偏离，否则将被视为废标，失去中标的可能。投标文件的具体内容一般有以下几方面。

（1）投标人资格证明。包括法人营业执照、国家或行业规定的经营许可证以及招标文件要求的其他相关资信证明。

（2）投标书。包括投标人的企业简介、应标的具体解决方案、报价、质量保证承诺。

（3）履约保证书。一般包括违约承诺或履约保证金支付承诺。

5. 投标人向招标人送达投标文件

向招标人送达投标文件一般应注意要在招标文件规定的截止日前送达。投标文件应密封、盖骑缝章，封面应注明投标文件名称、主送招标人名称、投标人名称及投标日期。对已向招标人送达的投标文件，若因招标人需要澄清修改或投标人需要澄清修改的，分别按规定在投标截止日的15天前书面通知招标人或投标人。

6. 开标

开标时间及开标地点一般事先在招标文件中明确规定，从严格意义上说，开标时间与提交投标文件的截止时间是同一时间。

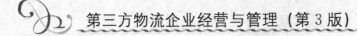

开标一般由招标人主持，参加开标的应是所有提交投标文件的投标人。开标要公开进行，应严格按照法定程序及招标文件载明的规定进行，包括按照规定的开标时间公布开标开始；核对出席开标的投标人身份和出席人数；安排投标人或其代表检查投标文件密封情况后指定工作人员监督拆封；组织唱标、记录；维护开标活动的正常秩序；等等。

在开标过程中，对在提交投标文件的截止时间前收到的所有投标文件，应经确认无误后当众拆封，同时唱读投标人名称、投标价格及投标文件中的其他主要内容；对在提交投标文件的截止时间后收到的投标文件，则应拒收或不予开启，原封不动地退回；对经投标资格审查发现不符合规定的投标文件，一般做废标处理，不参加开标。开标过程应做记录。

7. 评标

评标是指按照规定的评标标准和方法，对各投标人的投标文件进行评价、比较和分析，从中选出最佳投标人的过程。评标一般由招标人负责组建评标小组或评标委员会进行；评标工作应在严格保密的情况下进行；评标结果是指评标小组或评标委员会向招标人推荐中标候选人，由招标人确定最符合其要求的投标人作为中标者。

8. 中标

中标人确定后，由招标人向中标人发出中标通知书。所谓中标通知书，是指招标人在确定中标人后向中标人发出通知其中标的书面凭证。中标通知书的内容应当简明扼要，通常只需告知招标项目已经由其中标，并确定签约合同的时间、地点即可。另外，招标人有义务将中标结果同时通知所有未中标的投标人。

四、物流项目投标书

以某一项目建议书为例，说明第三方物流项目投标书的一般格式与内容。其中，L 为某一物流服务公司，P 为某一连锁超市公司。

（一）总论

P 公司邀请 L 物流公司提供建议书，为其在某地的物流提供供应链解决方案。

本项目的目的是为 P 公司在顾客和供应商中树立一流的高质量的超市形象。作为 P 公司的主要物流服务提供者，L 公司期望降低总成本、提高顾客服务的水平。L 公司意识到 P 公司期望提高其运行效率，为顾客提供高质量的产品和服务，L 公司为此提供在有效成本水平内，能够满足甚至超出其期望的解决方案。

L 公司理解 P 公司的项目目标是：

(1) 满足某地的业务增长计划和操作能力；

(2) 供应链的灵活性和产生规模经济的能力（效益和效率），改善存货的控制和可见性；

(3) 集中管理时间与精力于核心事务，而不是在物流方面；

(4) 在某地，通过与有资质的公司缔结物流伙伴关系，来运作仓储业务。

为了在开始时将运作影响降到最低限度，L 公司建议在开始实施阶段用影子管理的办法。在整个实施过程中，L 公司将用最适合的方法与 P 公司分析讨论，以便成功地接管物流业务，谋求作业利益最大化。

为支持 P 公司预计的销售增长，提供灵活的供应链，改进存货控制，L 公司将接管以下工作。

1. 关闭X地和Y地的仓库，在A地新开一个新的仓库。

2. X地的配送。

配送方案包括建立新的车队，该车队可以由P公司目前协议或子承包的配送车辆和L公司提供配送的车辆组成。

作为P公司的主要物流提供者，L公司将负责；

(1) 管理运作灵活、有效、透明的供应链；

(2) 检查和实施改进生产效率的方法；

(3) 加强“最少存货”供应链原则的应用；

(4) 提供存货的最大透明度；

(5) 增加使用“水准基点技术”；

(6) 使返还货、死存货、损坏和损失最小；

(7) 充分利用存货控制系统；

(8) 充分利用设备和空间；

(9) 必要时，协调或提供运输和配送功能；

(10) 和P公司紧密合作，以保证满足甚至超出P公司的满意水平；

(11) 进一步提出改进建议。

L公司把合作关系看成一种特别安排的商业关系，这种关系基于相互信任、坦诚相待、共担风险、共享利益。这样可以形成战略竞争优势，使得商业表现比单个公司更强。

L公司承诺和P公司不断合作，为其顾客提供高质量的服务。为达到这个目标，L公司承诺贡献必要的管理资源，来了解P公司所处的行业。

L公司相信下面的建议书已能够满足所有P公司的要求，根据提供的数据，能够预期建议书中指定的服务，所需的成本为：

方案一：某地点仓储和配送操作　××人民币元/年；

方案二：某地点仓储和配送操作　××人民币元/年。

（二）前言

本建议书根据P公司提供的数据，具体说明P公司在X地的配送中心和配送需求。

L公司安排了一名高级主管考察P公司在X和Y地的仓库，发现有许多作业领域具有改进的潜力，包括：

(1) 分散的配送中心；

(2) 存储及分拣系统；

(3) 仓库管理系统；

(4) 其他。

L公司也派员考察了设置于A地的P公司新建的购物配送中心。尽管这个配送中心选址比较恰当，但整个仓库地方太大，而且也不是专为P公司而建的。

当合作各方具有共同的目标时，伙伴关系就是以往存在的关系的自然延伸。对物流联盟的伙伴来说，一般应以供应链为基础，并尽力在成本和服务上做到领先。L公司把为P公司提供配送中心和配送服务看作是双方互惠关系的延伸，它能使双方都得益。

（三）项目的目标

P公司正在寻求与有专业水准的物流服务提供者建立长期战略联盟关系，以服务于P公司，包括：A地仓库和配送服务的供应链。

P公司的具体要求包括：

(1) 加强它在市场中的地位；

(2) 与领先物流提供者合作；

(3) 提高操作能力与效益，满足业务增长的需要；

(4) 提高供应链的灵活性，增强规模经济性，扩大透明度；

(5) 改进长期全国增长目标的运作；

(6) 充分利用供应链信息技术；

(7) 提供可靠一致的顾客服务；

(8) 改进仓库的使用，增强配送能力，提高生产率；

(9) 引进新的送货方式，增强装货能力，提高效率。

L公司的仓储和配送将使P公司的门店：

(1) 满足P公司的增长需要；

(2) 节省管理时间，为P公司集中主要业务，即管理、销售快速消费品和杂货商品；

(3) 取得目前的操作明显效益，提高商店服务水平；

(4) 在物流方面为P公司提供能在同行中保持领先的工具；

(5) P公司和L公司共同减少成本；

(6) 保持满足未来需求和全球变化的灵活性；

(7) 改进存货控制；

(8) 接受具体、及时和准确的管理信息。

其他方面的要求包括：

(1) 帮助P公司协调短期和长期物流战略目标的能力，如降低物流总成本，增加业务过程的速度，改进资金管理；

(2) 根据要求进行管理和汇报；

(3) 保证所有的运作符合“健康和安全”条例；

(4) 保持对顾客需要变化做出快速反应的灵活性；

(5) 汇报主要运作情况，参加每周的会议；

(6) 密切沟通，及时汇报，以便P公司以事实为基础做出管理决策；

(7) 不断改进运作，保证取得效率，使顾客服务水平达到甚至超过期望达到的或世界最好的服务水平；

(8) 在不影响客户服务水平的前提下，从当前的仓储和配送格局向新的操作方式转变；

(9) 对长期互惠的伙伴关系的承诺。

（四）项目的要求与任务

L公司有许多有经验的物流专业人员，必要时可利用他们的专业知识来实施相关计划。根据提供的数据和L公司观察所得的资料，项目的主要要求与任务是物流中心和仓库作业取得“最佳实践”并提高生产率，下面的操作过程和内容是为实现项目的主要任务而设计的。L公司将在这些关键的过程中安排和培训职员。

1. 操作过程

(1) 接受来自各地的货物到仓库；

(2) 把货物放在储存地区；

(3) 管理存货；

(4) 根据P公司指示，进行发货与订单通知、订单处理，包括分拣、检查和制作单证；

(5) 把货物放到L公司管理的运输工具上；

(6) 根据指示分拣单项商品；

(7) 必要时，把货物放到货盘上，将待送货物加固包装；

(8) 送货；

(9) 根据要求进行其他作业，如重新包装、重新堆放、加固捆扎等；

(10) 一年两次彻底盘点，日常盘点周期可按日、周、月进行；

(11) 处理从配送中心到仓库和顾客到配送中心的退货。

在操作过程中，顾客服务水平应做到：

(1) 当地配送：隔天送达；

(2) 准确配送率：99%。

在操作过程中，L公司提供资源包括：

(1) 运输、仓储、物料搬运设施和所需的劳动力；

(2) 仓库安全保障；

(3) 完成指定工作所需的信息技术。

2. 人力资源

管理结构：L公司将指定一位有经验的合同经理全面负责管理P公司的合同。该合同经理专门负责与P公司联系，负责合同实施的各个方面，并负责保证P公司对业务合作的满意。

人员转变：所有的转变费用，如P公司目前的人员从P公司转移到L公司下岗的补贴，将由P公司负责承担。

3. 合同汇报

仓储和配送经理向合同经理汇报，合同经理将与P公司的工作人员配合，有效地实施计划。我们建议合同中使用如下的关键表现指标（KPI）。

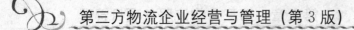

(1) 准时送货；

(2) 特殊货物的配送；

(3) 准确分拣；

(4) 通过能力；

(5) 能力利用率。

两家公司将进一步合作，共同开发合适的关键表现指标（KPI），然后与该行业具体实践相对照。这些KPI在需要时提交，作为对比和改进作业的基础。

执行小组：L公司执行小组的主要高级人员在运作实施、信息解释、人力资源管理、财务等方面都有自己的专长和经验。

4. 信息技术

所有的电子数据传送所需的计算机设备和通信设备的费用都由P公司支付。

5. 主要假设

起草这个建议时，仓储和配送操作是建立在下面假设（大部分已与P公司讨论过，并取得认可）的基础上的。

总的假设：

(1) 所有生产量均来源于P公司提供的数据；

(2) L公司将获得关于仓储和这一地区的配送车辆的操作与财务信息；

(3) 在调研阶段，P公司将派1～2人作数据收集工作，为产品的运输和储存作总体的全面分析；

(4) 产品由P公司投保，仓库的保险由仓库所有人投保，L公司对所有放在仓库的货物负有公共责任，并为公司拥有的资产投保；

(5) 货物属于干货类；

(6) P公司将提供危险货物的详细说明，这可能导致仓库所有者对P公司的额外收费；

(7) P公司将和L公司共同努力减少库存。

信息技术——存货控制系统的假设：

(1) P公司和L公司共同在当前的信息系统上开发存货控制系统，在供应链中改进存货透明度；

(2) 所有建立和正在运行的电子数据传递所需的计算机设备和通信的费用均由P公司支付；

(3) L公司不承担P公司的计算机设备停工的责任；

(4) P公司参加每周的KPI汇报工作会议；

(5) 可以提供有经验的人员和培训信息系统人员。

配送的假设：

(1) 所有的配送频率均根据P公司的数据做出。L公司强调配送分析根据每次配送的货物平均数和具体的配送频率来进行；

(2) P公司的配送车队没有进入新的配送车队；

(3) 配送车队包括2.5吨车至8吨车，根据要求，额外的能力可以从P公司现有车队中或分包车队中获得；

(4) 所有的费用，即保险费、注册费、路桥费、燃料费、汽油费、轮胎费和运输工具的清洗费和维修费都包括在内；

(5) 车辆限制假设：到广州和深圳市区的卡车可载2吨，其他的至少5吨；

(6) 卸货时，每辆车有一帮手，卸货时间：2吨1小时，5吨1.5小时，8吨1.5小时；

(7) 所有的大城市，在有紧急订单时，有些可在白天限定时间进入内环，或内环线仓库将所接受夜间货早晨送货；

(8) P公司的仓库必须开门，配备适当的人员接收和签发所有的白天、夜间送货。

配送中心的假设：

(1) P公司将积极减少"死存货"与退货，以协助仓库空间的利用和生产率的提高；

(2) 假定是标准仓库业务和操作业务，例如：不需特殊处理；

(3) 地点是A地；

(4) 所有的干货区域大约××，或×××平方米；

(5) 仓库将能适应标准托盘的五层堆放；

(6) 有足够的空间来进行有效的加工和临时储存；

(7) 封闭的仓库地层。

6. 存货数量、通过量和配送中心设施数量的显示

通过表格表明存货数量、通过量和配送中心设施的数量。

7. 物流系统的定义

根据假定的产量、通过量和运送效率，设计了配送车队。核心配送车队以某年某月的量来设计。配送车队在夜间、在城市或内环线内部用两班车队轮班运送货物。在城外或内环线外部将在白天接受送货。

(五) 项目的措施与安排

1. 项目和措施

通过引进新设备和配送车队，L公司将提高生产率，使得P公司的物流成本最优。这可以通过以下措施达到：

(1) 良好的管理实践；

(2) 关闭目前低效率的仓库；

(3) 新的配送车队。

建议书不仅可用来管理增长的业务，而且还是关于P公司集中整个配送中心作业的总体规划。这一战略将能更好地控制P公司的服务水平和存货成本。

假定计划中新门店开张，时间计划的改变对P公司是很重要的。因此，两家公司必须

紧密合作，达到起动时间的一致。这个建议书是以A地运作配送中心、配送开始日期某年某月某日为基础制作的。

本建议的提出需要具备丰富的行业知识，它能帮助P公司在供应链管理上做出战略性变化，使其在市场竞争中取得优势。这需要综合信息技术、物料搬运、电子商务、运输和人力资源等各方面的因素，需要有一个积极参与P公司在这些领域的组织，它能帮助P公司在所有这些领域进行决策。

2. 过渡期的作业

L公司在建成新配送中心之前，应公开地讨论租用设备从事操作的可能性。临时可采用的办法是先行运作，当新的配送中心建成，再将作业转向该配送中心。但是，如果A地配送中心的建设因不可控因素而延误，那么临时运作就应延期进行。

这样的运作，可使P公司获得的利益在于：

(1) 新的门店可得到及早支持；

(2) 可使供应商受到以规模经济采购的教育；

(3) 运输立即开始。

对于L公司来说，它也可以以严格的操作、有效的反应为基础，管理P公司的供给链。

为此，它将热心于和P公司结为业务伙伴，共享物流机会。

3. A地物流中心的物流方案

A地物流中心的物流方案依赖于配送中心的设计和预期完成的时间计划。除此以外，扩容的灵活性也是另一个重要问题。道路、硬件设施、冷藏库、货架等都会与物流方案一起影响总成本和效率。下面的物流方案是以需求为依据的。

L公司同意维护好P公司在A地的配送中心设备，使其在任何时候都能保持清洁。只有经授权的人才可以进入仓储地，到访的驾驶员不准进入这一地区。

布局：堆放、货架和安全存货区。

存储：根据运载、需求、物理特征、存货水平、类型、重量、批量、先进先出，引入影响效率机会的系统。

分拣：所有的分拣都根据P公司的分拣单来进行的。现在正在做的作业研究将能决定分拣的最佳顺序。任何缺货将尽可能早地引起P公司的注意。一旦完成订单，它们就移到待运地带，与单证工作结合并装到送货车辆上。

存货周转：除了P公司指出的特殊产品，存货周转将根据“先进先出”原则进行。周转较慢的存货将定期检查，而到期产品将尽早通知P公司。

发送：为了保证装货的完整性，将对所有订单进行仔细、全面检查。

冷库：P公司配送中心有一个冷库，供储存易腐物品和糖果之用。L公司把这一部分成本计入总的作业成本中，然后，把它作为偶然与可变的部分。

资源水平：和P公司讨论并征得同意，目前的工作人员将从现在的地方转到新地方去。最终成员和核心业务能力成员将组成执行小组。

物料搬运设备：目前各地方的物料搬运设备，期望能转到新的配送中心。但是，必须在关闭现在的仓库前对它们进行评估，而成本计算是以新设施为基础的。

配送概况：L公司认为门店运送次数通常由门店决定。我们设想配送方式将是直送门店、整车和多店卸货的组合。这里的问题一般是门店劳动力协调的问题。L公司建议采用一个特定的沟通计划以便实现协调。L公司建议和P公司合作，尤其在优化送货时间、提高工具的利用率，以及减少年度总费用等方面。

城市内部和内环线的门店夜间配送是必需的。L公司赞成对这些门店延伸其配送，这意味着能更好地利用L公司的运输工具，节省P公司的费用。

运输工具：通过子合同承包作为可变成本支持专一的L公司车队，提供运输工具，L公司将提供灵活的操作能力，满足运量变化的需要。在运量增加期间，L公司将增加子合同车队的百分比，维持固定费用的最低比例，同时确保服务质量。

第三节　第三方物流服务项目风险管理

一、第三方物流服务项目风险管理的定义

由于第三方物流企业是生产商和经销商之间的第三个个体，在提供物流服务业务时，受到的影响较多，并且在服务过程中，也会受到外界，如社会制度、天气因素等各方面的影响，这都将直接造成服务成本、时间等方面的增加，最终导致各方面客户满意度的降低，所以需要采用适合的风险管理办法对风险进行有效的控制。

不同的专家、不同的组织对第三方物流服务项目风险管理的认识更不相同。总的来说，第三方物流服务项目风险管理是指，项目管理者对第三方物流服务项目进行过程中可能发生的风险进行分析、识别、评估、应对和监控的过程，是以科学合理的方法实现最大安全保障的实践活动的总称。

二、第三方物流服务项目风险的特征

第三方物流企业的服务效率和成本压力相互矛盾，在物流服务过程中对时间要求严格、服务范围较广以及与生产和销售的不可分割性、物流过程的高集成性、流通过程的延续性、电子信息系统的密不可分性等不确定因素都决定了第三方物流企业风险的本质和特征。

（一）不确定性和高发性

在第三方物流企业提供物流服务时，风险是否发生，何时、何地发生，发生后产生的影响和可弥补的程度都不可预知，这种不可确定性是由第三方物流企业能力和周围环境的复杂程度来决定的。我们不可能完全掌控，并且在不断发展的物流行业中，根据市场需求的不断变化，第三方物流企业所提供的服务也变得越来越多样化，从最基础物流服务，到

后来涉及金融、信息化的增值性物流服务，虽然服务所得的利润增加了，但是相应的风险也大大增加了，第三方物流企业服务的风险贯穿于整个不停的物流过程中，越是业务繁忙，风险就越高。

（二）可预测性

随着社会的不断进步，以及技术水平和认识水平的不断提高，事物的发展也是有规律可循的，对于第三方物流服务的风险而言，一部分风险事件的范围和频率是可以依据以往的运作经验和现代化的风险管理技术进行预测的。

（三）结果双重性

第三方物流风险的双重性体现在风险的发生即会给企业带来损失，但是在风险的背后也蕴藏着巨大的利润。风险越大，收获就越大，但这两者间不一定是正比关系，人们的决策往往取决于利润的大小和风险的约束相互作用，以及风险决策者的风险偏好程度。例如在物流服务中新拓展的金融服务、物流信息服务等增值服务，虽然风险增大，但服务达到预期效果后获得的利润也是相当可观的。

（四）差异性

第三方物流风险之间也存在差异性，它受多种因素影响。比如，同样是因为外在环境因素导致的货物延时到达，如果是交通管制导致的货物延时，需要支付的违约金就少；但如果是在海啸期间，通过海上运输运送价值较高货物时，损失就会很大。所以第三方物流的风险还表现在地域性、流通环节差异等方面。

三、第三方物流服务项目风险管理方法

第三方物流服务项目风险管理可分为风险分析、风险评估、风险应对和风险监控四个阶段。

1. 风险分析

根据实际情况，对第三方物流服务项目过程中可能产生的风险进行预估和设想，进行风险分类，包括制定风险管理计划，对风险进行识别等。

第三方物流服务项目的风险一般来说可能包括以下几项。

（1）外部风险。如自然环境、法律法规、政策制度等的变化带来的风险，这些外部环境的变化往往是第三方物流企业很难预见、不可控制的。

（2）内部风险。对于第三方物流服务项目而言主要可以分为管理风险、业务运作风险、企业自身风险等。在进行风险识别时可以采用以下办法：头脑风暴法——组织项目组成员、客户、外聘专家等各方相关人员召开会议，根据以往的经验列出所有可能发生的风险和因素；检查表法——思考可能出现的问题，整理风险清单，根据清单总结潜在风险；评估表——首先结合以往经验对风险要素进行总结并制作成调查问卷，通过收集调查结

果，全面整理项目的风险；查阅相关资料——通过多种方式查阅类似项目的相关资料，了解可能出现的风险。

2. 评估风险

在风险因素和事件进行识别的基础上，评估各项风险因素对整个第三方物流服务项目进展带来的影响，做出分析、评价，其目的就是评估风险发生的概率和对项目的影响程度，再采用排序方式，列出重点的风险，实行重点优先管理。风险的影响力是指风险事件发生后对服务项目的成本、质量、进度产生的影响大小。风险发生的概率则可以运用统计学方法、数学建模等工具进行分析，但从实际工作效果来看采用人工估计的方法比较切实可行。这些评价往往建立在以数据统计为依据的研究和以特性为依据的判断上，主要包括以下两种方法。

（1）定性评估。指通过衡量风险发生的概率及风险发生后对项目目标的影响，对已识别的风险优先级进行评估。发生概率、影响级别以及专家访谈都有利于纠正过程中使用数据的偏差。定性评估是为风险应对规划过程确立优先级的一种经济、有效的方法。

（2）定量评估。是对定性风险评估过程中作为对项目存在潜在重大影响而排序在先的风险进行分析，并对这些风险事件导致后果进行分析，对风险指标予以赋值，通常采用蒙特卡罗模拟与决策树分析等技术，它是风险应对规划的一项重要依据。

实际上，在风险评估过程中，并没有绝对的使用某一种评估方法，往往都是定量评估在先，后在之前的基础上进行定量的数据分析。

3. 风险应对

风险应对是指通过制定相应的措施，来增加实现第三方物流服务项目目标的机会，减少失败的威胁。一般来讲可以分为：消极风险或威胁的应对策略、积极风险或机会的应对策略、威胁和机会的应对策略、应急应对策略。

4. 风险监控

风险监控其实贯穿整个项目的始终，是在第三方物流服务项目生命期内不间断实施的过程。主要包括以下三个方面。

（1）在项目进行过程中识别新风险，跟踪、监控存在的风险。伴随着第三方物流服务项目的不断实施，由于风险应对措施在不断执行，各个风险事件对项目进展的影响程度和因素也在不断变化。因此，在整个项目过程中，需要随时监控风险因素的变化与风险事件的发展情况，确定风险的减少或消失，记录新风险的产生，并制定相应的应对措施。

（2）提升监控风险应对计划的执行率及执行效果，通常采用的是项目定期回顾、绩效考核评估等方式。

（3）对临时发生的风险或被迫“接受”的风险采取适当的应变措施。

综上所述，在第三方物流服务项目中引入风险管理，提高风险意识，增强风险防范和化解的能力，是将第三方物流企业转变为现代化的物流企业必不可少的条件。

四、第三方物流服务风险分析、辨识及应对

第三方物流企业的产品为第三方物流服务，它包括了储存、运输、装卸、搬运、包

装、流通加工、配送、信息处理，以及为物流的各个环节提供装备和配套的服务，各环节间需要紧密衔接，各种资源要不断地配合和相互平衡，任何一个环节出现问题，都会影响整个服务流程的顺畅和企业的客户满意度。面对第三方物流企业繁多的服务项目，在提供物流服务的过程中影响物流效果的关键因素较多，认清这些关键因素及关键因素对项目带来的风险影响，建立第三方物流企业提供物流服务过程中的风险分析框架，对风险进行辨识并对风险进行规避将提供很大帮助。

（一）我国第三方物流服务现状

由于长期受计划经济影响，我国大多数企业目前的经营组织仍然是“大而全”的模式，基本都是自营物流，拥有庞大的物流运行体系，在自身产品流通中主要依靠自有力量，占用了大量的人力、物力和财力，企业核心业务的竞争力低下。部分企业虽然将物流服务进行外包，但总体来说，需要第三方物流公司提供的物流服务种类也很基础，主要集中在传统的仓储、运输等基本服务上。第三方物流企业真正参与企业的供应链管理，提供有针对性的、能增加物流企业收益的增值服务的数量还很少。但即便是在这样的一种运营模式下，在第三方物流服务的各个环节也存在着种种不可预知的风险。

面对纷繁复杂的运营环境和残酷激烈的竞争，处于初级阶段的第三方物流行业承受着大量不确定性所带来的风险考验。虽然可以借鉴发达国家的运行经验，但是毕竟国情不同，有些经验也不一定适用。同时，由于市场不成熟、管理不规范、制度不完善等原因的影响，在提供第三方物流服务的过程中，会因为目标客户选择错误、资金未能及时到位、政策环境突然变化、内部管理不够规范、人员素质不高等诸多突发问题，给本就利润不高的第三方物流企业带来更多的风险，也降低了客户满意度，因此建立和加强风险管理，对第三方企业运作过程可能遇到的风险进行评估、预测已成为第三方物流企业的当务之急。

综上所述，这些物流企业由于管理手段的落后，没有完善的现代企业制度和风险管理机制，大大影响了物流服务的效果，降低了物流的客户满意度，更难以让物流服务形成特色，打造出品牌，进而影响了第三方物流企业的成长，降低了其核心竞争力。所以，我们可以以项目的思维方式来处理第三方物流业务，以项目管理科学，灵活，高效的管理手段去对第三方物流服务实施过程进行管理，对整个服务过程进行严密的风险管理，从而降低第三方物流企业的损失，提升企业竞争优势，增强自身的核心竞争力。因此，第三方物流企业进行风险管理和控制无疑具有十分重大的意义。

（二）我国第三方物流服务面临风险的特征

随着经济的不断发展，第三方物流服务运作过程中所遭遇的风险必须得到重视，并加以预防和解决，与其他企业风险相比，第三方物流企业风险具有如下特性。

1. 第三方物流企业服务衡量标准不可测

第三方物流企业产品即为服务，服务作为一个抽象的物体，衡量标准可以是客户的感知效果，这样使得风险也相应提高。对于第三方物流企业而言，首先，要具备较强的专业知识。客户需要第三方物流企业具有制订物流服务计划，实施物流服务过程管理和监控，达到客户目标的一整套物流服务能力。其次，要具有提供增值服务的能力。在服务过程中，需要足够的软硬件条件，否则第三方物流企业是不可能高品质地完成客户需求的。最后，在实际的物流业务操作过程中，客户通常会将很多不属于保险企业承担的风险以各种方式转嫁给第三方物流企业，增加第三方物流企业的风险。

2. 第三方物流行业影响因素复杂

第三方物流行业是随着经济的发展而产生的，是市场经济不断变化的结果。因此，第三方物流行业对国民经济、区域经济极为依赖，第三方物流企业受到了政府、经济、气候、制度等因素的大量影响。对于第三方物流企业来讲，它自身不能生产实物产品，它的价值体现在为客户的服务过程中，其服务的效果与客户息息相关。在整个供应链上，任何一个客户由于外界或自身的因素产生问题，它必将影响到第三方物流企业的服务，所以，对这个供应链而言，第三方物流企业可能遇到的风险会比其他企业的多，其承担的责任也要比其他企业要多。

3. 第三方物流法律法规不够完善

虽然第三物流在我国已经存在了一段时间，但相应的法律法规还不够完善，大大增加了我国第三方物流企业的运营风险，法律中直接对第三方物流企业做出的规定也比较少，发生纠纷后不能找到切实可靠的法律依据来解决。第三方物流企业提供的物流服务经常会跨地区、跨时间，我国经常会发生一个地区一个标准，甚至市与市之间、区与区之间都有不同标准等现象，受影响比较明显的是运输、配送服务，由于各地区管制、限制的程度不同，也没有统一的标准和操作规范，在开展跨区域的业务时是存在很多风险的。总体来说，就整个供应链上的企业而言，受到制度、社会环境等因素的影响，第三方物流企业在运作过程中面临着比其他企业更多和更为复杂的风险。

4. 科技信息力量缺失

第三方物流中有一项较为重要的就是需要在服务中通过运用物流专业知识，建立及时、准确的信息渠道，为客户提供多种物流基础、增值服务。而我国的第三方物流企业由于受到专业知识缺乏、人员素质不高、内控制度不够完善等因素的制约，能够提供的物流服务更多地还停留在提供较为低级的人工服务上，核心竞争力降低，增大运营风险。现在，许多具有远见的第三方物流企业已经学会从分析自身优势开始，利用市场经济的杠杆，从战略角度对服务内容进行改造和拓展，以适应未来发展的要求。

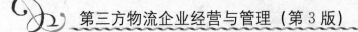

（三）第三方物流服务过程中的风险分析、评估及应对

第三方物流企业作为一个为其他生产或销售企业提供物流服务的物流活动参与者，在开展物流时，就需要人力、财力、物力的相互之间衔接配合，各种资源需要不断协调平衡，包括选择供应商、经销商，物流服务实施，物流设备采购，物流合同拟定，物流服务评价等过程，任何一个环节出现问题，都将影响物流服务的最终效果和企业的经济利益。

1. 第三方物流服务项目实施过程中的风险分析

(1) 第三方物流服务项目实施过程中的风险研究。第三方物流企业提供物流服务的过程是指从生产商的确定开始，确定提供的物流服务，至生产商所提供的产品到达所指定的目标客户为止，期间所产生的全部活动。即从提供物流服务所需要准备的软件、硬件、人员，到服务选择、服务实施及服务评价的一系列活动。具体的实施步骤主要包括项目启动、现状调研、物流服务选择及合同签订、硬件条件准备、物流服务实施及控制、物流服务评价和改进等。

根据物流服务过程中的阶段划分，我们要理性地对待其中所存在的风险。一是要加深认识。因为第三方物流企业的产品即为服务，而服务是一种看不见摸不着的东西，完全是由顾客的感知来判断和评价的，我们需要从领导到员工的一致重视服务所能达到的效果，才能提高服务水平，提升客户满意度。二是管理方面的问题，包括：外部管理和内部管理。外部管理包括对生产商和经销商的选择等方面；而内部管理则涵盖了企业内部各个部门，包括内部职工的素质及器械的操作使用，信息系统的完善，增值服务的选择等方面。三是人员沟通问题。第三方物流公司作为生产商和经销商的中间环节，和其他两方的沟通都必不可少，任何一个沟通不善都将产生问题，造成损失。另外，聘请专业的项目管理人员和单位职工之间的信息沟通等也将影响到整个物流服务过程的进度和实施效果。第三方物流企业开展物流服务过程阶段划分示意如图 6－1 所示。

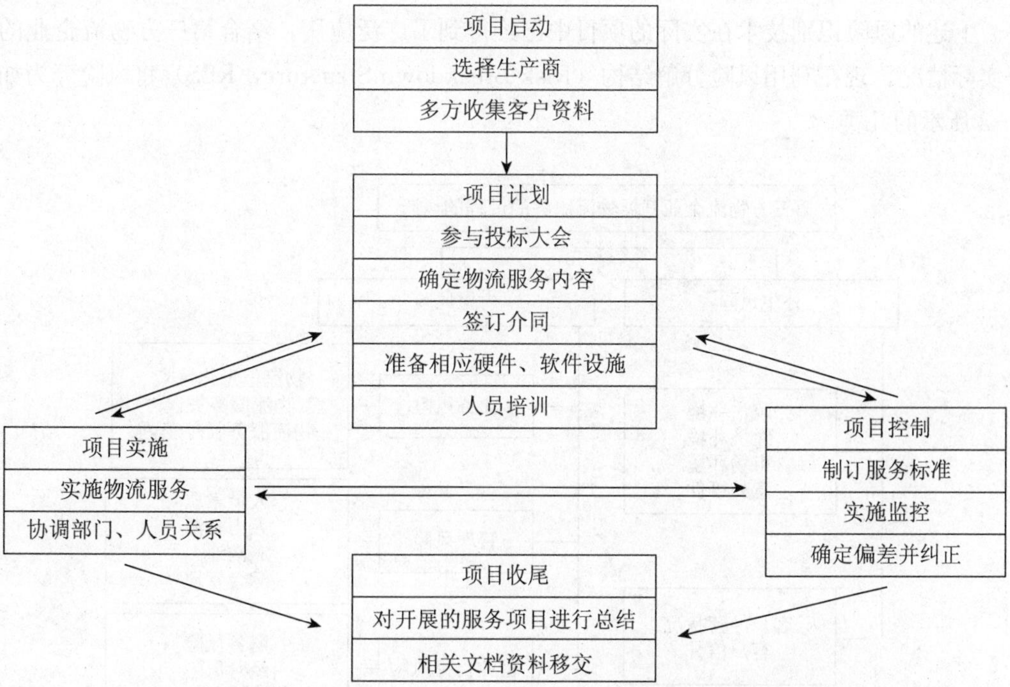

图 6－1 第三方物流企业开展物流服务过程阶段划分示意

总体来讲，开展第三方物流服务涉及的环节多、人员复杂，而评价的标准完全在于人的感知效果，所以物流服务是一项要求多、成本高、实施较为烦琐的项目。在开展第三方物流服务的过程中，从第三方物流企业所处的环境来分，开展第三方物流服务的风险一是来自企业外部的风险，即外生风险，主要包括第三方物流服务公司所处的社会环境所带来的风险、政策变更带来的风险、法律风险、社会经济风险、目标客户风险等。二是来自企业内部的风险，即内生风险，包括领导认识和重视程度带来的风险、在项目的启动及实施收尾阶段的道德风险，信息传递中的风险、技术风险、企业的发展战略所带来的风险等。这些风险贯穿于整个物流服务体系中，但对服务效果的影响程度是不一样的，这些风险还可以进一步细分，认清事实过程中产生风险的关键因素及风险所带来的影响，对开展风险控制和应对是非常有利的。

（2）第三方物流服务项目风险识别方法。在第三方物流服务项目风险分析和管理的程序中，风险因素的识别标志着项目风险管理的开始。风险识别是找出项目所面临的和潜在的，会影响项目质量、进度、费用等目标顺利实现的风险，并对其加以判断、归类、鉴定的过程。目前，常见的风险识别方法有：信息收集法（包括专家会议法、头脑风暴法、德尔菲法和访谈等方法）、核对表分析法、故障树分析法、图解技术（包括因果图、流程图、影像图等方法）。

在项目风险识别过程中一般需要借助一些技术和工具，这样不但能提高风险识别效率，而且操作规范，不容易产生遗漏。在具体应用过程中要根据实际情况，组合运用工具。上述的风险识别技术在实际的项目中已经得到了广泛应用，结合第三方物流企业的业务实际情况，现在利用风险分解结构（Risk Breakdown Structure，RBS）将风险分为如图6－2所示的几类。

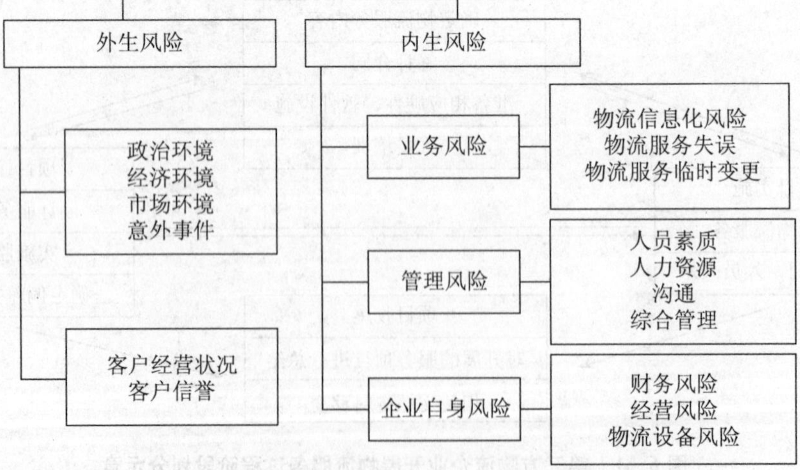

图6－2　第三方物流企业开展物流服务风险分类

(3) 项目风险识别内容。由图6-2可得第三方物流企业开展物流服务过程中将会遇到的风险。结合第三方物流企业的实际对几项主要风险做详细说明。

①业务风险。物流服务业务作为第三方物流企业运作中的重中之重，在整个运行过程中起着非常重要的作用。它包含在运输、仓储、移交、单证安全，以及增值业务等各个环节，涉及的人、物都是最多的，所以产生风险的可能性也较大。

A. 物流信息化风险。现代物流就是要求物流、商流、信息流三流合一，而物流、商流和信息流三者之中，又以信息流最为受到客户的随时关注。高准确、及时、畅通的物流信息从根本上保证了商流和物流的高效率和高质量。因此，信息流在整个物流和商流活动中起着指导和控制作用，同时，物流信息化建设也是现代物流非常重要的工作环节。但在实际工作中，往往会因为以下原因导致物流信息化的失败或造成阻碍：对变革的抵抗、不实际的期待、项目管理不强、领导支持不足、项目队伍技能不足等。

B. 物流服务失误造成风险。物流服务失误造成的风险主要包括在物流服务过程中未能在客户指定时间将指定的物品送达指定的地点，而造成的失误。主要包括在物流服务的过程中由于信息系统的软件数据库滞后、公司人员责任心缺失、部门合作沟通不够等原因而造成的错发、漏发等问题，或者由于按照客户需求新开展增值服务未能做好前期调研和自身能力评估，导致完成此类服务产生的困难，或者由于自然气候的突然变化等造成的运输或者保管过程的损失等情况。

因此，对于第三方物流服务企业应该加强各个环节人员的业务素质培养，加大各部门之间沟通协调，在为客户新签订增值服务项目时，多进行实际调研和业务评价，及时对相关的人员、设备等购买保险。

C. 物流服务临时变更风险。物流服务临时变更风险主要指由于经销商或生产商的需求发生变化产生的风险。第三方物流服务以满足客户需求为目的，是一个服务型行业。客户方可能会根据市场的需要临时对一个长期的习惯性物流服务提出更改要求，或者由于零售方的特殊要求对物流服务内容造成影响和变更，这样的更改可能会给第三方物流企业带来更多的成本，也影响货物从生产商到达经销商原定的计划和进度。

但是，对于第三方物流公司而言，服务过程中遇到这样的情况是完全有可能的，如何将变动的物流服务内容所造成的成本和进度减缓程度降到最低，不仅要在与客户方签订合同时，就尽可能地将所能提供的服务明确，而且需要对项目管理的变更管理进行有效的控制，要制订有效的变更程序。

②管理风险。第三方物流企业开展物流服务过程的管理风险主要是指对于整个项目没有按照项目管理的方法和技术来监督、控制项目的整个进展，缺乏项目管理的意识和理论知识，也没有进行有效的人力资源管理，从而导致项目失败的风险。

A. 人员素质风险。这个风险主要包括了项目经理风险和项目队伍风险。首先是项目经理风险，在整个第三方物流服务过程中，对服务做决定、总负责的人就是项目经理。他们全程参与到物流服务的选择、计划、组织、领导和控制，还要协调公司高层、客户方、项目队伍的沟通，在项目过程中他承担了领导者、沟通者、决策者、谈判者等多重身份，所以项目经理的素质和能力成为了项目成败的关键。其次是项目队伍风险，它主要指项目其他参与者在第三方物流服务项目进展中所产生的风险。他们是项目最直接的参与人员，这些人员的文化素质、业务技能以及对企业的忠诚度等也将对第三方物流服务的效果产生影响。

B. 人力资源管理风险。第三方物流服务不同于其他企业产品的是它的产品是服务，是一种无形的东西，完全渗透于整个项目开展的全过程。在第三方物流服务过程中应该注意以下风险：项目组成员对机械设备操作、电子信息系统使用缺乏专业知识和经验，缺乏敬业精神和责任感；人员流动频繁，专用设备操作人员流失；岗位人员变化时没有进行规范的交接；项目组的内部，不同部门间的沟通不畅，导致物流服务出现偏差等。这些风险如果不能得到有效的控制，都将影响第三方物流服务项目的最终效果。因此，合理配置人力资源，建立高效的项目团队，保持人员相对稳定，以达到物流服务的最佳效果，是人力资源项目管理非常重要的工作。

C. 项目沟通管理。在第三方物流公司的业务活动中，如选择运输工具、确定运输路线及运送批量、在途货物跟踪、仓库的有效利用等都需要准确、及时的沟通，使操作方及时明白需求，才能保证物流中心的各项作业活动正常进行，可以说准确、高效的沟通是第三方物流企业的灵魂，是顺利开展物流活动的保证。

在整个物流供应链中，涉及的企业众多，在每个企业决策时，他们总会依据紧邻的企业需求来进行自身的需求分析，但在分析中或多或少会存在放大或缩小需求的行为，这样，最终会导致生产源头的信息和最终的客户需求存在巨大差异，也就是我们常说的牛鞭效应。而这样的牛鞭效应，最直接的受害者是第三方物流企业，由于需求信息的偏差，大大地增加了第三方物流企业的无效作业率，而第三方物流企业维持的库存量和成本是呈正比关系，从而导致供应链效率低下。这表明，第三方物流企业在服务的过程中，需要与多方进行充分沟通与交流，获取足够准确的信息，发现潜在问题，才能严格有效地保证物流服务项目的圆满完成。

D. 综合管理风险。在项目开展前期对企业自身能提供的物流服务内容过高或过低估计；没有引入合理的绩效管理机制或不能将奖惩制度很好的落到实处，不能提高项目人员的主观能动性；缺乏高层领导支持；对市场预测不准确；没有对项目进行跟踪评估，总结经验教训，缺乏项目的知识管理等，以上都是第三方物流服务项目在管理上可能存在的风险，都应该正确识别。

③企业自身风险。

A. 财务风险。在市场经济条件下，第三方物流企业作为独立经济法人，其财务风险必然存在。首先，财务风险涉及第三方物流服务的全过程；其次，在服务过程中的其他风险，最终也会通过财务成果得以反映。它包括资金的筹集、使用和回收几个阶段，主要体现在：筹集资金的数量和时机不当；拒付悬案多，应收款数额大；内部投资项目选择不合理；内部财务管理混乱等方面。因此，做好事前计划，事后管理，结合当下市场的特点进行有针对性的开展业务，规范内部财务管理是避免财务风险的关键。

B. 经营风险。我们把第三方物流企业为某一家提供的全过程物流服务作为一个项目，但其实在第三方物流企业中，同时存在进行着多个这样的项目。任何一个物流服务项目的决策性失误或者经营的不善都将导致第三方物流企业蒙受损失，并会对其他的物流服务项目从时间控制、成本控制、客户满意度的效果上造成影响。另外，经营风险包括目标客户的选择、物流服务项目的选择等风险。

C. 硬件风险。所谓硬件，即是指第三方物流企业所拥有的设施设备，地理环境，仓容面积等看得见摸得着的因素。在第三方物流服务过程中，商品的存储、搬运、深加工都不是仅仅有人员就能完成的，它需要专业的装卸、搬运设备，商品的包装、加工设备，特殊的仓储条件，专业的运输车辆，国家颁发的专用运营资质等。在设备的选择上既要是比较合理的硬件投资，也要保证较高的安全性，不仅要完全满足客户的当前物流服务需求还要为后续即将开展的服务做好准备。所以，第三方物流企业的硬件条件也是顺利完成物流服务的关键。

2. 第三方物流服务项目实施过程中的风险评估

第三方物流服务项目风险评估是指对在第三方物流企业提供物流服务过程中风险发生的可能性，以及风险事件对项目的后果和影响范围进行定性和定量的分析，将陈述的风险因素转变为按优先顺序排列的风险列表，最终确定哪些事情需要制订应对措施，哪些事情应该优先应对。

（1）项目风险评估的内容。根据项目风险和项目风险评估的含义，项目风险评估主要包括以下三个方面。

①项目风险发生的可能性评估。即评估项目风险发生的概率。这是项目风险评估中最重要的工作，风险发生的概率越高，产生的影响也就越严重，就越应该对它进行严格控制。

②项目风险发生后产生的影响评估。即在项目风险发生后对项目目标产生的影响，就是带来了多大的损失，有些风险即使它的发生概率不大，但一旦发生就可能产生严重的后果，造成不可挽回的巨大损失，这类风险也是需要严格控制的。

③项目风险发生的可控性评估。即项目风险发生后，项目企业能起作用的控制能力大小。有的风险带来的后果很严重，但是利用现有资源还是可以控制的，他们在项目风险评估结果中不一定是风险等级最高的。而有的风险带来的后果不怎么严重，但又经常发生，不是仅仅依靠企业自身管理就可以避免的，这类的风险也需要严格控制。

第三方物流企业在提供物流服务的过程中潜在的风险数量是很多的，但是各个风险对服务过程的影响是不同的，通过对识别的风险因素进行定量和定性的评估，得出风险控制的优先顺序，从而使项目的人员将主要精力集中于部分主要风险上，使项目的整体风险得到控制。

（2）项目风险评估的过程。结合项目风险评估的特点，我们可以选择故障模式、影响和危害性分析方法来对项目中的风险进行分析，确定各项风险因素对第三方物流服务项目所产生的影响，并按照故障模式的严酷度及发生概率确定其危害性。首先，组织建立项目风险评估小组，提供项目整体情况报告，确定风险评分的标准，对识别的项目风险进行打分、计算，得出风险的分值，再对项目整体水平做出综合性的评价，得出风险控制的优先顺序，从而有针对性地开展工作。

①建立风险评估小组。为了在尽量短时间内，对项目风险进行精准评估，组建风险评估小组对项目风险进行评比打分。在人员选择上，要遵循理论与实践并重的原则，即小组人员既要具备风险管理的基本理论基础，同时对第三方物流服务的业务管理、流程等各方面都要具备丰富的经验。

②准备项目总体情况报告。考虑到风险评估小组的部分人员对项目的具体情况了解不多的情况，应为评估小组成员提供项目总体情况报告，包括项目背景、组织构架、项目要求等，尽可能地提高风险评估小组对第三方物流服务项目风险评估的准确性和有效性。

③制订评分标准。结合风险评估的内容，采用FEMCA方法对项目风险评估制订了三个表格，分别为项目风险发生的可能性、项目风险发生的严重性、项目风险分析的可控性，并按照等级划分了10个等级，制定了相应的等级分值。如表6-2、表6-3、表6-4所示。

表6-2　项目风险发生的可能性　单位：%

极不可能		——		可能		——		极有可能	
1	2	3	4	5	6	7	8	9	10
<10	10～20	20～30	30～40	40～50	50～60	60～70	70～80	80～90	90～100

表6-3　项目风险发生后的严重性

极不严重				——		严重	——	极严重	
1	2	3	4	5	6	7	8	9	10
对项目无影响	影响非常小	有较小影响	项目受到一些影响	项目质量和进度受到轻微影响	项目受到一些影响，但工作仍可完成	项目质量、进度受到显著影响，导致部分工作不能完成	项目产生严重影响，导致项目拖延或对客户产生不好效果	严重影响项目，但不容易导致项目无法开展	严重影响项目，可致项目无法完成

表6-4　项目风险发生的可控性

完全可控			——		可控		——	不可控	
1	2	3	4	5	6	7	8	9	10
完全可控	容易控制	能够控制，需要少量资源	能够控制，需要部分资源	利用现有资源能够控制	利用现有资源可以进行控制	利用现有资源控制有点难度	利用现有资源控制难度大	利用现有资源几乎无法控制	不可控

④结合以上表格，风险评估小组运用FMECA方法对第三方物流服务过程中涉及的风险发生可能性、严重性、可控性进行打分，打分的结果如表6-5所示。

表6-5 第三方物流服务项目风险评分

序号	风险识别		风险评估			风险级别
	风险类别	风险事件	可能性	严重性	可控性	
1	业务风险	物流信息化风险	5	6	6	180
2		物流服务失误风险	9	9	8	648
3		物流服务临时变更风险	8	6	10	480
4	管理风险	人员素质风险	6	8	6	288
5		人力资源管理风险	6	5	4	120
6		沟通风险	5	10	5	250
7		综合管理风险	4	5	5	100
8	企业自身风险	财务风险	4	6	6	144
9		经营风险	5	6	6	180
10		硬件风险	3	10	6	180

⑤对风险进行排序后进行评价。通过以上对第三方物流服务项目的逐项评分可以按风险级别分数对风险因素进行排序，可得表6-6。

表6-6 第三方物流服务项目风险评分序列

序号	风险识别		风险评估			风险级别	备注
	风险类别	风险事件	可能性	严重性	可控性		
1	业务风险	物流服务失误风险	9	9	8	648	
2	业务风险	物流服务临时变更风险	8	6	10	480	
3	管理风险	人员素质风险	6	8	6	288	
4	管理风险	沟通风险	5	10	5	250	
5	企业自身风险	经营风险	5	6	6	180	
6	业务风险	物流信息化风险	5	6	6	180	
7	企业自身风险	硬件风险	3	10	6	180	
8	企业自身风险	财务风险	4	6	6	144	
9	管理风险	人力资源管理风险	6	5	4	120	
10	管理风险	综合管理风险	4	5	5	100	

由此，我们可以看出，业务风险发生的可能性最高、严重性最大、可控性最小，管理风险和企业自身风险次之。因此，对于第三方物流服务最需要关注是业务风险，尤其是物流服务失误风险、信息传递风险、物流服务临时变更风险等，在项目风险管理中应该投入最多的精力和资源进行控制和监督，当然对于其他几项指标相对偏低的管理风险和企业自身风险也不能忽略。

3. 第三方物流服务项目实施过程中的风险应对

风险应对就是对项目中的风险提出切实可行的应对措施。在对第三方物流服务项目风险进行分析和评价后，把项目风险发生的可能性、造成损失的严重程度和可控性综合起来考虑，分别赋予量化的分值，并最终通过排序得出风险等级，确定风险事件的处理顺序，并对每件风险事件制定详细、周密的应对措施，指定何时、何人、采取何种措施。

（1）风险行动计划及策略。风险行动计划是实施风险管理的依据和前提，是在风险识别和评估的基础上，为风险行动提供所需要执行的任务，制定相应的策略。

①风险行动计划。虽然风险行动计划不需要立即实施，但由于第三方物流服务项目过程中风险随时会发生，为了对风险进行有效控制，必须提前做好准备工作。首先是风险设想，通过列出风险发生前的事件情况分析哪些情况即将产生，是否需要采取措施；其次是制定风险应对策略；最后是制订风险行动计划书，说明所选择风险的应对措施、所需资源及确定责任人等，其内容一般包括：批准权限、时间、负责人、所需资源、采取的行动、获得的效果等。

②风险应对策略。风险应对策略与风险应对措施不同，它是为风险制定应对预案，为设置合理的风险行动计划和应对措施提供依据。下面介绍几种常见的风险应对策略。

A. 降低风险/减少风险。结合以往的经验，通过预知方式将风险的不利后果进行分析，采取预防的手段加以控制，从而降低风险的发生概率。当存在风险优势时，选用这种策略。

B. 预防风险。是一种主动管理风险的策略，利用备用资源来缓和、减少风险发生的可能性，适用于可用备用设备、资金缓和风险。

C. 回避风险。当风险发生后并导致很严重的后果，甚至不能正常完成项目目标时，采取主动变更项目目标和计划来避免此类风险发生。

D. 转移风险/分担风险。运用合理的手段将自身的风险转嫁给对方企业，是一种高水平的风险管理模式。主要用于其他团队有能力控制风险的情况，这种方式可以通过优化协议来实现。

E. 接受风险。在风险事件发生后造成的损失数额不大，也不影响项目既定目标的顺利达成，同时，项目也不愿意在该事件上浪费资源的情况下，项目管理组可以将损失列为项目的一项费用。

F. 储备风险。根据项目管理风险规律，事先拟定应急措施和风险计划，一旦发现项目的发展背离计划，应立即启动应急预案。对于存在诸多不确定因素，而且规模大、结构和条件复杂的项目，一般都需要进行储备风险。

(2) 第三方物流服务项目风险应对措施。风险应对是对即将可能发生的风险作出响应，执行预定的项目风险计划，并随时跟踪执行效果，直到风险降低到可接受范围内，使风险能够得以完全控制。

①降低业务风险的应对措施。

A. 降低物流信息化风险。

建立专业的物流信息化团队，人员中要有既对物流行业熟悉同时也对信息化建设熟悉的专业人员，并对人员加强培训，建立项目管理标准流程，及时与目标客户研讨需求并对物流信息化项目目的进行调整。

借助互联网这个开发的平台，建立具有电子商务特点的第三方物流信息网络交换平台，对通信协议、信息标准等元素执行统一规范的标准，使多方客户能实时查询到第三方物流服务过程中的货物库存信息，配送、加工、质押等物流信息，提高信息的共享度和透明度，从而使信息传输错误的频率降低，以保证企业间信息传递高效、通畅、准确。

B. 降低物流服务失误造成的风险。

对于马虎粗心、野蛮操作等人为的原因造成物流服务失误，我们可以采取建立健全考核机制和奖惩措施等方法来降低此类行为发生的可能性，并不断加强员工素质教育，增强其责任感，避免工作失误。

由于客户码单、货单模糊不清等客观原因造成的风险，可以采取要求客户采用统一标准，机打凭证进行货品物流服务以及电话、传真确认货品信息等方法来应对。对于由于恶劣天气、气候等造成的风险，应多做好风险应急预案，并为特殊商品购买保险等。

在对待一些可预知的物流服务风险时，要采取直接面对的方法。比如运送玻璃等，可以采取临时雇用一批有经验的驾驶员和搬运工进行处理，虽然在前期的投入超过预计，但增加部分的成本仍在可操作范围内，这样就大大地减少了运输风险，客户满意度也未遭受损失。

在与客户签订物流服务合同时，一定要安排对第三方物流企业本身状况熟悉的人员参与，以防止在合同中出现第三方物流企业在现有条件下无法实现或需投放大量精力而利润较少的条款出现。

C. 物流服务临时变更风险。对于项目业务的频繁变更，项目组既不能一味地拒绝，也不能全盘接受，项目组要分析出现变更的原因，明确变更后项目方需要进行的任务有什么变化，从而建立行之有效的变更控制手段来应对物流服务的临时变更。

对于物流服务临时变更的管理，其变更控制的目的不是控制变更的发生，而是对变更进行管理，确保变更有序进行，防止对物流服务的整个过程和结果产生其他不好的影响。这样，物流服务变更控制包括确认变更、分析变更对项目的影响，提交给项目决策者进行评价，最终确定是否变更。其中有几个关键点必须得到控制，包括明确变更责任人、变更内容、变更对项目方产生的影响，以及目标客户方是否确认变更的代价。如果客户方提出的要求很难实现，可以及时、充分地与对方沟通，探讨可否折中采取其他方式来实现。在与客户方谈判过程中，变更后可能发生的问题，以及导致的后果在事前需要做详细说明，如果客户方依然认为变更是必需的，那就由项目组提出书面申请，由客户方签字确认后报给项目决策层审批执行。

②管理风险应对措施。

A. 降低人员素质风险。

项目经理对一个项目的成功与否起着关键的作用，他的素质和技能是非常重要的。作为一个项目经理应该做到：

a. 把握市场信息，准确分析，锁定目标客户；

b. 与客户充分沟通，明确其需求；

c. 与物流企业高层深入沟通，获取支持；

d. 组建项目团队，挑选合适的人员；

e. 搞好团队建设，加强内部组织管理；

f. 对项目开展总过程进行控制，利用公司资源，对项目人员进行人性化管理。

对于项目队伍中的中层管理人员，他们起着大量一线工作人员和项目决策者之间的纽带传递作用，他们不仅要熟悉物流服务业务的知识，还要有专业的管理技能和团队精神。

B. 人力资源管理风险。

建立高效的第三方物流服务团队是降低人力资源管理风险的根本，在合理的服务流程及团队成员密切合作的基础上，团队成员共同迎接挑战，有效地计划、协调和管理各自的工作，最终完成明确目标。

a. 具有明确的、挑战性的共同目标。一个有明确的、有挑战性目标的团队比目标不明确或不具有很大的挑战性目标的团队效率要高得多，团队成员会为了获得任务成功的自豪感而更加积极的工作。

b. 团队具有很强的凝聚力。在物流服务中各个环节，各个部门都需要相互支持、紧密配合、相互尊重，这样才能顺利完成整个服务流程。相互指责、相互推诿，往往只能事倍功半，影响项目完成的效果。

c. 考核与激励并存。充分调动物流服务团队成员的工作积极性，是保证物流服务项目顺利完成的基础，这就必须要将每位项目组成员所担负的项目工作纳入到他的绩效考核中去，只有当他意识到，如果本身的项目工作完成不好，将会影响自身收入的时候，他就会非常努力的去完成工作。但是只有考核是不行的，还需要采取一定的激励手段来激发成员的工作热情和上进心。要创造良好的物流服务团队，更为关键的是，不管是激励制度还是惩罚制度都需要严格的执行，落到实处，才能真正发挥作用。

d. 保持项目团队人员稳定性。对于一个项目组，保持人员的相对稳定是完全有必要的，特别是骨干人员或者特殊专业技术岗位人员发生变动，势必会影响项目的进度、服务的质量。成员离职后，他所负责的工作要重新开始，新来的人员需要时间适应，这也会对项目的开展产生影响。

C. 项目沟通管理。任何项目在运行中，沟通都是必不可少的环节。对于在项目中起到统揽全局，承上启下作用的项目经理，必须具备良好的沟通能力才能获取信息，发现问题。

沟通管理体系主要包含：制订沟通计划，将关键信息分发，绩效考核报告和管理收尾。项目沟通计划是项目整体计划中的一部分，非常重要，但往往容易被人忽视。项目沟通计划包括熟悉项目所有参与人员、分析项目参与人员的信息需求，按照信息需求划分信息种类、决定信息传递周期、传递方式等工作。沟通的形式主要分为口头和书面两种，口头沟通包括自由讨论、私人接触、会议等，沟通中对于不理解的内容一定要及时表示出来，力求双方理解一致，并且沟通要秉持时间靠前、主动沟通两个原则；书面沟通是项目团队中的内部备忘录，要求在尽可能简洁的前提下对事件进行描述。项目中的沟通越早越好，暴露太迟，带来的损失越大。项目组可根据实际情况选择沟通方式，例如：进行开放式交流的方式，包括不定期的通过电话对项目进展遇到的问题进行沟通，双方客户服务代表每月举行固定汇报会，双方项目参与人员的相互交流，定期绩效考核评估报告交流会，等等。

③企业自身风险应对。

A. 降低财务风险。

a. 建立财务风险管理的组织系统。公司财务风险管理组织系统主要包括：规范的法人治理结构、风险职能管理部门、法律事务管理部门、内部审计部门以及其他有关职能部门、业务单位的组织领导机构及其职责。

b. 注重财务风险管理人才的培养。公司应派遣财务人员参加风险管理知识培训，或直接引入兼顾财务管理和风险管理的复合型人才，以便对公司面临的财务风险进行识别、分析和控制，不能仅限于按部就班的报表制作、财务报销等功能。

c. 建立财务风险衡量和预警系统。根据公司的特点研究和建立财务风险预警系统体系，是财务风险管理的一项重要内容。

d. 加强内部财务控制，完善内部流程和控制制度。内控框架要覆盖生产经营的全过程和主要经营管理岗位，并符合第三方物流企业生产经营的特点，建立健全内控运行机制。

e. 加强现金流量管理。公司实施有效的财务管理离不开现金流量的决策支持。公司应通过合理控制现金收支、编制现金流量预算、建立应收账款控制机制和公司内部资金结算中心等措施来提升资金使用效率，缓解资金不足的影响，有效防范财务风险。

f. 加强投资风险控制。公司要建立完善的投资立项、审批、控制检查和监督制度，多渠道集资，建立科学的财务监控体系。

g. 建立风险应急基金。其目的是在临时发生不可避免的财务风险时就可以运用这些资金填补损失，以期项目的顺利完成。

B. 经营风险。在第三方物流企业内部引入风险管理观念，建立完善的第三方物流企业风险管理体制。一是与客户建立合作机制，树立合作观念，在合作中不断增加彼此的信用度，引导双方最终向着共同的目标而前进。二是选择客户时要综合考评多方面材料，包括客户企业规模、经营范围、信誉情况等，避免由于客户方的生产经营失败而殃及第三方物流企业。

C. 硬件风险。第三方物流企业的硬件设施设备是物流服务项目开展成功与否的基础和工具，没有工具，人员配备再完善，流程再完美也是没有用的。现代的物流公司不仅要拥有相当面积的仓容，对于库房的条件也是根据存储货物的不同而有很高的要求的，当然，这必须根据项目方所选择的目标客户经营的货品种类和要求来决定。在资金允许的范围内，应尽量购买行业内安全系数高、功能性强的设施设备，购买设备要有前瞻性，要考虑到仓库近期的发展而选择，不要造成刚购买了设备，又有新的货品的情况。硬件设施虽然在一定时间内能修复，但对于整个物流服务来说，特别是工期紧，业务繁忙的时候，哪怕是停几分钟也会带来损失。硬件设备最好能有一定的互为备用的设备，以备不时之需。

课后思考

1. 简述购买第三方物流服务的决策过程。
2. 如何把握洽谈机会？
3. 何为第三方物流项目招标、投标？
4. 简述第三方物流项目招投标的一般程序。
5. 试述第三方物流服务项目实施过程中的风险评估。

案例分析

安泰达公司为小天鹅提供第三方物流服务

1. 安泰达公司产生的背景

随着经济全球化的发展，竞争越来越激烈，小天鹅股份有限公司（以下简称“小天鹅”）和科龙电器股份有限公司（以下简称“科龙电器”）面临着深刻的转变，尤其是在分工协作的现代家电产品生产中更为突出。不仅需要企业提供有竞争优势的产品，而且需要企业提供及时完善的服务。目前家电企业内部的制造成本越来越接近，而可靠有效的物流运作正是家电企业共同关注的热点。小天鹅和科龙这两家企业清楚地认识到，作为中国家电行业的大公司，既没时间也无专门技术去完成他们要做的每件事。要想在竞争中占优势，公司就必须对供应链一体化进行改造，就必须从物流链的创新与改造着手，物流外包是行之有效的和低成本的手段。

中国远洋运输（集团）总公司（COSCO）是中国运输行业的龙头企业，新型综合物流企业。它也在积极利用它们的物流强项寻求与物流资源丰富的企业结成战略联盟。

这三家企业拓展物流的共同愿望经过认真的商谈，决定组建第三方物流公司，由中远集团属下的中远国际货运有限公司、香港远洋网络有限公司、广州经济技术开发区建设创业投资有限公司占有60%股权，科龙小天鹅分别占有20%股权，而具体经营按照现代化的规范运作办法由董事会推荐总经理，具体人员和机构设置完全授权总经理。共同投资组建的广州安泰达物流有限公司在广州正式挂牌揭幕，宣告全国最大的家电物流平台正式启动。

安泰达公司实行第三方物流是在传统“物流”概念基础上的新突破。过去很长一段时间里，工厂都是自己做自己的物流，他们有自己的储运系统，这种小而全的做法，效率低下。安泰达是独立于生产商、批发商、零售商的物流企业，利用它的专长整合客户的资源，为生产商、批发商、零售商提供专业化的物流服务，这就是“第三方物流”。科龙和小天鹅都有着良好的顾客关系以及能为顾客营销做出努力的合作群体。这两家企业继节约原材料的“第一利润源”，提高劳动生产率的“第二利润”转向高效物流系统的“第三利润源”。对于从事第三方物流业的安泰达公司来讲，与顾客一起共命运是今后获利的重要保证。

2. 安泰达为小天鹅提供物流通服务的操作办法

安泰达的操作方法可以概括为：一个平台（物流信息平台），两个整合（仓储系统、运输系统），三个流动和四个考核。

（1）物流信息平台

安泰达首先根据小天鹅和科龙的资源和信息进行认真的调研，然后选拔供应商、选用运输工具、确定运输路线、确定每次运货批量、跟踪在途货物、有效利用仓库、确定最佳库存量、确定库存时间、提高服务水平、做好自动补货和订单管理等，以有效地控制物流成本。在操作中做好物流信息传输、整理、统计、分析、控制的整合。

（2）仓储系统与运输系统整合

①仓储系统整合。小天鹅和科龙原有的仓储系统管理比较凌乱，主要体现在租用仓库分散不均匀，租用面积利用率低、仓库信息化程度低、仓库存货不合理。安泰达和快步公司通过整合仓储系统，建立一套物流中心、物流基地选址模式，根据两家企业的实际情况，分析规划、优化物流中心的分布。同时利用仓库存储模型，对仓库的高效利用、最佳存量的确定、库存时间的确定、自动补货的设置等进行了科学规划，主要方面包括商品订货量的确定、盘点（循环盘点和总盘点），商品转库、调拨、脱销、断档商品分析，超过最大、小于最小库存预警、商品保质期预警等。

②运输系统整合。安泰达公司的运输管理并不是简单地将运输任务交给原企业自备车队或社会运输服务机构，而是经过认真的综合分析，确定设计运输批次、规模，确定不定期规划运输路径，确定运输单位和控制运输质量的标准以及提高装载率和实车率等。安泰达在为企业提供销存物流系统解决方案中做到物流、配送系统等在满足顾客需要的前提下达到物流成本（运输费和存储费）最小的目标。

（3）有效控制三个流动

安泰达公司认真做好供应商、制造商、分销商、终端用户的物资流、信息流和资金流的整合，进而有效地控制和管理，以实现产品供应链全过程的价值和经营行为的最优化。

（4）安泰达公司四方面的服务监控

安泰达公司努力做好到货率、经济性、信息性和安全性，并对物流进行有效的监控，确保客户利益。

3. 安泰达目前的运营服务

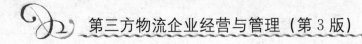

安泰达目前通过运输的招标开始实施储运的整合，已经为小天鹅节约了10%的运输成本，但这只是物流整合的其中一步。物流与储运的区别在于，物流是与企业的整个供应链紧密结合的为实现客户的需求而采取的管理手段，而储运只是其中一个部分，就像发动机不能称作汽车一样，储运也不能与物流等同。物流的整合应该在全面地参与整个销售、采购的决策与实施后，为企业量身定制的整个供应的优化方案，其中也包括了企业组织的调整和企业业务流程的重组。

安泰达目前的工作重心是：在巩固和发展目前储运整合的成功基础上，进一步与小天鹅的销售和采购等部门沟通，努力融入小天鹅的供应链体系，并着手设计一个符合小天鹅企业实际情况和有价值、可操作的物流整合方案，在此基础上要进一步推动企业的组织机构的调整和整个供应链的优化组合。

4. 效果评析

在不增加投入，也没扩大产出的条件下，小天鹅通过实施调整物流资源配置，2002年使企业采购的19.93亿元的成本降低上亿元。2003年小天鹅又与科龙联合采购招标，双双得益，在原材料涨价的前提下，小天鹅又降低了4000万元成本，物流通过对接降低了7%的物流成本。小天鹅公司物流整合追求的是“速度效益”，这对许多中国企业来说是一个新概念。速度效益的实现需要企业流程的全方位支撑，还要赖于与信息化、国际化市场竞争要求相适应的企业行为的全面创新。

速度是一个综合指标，小天鹅近年来的各种重大决策以及调整履行的各项步骤都与速度有关。改善资金流的一个关键步骤就是第一次从银行获得承诺，使产品销售货款异地转账的最高时限控制在24小时。在2003年1月6日开始实施的小天鹅、安泰达与国内10家物流企业的运输合同中有一项条款：中标方自接到安泰达公司发货计划单之时起，须在6小时工作时间内派车到达指定仓库提货。也就是说，小天鹅公司的产品从走下生产线到发货的最长间隔时间是6小时。整合节省下来的巨额成本费用，可以看成是小天鹅集团追求的速度效益的一部分。

尽管降低成本并不是物流整合最重要的目标，但是这个效益的取得也不是孤立的。没有以往的管理基础和企业制度基础，物流整合就无法操作。相对于整个企业的速度效益来说，资源优化配置是一个连续不断的过程。小天鹅过去10多年的管理创新和企业制度再造，为如今企业物流改造提供了一个必不可少的前提。

讨论：分析安泰达公司产生的背景；安泰达公司如何为小天鹅提供第三方物流服务？

第七章　第三方物流供应商管理

第一节　概述

供应商，是一种客观存在，不管你发现没发现他，他都自然地存在，而且自然地构成了企业的外部环境的组成部分，它必然间接或直接地对企业造成影响。因为任何供应商，不管是已经与企业有直接关系还是没有直接关系，他都是资源市场的组成部分。资源市场中物资的供应总量、供应价格、竞争态势、技术水平等，都是由资源市场的所有成员共同形成的。而我们企业的采购，都只能从这个资源市场中获取物资，所以我们采购物资的质量水平、价格水平都必然受到资源市场每个成员的共同影响。

一、供应商的寻找与开发

寻找与开发适当的供应商，是物料采购工作成功的关键因素。俗话说："男怕入错行，女怕嫁错郎。"其实，采购最怕的就是找错供应商。不管价格如何便宜，如果供应商寻找不当，日后就可能出现物料品质欠佳、交期不准等一系列的问题。

（一）供应商的寻找

要有效地寻找供应商，首先，就必须扩大供应商来源，换句话说，供应商越多，选择供应商的机会就越大。寻找供应商的主要信息来源如下。

（1）国内外采购指南；

（2）国内外产品发布会；

（3）国内外新闻传播媒体（报纸、刊物、广播电台、电视、网络）；

（4）国内外产品展销会；

（5）政府组织的各类商品订货会；

（6）国内外行业协会会员名录、产业公报；

（7）国内外企业协会；

（8）国内外各种厂商联谊会或同业公会；

（9）国内外政府相关统计调查报告或刊物如：工厂统计资料、产业或相关研究报告；

（10）其他：各类出版物的厂商名录。

（二）供应商的开发

以下为一个供应商开发作业的实例。

1. 供应商开发流程及权责划分如图7－1所示。

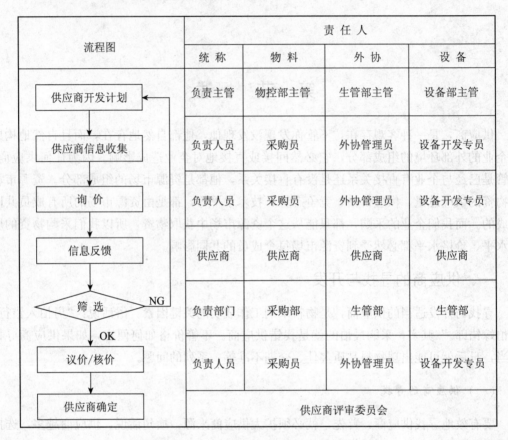

流程图	责任人			
	统 称	物 料	外 协	设 备
供应商开发计划	负责主管	物控部主管	生管部主管	设备部主管
供应商信息收集	负责人员	采购员	外协管理员	设备开发专员
询 价	负责人员	采购员	外协管理员	设备开发专员
信息反馈	供应商	供应商	供应商	供应商
筛 选（NG：返回供应商开发计划；OK：进入下一步）	负责部门	采购部	生管部	生管部
议价/核价	负责人员	采购员	外协管理员	设备开发专员
供应商确定	供应商评审委员会			

图7－1 供应商开发流程及权责划分

2. 开发计划

对公司需求或潜在需求的物料、外协件、设备，负责部门主管应视轻重缓急的次序及实际状况制订供应商开发计划并进行任务安排。

对于目前公司暂时不需求，但在可预见的将来可能出现的相关需求信息，技术部门及时通报采购部门做好准备。

3. 信息收集

采购负责人员在平时的工作中，应注意通过各种渠道（如上网、电话簿、商业报纸杂志、工商名录、朋友介绍、同行探讨、广告等）获取供应商初步信息，并建立供应商档案。

如要求开发的供应商在平时的收集信息中有所欠缺时，负责人员有责任在计划规定的期限内收集到有关的信息。

负责人员应从所收集到的供应商档案中选择较适合且与公司长期合作的供应商进行查询。

4. 查询作业

（1）查询时应有计划、有步骤地将公司对物料需求的有关条件如：物料名称、规格、包装要求；品质要求及不良品处理；数量、时间；交货地点；运输要求及费用承担；违约责任；付款条件；保密要求，提供给对方了解，以使其全面。

（2）与供应商接触过程中，应要求对方提供下列资料：企业简介；产品范围、名录、规格、测试指标说明；主要供应企业；供应商评审表；价格构成表。必要时要求提供样品进行认定。

（3）对于上述资料，某些供应商可能不愿提供，采购负责人员应努力要求，不得已时方可降低要求，但资料提供不齐全的供应商可被视为服务不周，在筛选时不列入考虑范围。

（4）重要或大宗的采购应向三家以上供应商进行查询。

5. 筛选作业

采购负责人员应将从供应商所查询到的信息整理成供应商条件比较表，与部门主管一起进行初步筛选，从中筛选出重点议价对象。

（1）筛选供应商应对以下因素进行综合考虑：价格是否合理？品质能否达到公司的要求？是否具备品质保证能力？交货是否有保障？生产能力是否符合公司要求？服务质量如何？财务状况是否稳定？采购条件优惠与否？技术指导的能力足够吗？

（2）当采购项目对公司的影响事关重大时，或供应商地址较为邻近，能很方便地进行考察时，负责部门应提出考察计划，呈请批准后进行考察。

（3）考察期间考察人员应严守采购纪律，不得违反。

6. 议价作业

针对筛选出的重点议价对象，负责人员应利用各种谈判方法，如：

（1）让对方了解我方有足够的选择余地，甚至其中有对方的主要竞争对手；

（2）以未来大批量购买或长期合作的可能性要求对方；

（3）通过对其成本的分析让对方降低条件；

（4）借助公司内部的压力要求对方；

（5）指出本公司与其他公司相比较的优势，来获取有利于本公司的商业条款。

7. 初步确认供应商

负责部门应将最终议价结果整理后，呈送给供应商评审委员会签后确定供应商。

二、供应商的使用

供应商的一个特点，就是他们都是一个与购买者独立的利益主体，而且是一个追求利益最大化为目的的利益主体。按传统的观念，供应商和购买者是利益互相冲突的矛盾对立体，供应商希望从购买者手中多得一点、购买者希望向供应商少付一点，为此常常斤斤计较，甚至在物资商品的质量、数量上做文章，以劣充优、降低质量标准、减少数量甚至制造假冒伪劣产品坑害购买者。购买者为了防止伪劣质次产品入库，需要花费很多人力物力加强物资检验，大大增加了物资采购检验的成本。因此供应商和购买者之间，既互相依赖，又互相对立，彼此总是处在一种提心吊胆、精密设防的紧张关系中，这种紧张关系，对双方都不利。对购买者来说，物资供应没有可靠的保证、产品质量没有保障、采购成本太高，这些都直接影响企业生产和成本效益。

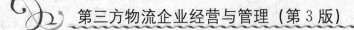

相反，如果我们找到了一个好的供应商，它的产品质量好、价格低，而且服务态度好、保证供应、按时交货，这样我们采购时就可以非常放心，不但物资供应稳定可靠、质优价廉，准时供货，而且双方关系融洽、互相支持、共同协调，这样对我们的采购管理、对我们企业的生产和成本效益都会有很多好处。

为了创造出这样一种供应商关系局面，克服传统的供应商关系观念，我们有必要非常注重供应商的管理工作，通过多个方面持续努力，去了解、选择、开发供应商，合理使用和控制供应商，建立起一支可靠的供应商队伍，为企业生产提供稳定可靠的物资供应保障。搞好供应商管理也是我们搞好采购管理所必须具备的基础工作。只有建立起一个好的供应商队伍，我们的各种采购工作才能比较顺利进行。

供应商经过考核成为企业的正式供应商之后，就要开始进入日常的物资供应运作程序。进入供应商使用的第一个工作，就是要签订一份与供应商的正式合同，这份合同既是宣告双方合作关系的开始，也是一份双方承担责任与义务的责任状，同时更是将来双方合作关系的规范书。所以双方应当认真把这份合同书的合同条款协商好，然后双方签字盖章。协议生效后，它就成为直接约束双方的法律性文件，双方都必须遵守。

在供应商使用的初期，采购企业的采购部门应当和供应商协调，建立起供应商运作的机制，相互在业务衔接、作业规范等方面建立起一个合作框架。在这个框架的基础上，各自按时按质按量完成自己应当承担的工作。在日后供应商使用的整个期间，供应商当然尽职尽责，完成企业规定的物资供应工作。采购企业的采购管理部门应当按合同的规定，严格考核检查供应商执行合同、完成物资供应任务的情况。既充分使用、发挥供应商的积极性，又进行科学的激励和控制，保证供应商的物资供应工作顺利健康地进行。

采购企业在供应商使用管理上，应当摈弃“唯我”主义，建立“共赢”思想。供应商也是一个企业，也要生存与发展，也要适当盈利。我们不能只顾自己降低成本、获取利润，而把供应商企业“耗”得太惨。因为害惨了供应商，会导致我们企业自身物资供应的困难，不符合我们企业长远的利益。因此我们的合作宗旨，应当尽量使双方都能获得好处、共存共荣。从这个宗旨出发，处理合作期间的各种事务，建立起一种相互信任、相互支持、友好合作的关系，并且把这个宗旨，这种思想落实到供应商使用、激励和控制各个环节中去。

第二节 选择第三方物流供应商决策

一、企业选择第三方物流供应商的决策

在进行自营或采购物流服务决策时，管理人员面对的是未知的技术、不可控的经济环境、服务提供方的易变性等一系列不确定的因素。因此，传统的决策依据是企业是否有能力自营物流。如果企业有设施、有技术就自营，方便控制；如果某项物流功能自营有一定困难就采购。管理人员在对采购物流服务的理解上，缺乏对物流战略意义的认识，他们不清楚哪些物流功能的自营会对企业的发展有战略影响，哪些则没有。

企业资源基础论认为企业是由一系列资源有机结合而成的，当企业能够比竞争对手更好地使用这些资源完成某项工作时，企业就拥有了竞争优势。企业中的资源有很多种，但并非所有资源都可以成为企业竞争优势或高额利润率的源泉。比如物力资源，在市场上可直接买到，而且在竞争较为充分的市场上，它的价格和它的价值趋于一致，因此，它不可能产生租金。一个企业即使首先使用一种先进设备获得了某种程度的优势，也很快会因该设备的普遍使用而失去竞争优势。从租金的产生和长期竞争优势形成来看，这样的资源是没有价值的。资源基础论事实上揭示了这样一个道理：超额收益及长期竞争优势与对大多数企业都具有普遍性意义的资源之间不可能存在因果关系，因为这样的资源要么供应充分，使任何一个企业都不可能从该资源中获得租金，要么供应稀缺，主要是因为针对这样的资源进行的竞争导致企业无法以低于其价值的计划取得。在以上任意一情况下，企业都无法在这一资源基础上获得持续的超额收益和竞争优势。有价值的资源（能使运用该资源的企业保持持久性经济优势）必须是稀缺的，不能完全被仿制的，也是其他资源无法替代的，符合这些特征的资源也就构成了企业的核心能力。

基于以上认识，本书引入一个基于企业核心能力的三维决策标准，即在进行物流服务采购决策时，应从物流服务功能在企业的战略地位出发，在考虑企业物流能力的基础上，进行成本评价。具体实施时，首先要考虑物流功能子系统的战略重要性，如图 7-2 所示。

要决定物流功能子系统是否构成企业的核心能力，一般可以从以下几个方面进行判明：它们是否高度影响企业业务流程？它们是否需要相对先进的技术，采用此种技术能否使公司在行业中领先？它们在短期内是否会被其他企业所模仿？如能得到肯定的回答，那么就可以断定物流功能子系统在战略上处于重要地位。由于物流系统是多功能的集合，各功能的重要性和相对能力水平在系统中是不平衡的，因此，还要对各功能进行分析。

某项功能是否具有战略意义，关键就是看它的替代性。如其替代性很弱，很少有物流公司能完成或物流公司很难完成，几乎只有本企业才具备这项能力，企业就应保护好、发展好该项功能，使其保持旺盛的竞争力；反之，若其他物流企业也能完成该项功能或物流功能子系统对企业而言并不重要，那就需要从企业物流能力的角度决定是自营还是采购了。企业物流能力在这里指的是顾客服务水平。顾客是个泛指的概念，它既可以是消费

者，也可以是一道工序。如企业不具备满足一定顾客服务水平的能力，就要进行采购了。在采购时采用何种服务，是租赁公共物流服务还是采用战略联盟，这就要由物流功能子系统对企业成功的重要性来决定。在物流功能子系统构成企业战略子系统的情况下，为保证物流的连续性，就应该与供应商签订长期合同，由供应商根据企业流程提供定制服务；在物流功能子系统不构成企业战略子系统的情况下，采用何种服务方式就要在顾客服务水平与成本之间寻找平衡点了。

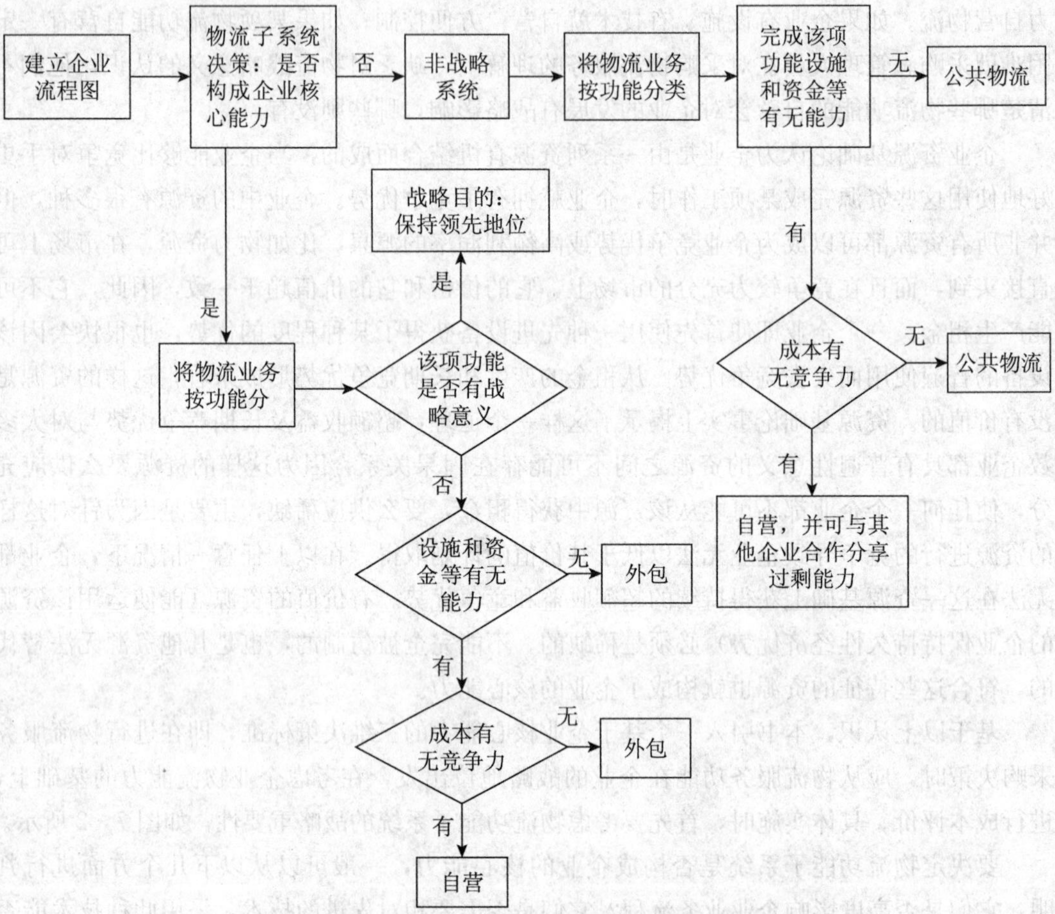

图7-2　第三方物流企业的自营/外购决策

具备了物流服务能力，并不意味着企业一定要自营物流，还要与供应商比较在满足一定的顾客服务水平下，谁的成本更低，只有在企业的相对成本较低的情况下，选择自营的方式才有利；如不然，企业应向外采购物流功能。

二、选择第三方物流供应商的流程

一般说来，企业决定使用第三方物流服务后，可按下列步骤选择合适的第三方物流供应商。

（一）组成跨职能选择团队

虽然企业物流部门一般明显地参与对第三方物流供应商选择的决策，但企业其他部门如财务、制造、营销、信息系统、人力资源等也常常参与其中，如表 7－1 所示。另外，公司总裁参与选择决策也是常见的。美国田纳西大学对谁是外包的主要支持者或促进者的调查结果表明，物流与运输经理占 64%、财务占 58%、总裁占 50%、制造部占 24%、营销部占 20%。所以，企业要从其财务、营销、制造、质量控制、信息系统，以及物流等部门抽调人员组成选择团队，并使每一个人都参与整个选择过程。

表 7－1　　其他参与决策的部门　　单位：%

职能部门	西欧	美国
财务	64	70
管理信息系统	32	35
人力资源	28	22
生产	24	48
营销	34	39

（二）设定外包目标

一旦团队成立，团队应设定外包的目标。对外包目标的透彻理解是选择第三方物流供应商的指南，并为后来的第三方物流供应商的绩效考评提供依据。

（三）确定物流需求

团队应对企业内部和外部顾客进行调查以确定当前物流的优势和缺点，从而明确自己的物流需求，并把它们明确地表达出来，成为对潜在第三方物流供应商的服务需求。由于大多数第三方物流决策对企业目标的实现关系重大，所以开始时对物流需求理解花费的时间通常较长。

（四）制定选择准则

选择准则应与企业的外包目标和物流需求相联系，准时交付、可靠性、顾客服务，以及价格往往是企业优先考虑的准则。表 7－2 所列的是第三方物流服务用户认为最重要的项目，从该表中可以看出，用户非常关注降低风险和提高服务能力的指标，如财政稳定性、客户服务能力和服务价格。

表 7-2　第三方物流供应商特性的重要性　单位：%

特性	占回答者的百分比							
	非常重要	略微重要	无关紧要	略微不重要	非常不重要	等级 1	等级 2	等级 3
资产拥有	22.0	42.8	25.5	5.5	4.2	2.7	4.0	3.5
服务价格	66.1	31.7	2.0	0.0	0.2	31.1	17.7	15.0
大小	10.7	55.7	27.1	6.1	0.4	1.0	1.2	2.7
人力资源政策	10.4	35.8	41.1	9.5	3.3	1.0	1.2	1.2
公共声誉	48.6	43.4	7.2	0.9	0.0	8.2	7.5	10.0
财政稳定性	72.8	24.6	2.4	0.2	0.0	12.4	17.2	19.0
国际范围	17.7	37.6	29.7	9.6	5.5	1.7	1.5	2.8
问题解决创造力	59.2	34.5	5.2	1.1	0.0	9.0	11.0	11.0
公司文化哲学兼容性	44.8	38.4	14.0	2.6	0.2	9.2	9.5	7.2
与公司优先关系	12.9	37.5	37.7	8.3	3.7	0.5	1.2	0.5
信息系统和技术能力	54.2	37.7	6.1	1.8	0.2	6.0	12.2	12.0
客户服务能力	72.5	22.7	3.9	0.7	0.2	14.7	12.5	11.0
持续改进声誉	47.1	43.4	8.5	1.1	0.0	1.2	2.7	5.5

（五）列出候选名单

候选者应具有与企业相似的业务方向并能提供所必需的地理覆盖范围的服务。为选定潜在的合作伙伴，团队可以与专业组织联系，与供应商和顾客交流，甚至在因特网上查找。从欧美500家最大的工业企业的经验来看，主要通过两种渠道：与其他物流同行的交流和第三方物流供应商的销售拜访，如表7-3所示。

表 7-3　获取供应商信息的渠道　单位：%

信息源	西欧	美国
与其他物流同行交流	77	46
第三方物流公司的销售拜访	69	54
国内物流会议	19	19
专业广告	19	11
当地物流会议	15	14
直邮广告	15	11

另一个值得注意的趋势是，企业开始更注重专业刊物上的广告和其他途径如专业刊物上的文章、咨询项目和私下的人际交往等方式。

（六）候选者征询

团队向候选者发出征询信，询问对方有无兴趣投标。信中应包含企业的信息和外包项目的实质及范围，同时要求候选者提供其公司及服务能力的基本信息。

（七）发出招标书及收回投标书

企业向有资格的且对该项目感兴趣的第三方物流供应商发出招标书。招标书应对企业的外包目标及物流需求做详细说明，详细到假设潜在卖方对本企业情况（如产品线、运送量、销信量预测、所处行业等）一无所知，且对各个潜在卖方一视同仁。当然，为便于竞标者编制预算，一些基本的专业信息是要做出说明的，如：工作范围、最终客户需求、信息技术需求、附加价值服务需求、场所和专门设备需求。应选者的投标书中应包括一些特定信息，如组织结构、能力和现有顾客及报价模式和选择。

（八）初评及现场考察

在初步评审投标书的基础上，将候选者范围缩至4～5家，现场考察其作业情况。通过考察让团队了解候选者的管理设施、程序和职员情况。在考察时应依据标准的检查表，并安排相同的团队成员对候选者的能力进行一对一的比较。

（九）候选者资格评审

团队应研究有关资料和投标书的细节，使用检查单和现场考察完成的调查表，评审候选者的财务状况、信息技术能力、服务柔性和战略符合程度及经营理念。

（十）利用分析工具选择第三方物流供应商

利用层次分析法根据选择准则，确定最佳的第三方物流供应商。值得注意的是，选择并不是像一次交易那样挑选要价最低者，因为合同一经签订，与物流伙伴的关系就要维持相当一段时间，因此应选择那种最适合企业需求和文化互补的第三方物流供应商。同时，最终选择决策也应在团队成员之间进行一定程度的协调，以保证他们中的每一位对做出的决策有一致的理解，并了解对被选的物流公司的期望。

三、第三方物流企业的供应商选择模型

为最大限度地提高投资回报率，降低投资风险，在第三方物流项目实施过程中，第三方物流企业除了直接投资购买仓库、车队外，还在物流服务市场中采购其他功能型物流企业的仓储或运输服务。这样，第三方物流企业在构建物流服务供应链时就面临供应商的选择问题。依据业务开展的需要，第三方物流企业常采用合同承运人/仓库，或临时承运人/

仓库的方式选择供应商。当与第三方物流服务需求方保持稳定的伙伴关系，即物流服务需求方把大量的业务以长期合同的形式外包给第三方物流企业，视其为“自己的物流部门”时，为保证能持续、稳定地提供服务，第三方物流企业往往以合同承运人或合同仓库的方式选择供应商。由于功能型物流企业的服务范围常局限于某一地区，资产规模一般都较小，其服务能力无法满足总的采购量，需多家企业共同合作才能达到总的需求水平，而每家供应商的服务价格、质量、反应时间、应变能力都有所不同，因此，第三方物流企业在选择供应商时既要综合评测，挑选最适宜的供应商，同时，又要考虑各企业的服务能力，最优分配采购量以获取最大的采购价值。

（一）层次分析法基本原理

层次分析法（AHP 方法）是美国运筹学家萨蒂（T. L Satty）于 20 世纪 70 年代中期提出的一种将定性分析和定量分析相结合，定性问题定量化的实用决策方法。尽管该方法已被广泛应用而日臻完善，但其基本思想仍保持为把一个复杂问题分解成若干个组合因素，然后将这些因素按其支配关系，分组形成递阶层次结构，通过两两比较的方式确定层次中诸因素的相对重要性，再综合人的经验判断以决定诸因素相对重要性的顺序和权重。整个过程逻辑结构如图 7-3 所示。

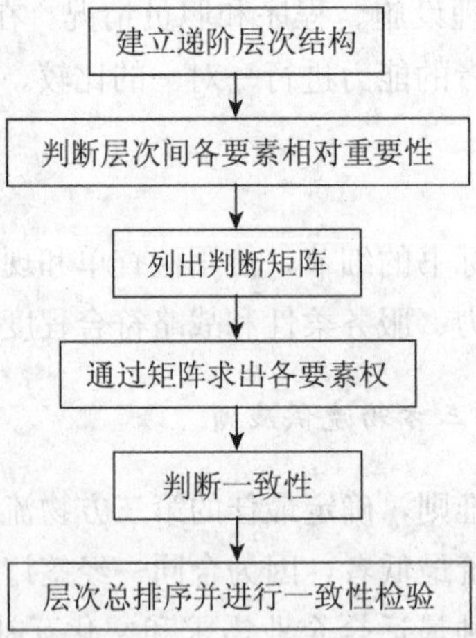

图 7-3　供应商选择决策的逻辑结构

供应商选择的关键要素一般围绕价格、质量、数量、交货期和顾客服务展开，这是可以用一系列指标衡量的，如反映供应商运作质量的运输残损率、安全记录合格率、运输更换包装率、单证填写准确率、仓库库存准确率等，反映顾客服务水平高低的单证传递时间、运输及时发运率、及时提货率、及时到达率、及时签收率、仓储缺损率以及及时回单率等。当运输能力、库容量为已知的约束条件时，供应商选择决策的层次结构如图 7-4 所示。

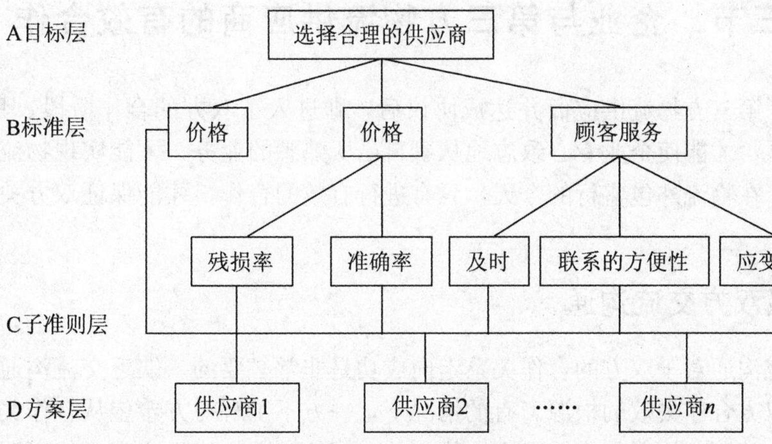

图 7－4　供应商选择决策的层次结构

接下来，根据 Satty 的九分位法，建立两两判断矩阵，在对判断矩阵分别排序并进行一致性检验的基础上，求得每个供应商的组合权重。

（二）供应商选择模型

在用 AHP 方法求出每个供应商的组合权重之后，以此作为目标函数的系数构建线性规划模型，用 TVP 代表第三方物流提供者的总采购价值。模型如下所示：

$$\max TVP = \sum_{i=1}^{n} R_i K_i$$

$$\text{s.t.}\begin{cases} X_i \leqslant V_i \\ \sum_{i=1}^{n} V_i \geqslant D \\ \sum_{i=1}^{n} X_i \geqslant D \\ \sum_{i=1}^{n} X_i Q_i \geqslant QD \\ X_i \geqslant 0 (i = 1, 2, \cdots, n) \end{cases}$$

式中：R_i——供应商的最终组合权重（由 AHP 求得）；

X_i——第 i 个供应商的采购量；

V_i——第 i 个供应商的服务能力；

D——采购总量；

Q_i——第 i 个供应商的残损率；

Q——可接受的最大残损率。

第三节　企业与第三方物流供应商的有效合作

企业选定了第三方物流供应商并达成协议后，即进入了双方的合作阶段。只有长期、密切的合作关系，才能使企业专心致志地从事自己所熟悉的业务，才能实现物流活动的合理化、效率化。在物流外包盛行的今天，只有进行有效的合作，才能保证双方关系更快更好的发展。

一、加强双方交流沟通

有效的交流沟通对于双方的合作关系走向成功是非常必要的。缺乏交流沟通或其程度不够，往往是双方合作失败的根源。有的情况下，一方不了解对方希望从合作关系中得到的利益和目标，从而破坏了整个第三方安排。如一家第三方物流供应商可能不明白其客户选择配送作为外包首选对象的目标——实现产品快速交付，虽然通过满载发运降低了运费，但客户并不满意，因为运费降低是以牺牲准时交付为代价的，客户外包与配送的目标并没有实现。之所以出现这种合作不愉快，关键就在于双方沟通交流不够，不知道对方希望从合作中获得何种利益和目标。

企业与第三方物流供应商合作过程中的交流沟通，主要包括以下两方面。

1. 加强企业管理者之间、管理者与员工之间的交流沟通

加强企业内部各部门的管理者之间、管理者与员工之间的交流沟通，即要使他们充分认识到他们是利益共享、风险共担的一个整体。这样，企业内部所有的相关部门才能与第三方物流供应商密切配合，员工也不会产生抵触心理。只有团结合作，为了企业的共同目标而努力，才能使企业得到发展，否则会使局部利益损害整体利益。同时也要使他们明确企业为什么进行物流业务外包以及期望从外包中得到什么，并力求取得一致意见。

2. 加强企业与第三方物流供应商之间的交流沟通

通过建立开放式交流机制，使合作双方在一种制度化而又较轻松的环境下坦诚交流，这样能使双方及时发现并有效解决合作中出现的问题。由于第三方物流在物流管理经验、人才、技术、观念上有优势，外购物流服务的企业通常希望听到的一切都是完美的。如果第三方物流供应商为了争取企业而夸大物流能力来迎合企业的需求，向其保证提供完善的物流服务，让企业有过高的期望值，一旦第三方物流供应商的承诺不能兑现，会严重伤害双方的合作关系，危及双方合作的信任机制，使合作双方的利益受损。这是因为企业形象和市场份额会由于第三方物流供应商不能履行承诺而很快受损，而第三方物流供应商的利益是建立在物流购买方成功的基础上的，从而出现一损俱损的局面。所以第三方物流供应商应诚实地告诉企业自己能做到哪些、不能做到哪些，以便使企业合理设定服务的期望值。

二、建立合作伙伴关系

在新的竞争环境下，企业与第三方物流供应商的关系不是传统的与供应商的关系，而

是合作伙伴关系。第三方物流供应商提供的物流服务与传统供应商提供的标准化服务不同，它是以企业的要求变化而变化，遇到问题时要共同寻找解决方案。因此，对双方关系的理解要跳出传统供应商关系——仅把第三方物流供应商视为外部的供应者而不视为合作者。企业要视第三方物流合作为追求长远发展的战略合作伙伴关系而非注重短期利益的交易关系，视物流合作为价值中心、利润中心而非成本中心，双方是一个互惠互利、风险共担的合作联盟。所以，企业与第三方物流供应商应建立双赢的合作关系，将第三方物流供应商融入自己的物流战略规划，共享包括企业任务、业务目标、物流任务和物流目标等战略要素在内的信息。

一些企业通过与第三方物流供应商建立共享信息、共御风险的战略合作伙伴关系，使它们取得了依靠自身不可能取得的巨大收益和更强的竞争力，如美国通用汽车公司（GM）和杰克逊维尔定制运输有限公司（Jack－sonville，Fla－based Customized Trans－Portation. Inc.，CTI）。CTI 不仅管理 GM 的物流，而且还扮演 GM 的制造供应商。在这个不同寻常的安排中，CTI 向 GM 位于堪萨斯（Kansas）市的工厂提供车内门板组件，按照生产线的需要在准确时间供货。尽管 GM 选择材料供应商，但由 CTI 签发采购单并从这些供应商处购买材料。CTI 接受到这些材料后，进行装配，而后放到货架上并运往 GM 的生产线。GM 收到 CTI 的发票，发票包括所有的作业成本、产品成本和边际利润。为使该系统有效运作，GM 和 CTI 共享了大量的生产数据。CTI 与 GM 的实时生产系统连接，从而了解特定轿车处于生产过程的哪个环节。当 CTI 的工作人员被以电子手段通知一辆车出了喷漆车间的时候，他们就马上开始为这辆车生产门板，这一切将在 4 小时内完成。尽管 CTI 的任务包括物流和运输，但它远远超出了传统第三方物流的责任范围，它管理库存，承担产品过时和损坏的损失，承担装配任务，这满足了 GM 减少库存，管理资产的要求。CTI 和其他供应商只在车完成之前拥有库存，在车开下装配线随后就被出售给顾客。当零件装到车上时，供应商就可以得到货款。如果 GM 预测生产 250000 件，CTI 就需将其固定成本分摊到 220000 件至 250000 件产品上，如果 GM 生产超过 250000 件，CTI 就会有更多的赢利，如果少于 220000 件，CTI 就会亏本，即 CTI 要与 GM 共同承受风险。

三、建立组织管理

企业与第三方物流供应商之间的物流服务合同签订后，另一个重要任务就是在企业内部建立一个什么样的组织结构负责此项管理工作，以便使企业在外包物流服务策略能得以顺利实现，同时也可正确、有效地进行合作中的危机处理。由于第三方物流合作牵涉到企业许多部门，影响企业业务的很多方面，包括终端客户，所以企业负责管理与第三方物流供应商合作的人员既要有物流经验，又要对企业的整体目标和客户需求有全面理解。比较受欢迎的选择是将第三方物流管理委托给一个首席物流官（CLO），此人有专门技能和权威，了解和熟悉企业其他相关部门的情况，并且在建立和保持战略性集中监督上非常有效。大多数公司认为，由一个物流专家集中化的监督是管理企业与第三方物流供应商之间关系的最有效方式。被选中的管理者必须对企业的物流系统有一个清晰的理解，并且具有决策能力。

四、进行绩效考评

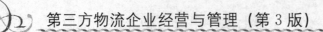

企业将各种物流作业转交给第三方物流供应商后，发展一个监督外包合作伙伴的方法是极为重要的。签订外包合同后甩手不管，只坐收节省费用的企业，注定是会失望的。在监督第三方物流供应商上，绩效管理被认为是最受欢迎的方法。使用绩效管理评价企业使用第三方物流服务的满足程度比客户满意度调查要有用得多，绩效管理使企业能够获得对分散的操作地点和供应/销售合作伙伴的战略控制。因此，在与第三方物流供应商合作中企业必须根据合作的目标建立对第三方物流供应商的绩效评价指标和标准，由外包涉及的各部门经理组成评委组对第三方物流供应商的绩效进行监控，每月或每季度一次，发现问题及时协商解决，以便直接和适时控制物流服务质量，确保物流服务能满足最终客户的需求。

课后思考

1. 分析如何使用供应商。
2. 简述第三方物流供应商选择的流程。
3. 运用层次分析法构建物流供应商选择模型。
4. 简述企业如何与第三方物流供应商进行有效的合作。

案例分析

联合利华的第三方物流供应商——上海友谊集团物流有限公司

上海友谊集团物流有限公司自20世纪90年代初便为国际上最大的日用消费品公司——联合利华有限公司提供专业的物流服务，并与其建立了良好的物流合作伙伴关系。

1. 合作背景

上海友谊集团物流有限公司是由原上海商业储运公司分离、改制而来。公司的主要物流基地地处杨浦区复兴岛，占地面积15.1万平方米，库房面积8万平方米，卡车及货柜车200辆，设施齐全，交通便捷，据杨浦货运站1.5千米；拥有一支近500人的专业技术队伍，长期储存国家重点储备物资和与人民生活密切相关的各类日用消费品，积累了近五十年的物流管理丰富经验。联合利华这一跨国公司进入我国后，遵循国际上的运作模式，希望摒弃物流这一繁杂环节，将精力集中在新产品的开发和销售上，像这样一个实物量很大、本身又实施零库存作业方式的制造商来讲，选择一个可靠、高效的物流服务供应商必不可少。

2. 合作关系

目前，友谊物流与联合利华的合作是采取合同制物流的方式，即利用企业外部的运输、仓库资源来执行本公司的物料管理或产品分销职能，并以合同来约束双方的权利义务。友谊物流每年与联合利华签订一次合同，按照合同法的六要素，对双方的职责、权利、义务作了明确的约定，同时又把双方的合作视为“伙伴关系”，联合利华负责物流的有关人员与友谊物流联合在现场办公，处理日常事务，并及时掌握上海总库与全国十二个城市的中转库的信息，协调好整个物流的各个环节，确保货畅其流，提高服务质量。

联合利华每年通过数次境内外对物流流程、合同管理、执行监控等的审计，来判断运作质量的优劣，并通过不断的选择，优胜劣汰，吐故纳新，促进物流运作的合理化、规范化。

3. 服务内容

第三方物流的特征是为客户提供个性化的物流服务，它与公共物流不同，友谊物流的做法如下。

(1) 改变作业时间

由于联合利华采用 JIT 即时制生产方式，要求实现“零库存”管理，如生产力士香皂的各种香精、化工原料需从市内外及世界各地采购而来，运到仓库储存起来，然后根据每天各班次的生产安排所需的原料配送到车间，不能提前也不能推迟，提前将造成车间里原料积压，影响生产，推迟将使车间流水线因原料短缺而停产。因此，友谊物流改革了传统储运的白天上班夜间双休日休息的惯例，实施 24 小时作业制和双休日轮休制，法定的节假日与物流需求方实施同步休息的方法来满足市场和客户对物流服务的需求，保证了全天候物流服务。

(2) 更改作业方式

友谊物流根据不同商品、流向、需求对象，实行不同的作业方才在商品入库这一环节上，除了做好验收货物有无损坏、数量、品名、规格是否正确等之外，针对联合利华公司内部无仓库的特点，友谊物流采取了两条措施来确保其商品的迅速及时地入库。

①实行托盘厂库对流，产品从流水线下来后，直接放在托盘上，通过卡车运输进入仓库；

②对从流水线上下来的香皂，因为现在工艺上没有冷却到常温这一环节，工厂又无周转库，每班生产出来的产品必须立即运到仓库，这样进仓的香皂箱内温度在50℃～60℃，为保证这样高温高湿的商品不发生质量问题，香皂到库后立即进行翻板，摆置成蜂窝状以利散热散潮。商品出库是仓库保管与运输配送两个业务部门之间在现场交接商品的作业，交接优劣直接影响商品送达到商店（中转仓）的时效性及正确性，在出货过程中为了提高车辆的满载率，将几十种品种及相邻近地区需要的产品首先进行组配成套装车，送往市内，华东地区采用卡车以商店为单位组合装车；发往中转仓的商品，采用集装箱运输，每箱的装运清单由仓库复核签字后一联贴在集箱门的内侧，使开箱后对该箱所装货物一目了然。

(3) 仓库重新布局

在商品布局上，友谊物流将联合利华的储备库、配销库分离。储备库包括各种原料、半成品、广告促销品、包装材料、退货品及外销品等。配销库按商品大类进行分区分类管理。为了满足市内重点客户的需求，友谊物流还专门成立了KA专仓（关键客户仓库），专门供应本市十大超市和大批发商，以优先满足他们的订货需求。

（4）商品在库管理

友谊物流对联合利华的所有在库商品实施批号、项目号管理，各种商品根据批号进出仓，凡同种商品不同批号不得混淆，并用计算机管理，来确保商品的先进先出，保持商品的较长保质期，最大限度地保护消费者的利益。此外，按照要求定期进行仓间消毒，每月进行仓间微生物、细菌测试，确保库存商品质量安全。

（5）流通加工

根据市场需要和购销企业的要求，对储存保管的一些商品进行再加工包装，满足市场需要，提高商品附加值。为此友谊物流专门辟出了1000余平方米加工场地为联合利华进行诸如贴标签、热塑封包装、促销赠品搭配等。值班的流水加工作业在物流企业内进行，能把需加工的商品最大限度地集中起来，统一地做加工处理，以达到从运输包装改为销售包装、礼品包装或促销包装的要求，从而使商品出库能在超市、各商店直接上柜，可让供应商、制造商、商店、超市各门店节省相当可观的人力和时间成本。

（6）信息服务

友谊物流除了每天进行记账、销账、制作各类业务报表外，还按单价、品类、颜色、销售包装分门别类作出商品统计，每天的进出货动态录入电脑，及时将库存信息传送给联合利华，使联合利华能够随时了解销售情况及库存动态。

（7）退货整理

退货与坏货作业是物流企业对客户的后续服务，借鉴国外先进经验，这两年来友谊物流专门设立了退货整理专仓，将联合利华全国各地的退货全部集中起来，组织人员进行整理、分类，对选拣出来无质量问题的商品重新打包成箱，将坏货选拣出来，以便集中处理。设立退货整理专仓，解除了顾客对能否退货的后顾之忧，改善供求关系，同时也提高了供应商成品的完好率。

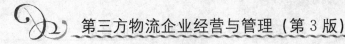

为客户提供个性化服务，是因为物流需求方的业务流程各不一样，而物流、信息流是随价值流流动的，因而要求第三方物流服务应按照客户的业务流程来定制，这也表明了物流服务理论从“产品推销”发展到了“市场营销”阶段。一项独特的物流服务能给客户带来高效、可靠的物流支持，而且使客户在市场中具有特别的、不可模仿的竞争优势，这也是友谊物流能够成功的最主要的原因。

讨论：上海友谊集团物流有限公司是如何为联合利华提供个性化的物流服务？

第三篇

第三方物流企业服务管理

第八章　第三方物流企业运输管理

第一节　概述

一、第三方物流企业运输概念

国家标准《物流术语》（GB/T 18354—2006）中对运输作如下定义：用运输设备将物品从一地点运送至另一地点，包括集货、分配、中转、装卸、分散等一系列的操作。它是通过运用现代化的交通运输工具将货物从供应地送至需求地的一种位置移动的过程，是现代经济发展过程中重要的一环，主要包括生产领域运输和流通领域运输。生产领域的运输是运输在微观方面的体现，主要是在生产制造业内部的运输，属于生产调度方面的内容。流通领域方面的运输是运输在宏观方面的体现，一般是指跨区域的或地区间或区域内部的远距离、大批量、长时间的运输。第三方物流企业运输的实质是企业借助外力来实现货物在空间位置上的转移。所谓的外力是指由运输设施设备、交通工具和人力所组成的，具有从事货物运输活动能力的总称。如图 8-1 所示。

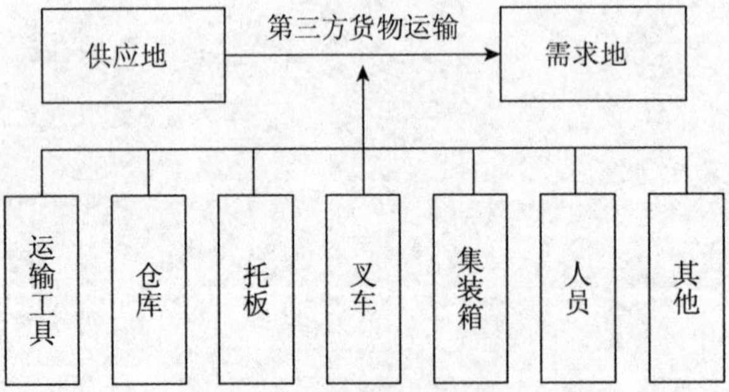

图 8-1　借助现代交通工具的货物运输示意

1. 供应地与需求地

就第三方物流企业而言，供应地与需求地的区别在于货物的流通方向不同，即第三方物流企业对货物接送的区别。供应地是第三方物流企业业务的起点，是其核心业务最原始的部分，第三方物流企业称之为客户。供应地客户作为第三方物流企业的合作伙伴，是第三方物流企业业务的来源，因此供应地客户对于第三方物流企业来说很关键。供应地与需求地是相对的，是第三方物流企业按照客户的要求把货物安全、准时、保证质量的送达目的，大致是第三方物流企业业务的结尾，当然也是第三方物流企业的客户。

2. 车辆

以公路运输为例，主要使用的是载货汽车，俗称卡车，用于运输货物。一般情况下货厢与驾驶室固定在一个车架上，根据运输的要求可制成各种类型。各国对载货汽车的分级方法和标准不尽相同。而我国主要是依据汽车的载重量等级来分类的，其中载重量 3.5 吨以下为轻型，4 吨～8 吨为中型，8 吨以上为重型。依照不同的分法，我国的货运汽车还可以分为牵引车和专用运输车。牵引车专门用来牵引挂车和半挂车等。专用运输车包括自卸汽车、冷藏汽车、液罐汽车、集装箱汽车、散装水泥汽车等。

3. 仓库

根据国家标准《物流术语》（GB/T 18354—2006）对仓库的分类可以将仓库分为自营仓库、公共仓库、自动仓库、立体仓库、交割仓库等。所谓自营仓库是指自负盈亏的仓库。公共仓库是指面向社会的，收取相应费用的仓库。自动仓库是指利用计算机仓库管理、自动化控制等技术来实现货物的自动存取的仓库。立体仓库是指应用机械设备对高层立体货架进行货物存取的仓库。交割仓库是指为受电子交易中心核准、委托、检验、保管，交易商进行交易的大宗商品提供担保，为电子交易提供相关物流服务的第三方业务部门。

随着物流仓储业的快速发展，近年来又出现了一些新式仓库，如恒温仓库和保税仓库等。恒温仓库是指根据货物存放要求而保持额定温度的现代化仓库。保税仓库是指由海关批准监管，专门为未办理关税手续货物提供的仓库。

4. 托盘

托盘是一种用于运输、搬运、堆放和集装等用途，作为货物的单元负载和置物水平平台的装置。根据托盘使用材料的不同，可以将其分为金属托盘、塑料托盘、木托盘、复合材料托盘、锯木托盘、超薄托盘以及纸托盘等。我国托盘协会的调查显示，目前我国所使用的托盘主要为木质托盘，其次是塑料托盘。由于木质托盘需要消耗大量的杉木、松木等珍贵的林业资源，随着技术的进步，以及塑料托盘有耐用、不易腐蚀、易冲洗、质量轻等的优点，我国每年塑料托盘都以10%左右的速率增长，塑料托盘的发展前景良好。

目前世界上托盘种类特别多，由于托盘规格标准不尽相同，形成了鲜明的区域特征。具体可分为四个大区：欧洲区托盘、亚洲区托盘、美洲区托盘和澳洲区地区。欧洲托盘的标准主要以 1200 毫米×800 毫米为主，亚洲联运通用平托盘的标准尺寸有 1100 毫米×1100 毫米和1200 毫米×1000 毫米两种，美洲托盘主要以 1219 毫米×1016 毫米为主，澳洲托盘主要以 1140 毫米×1140 毫米、1067 毫米×1067 毫米两种为主。

为了方便世界贸易运输的发展，国际标准化组织（ISO）将以上 6 种托盘规格定位为国际标准规格的托盘，分别为：1200 毫米×800 毫米、1100 毫米×1100 毫米、1200 毫米×1000 毫米、1219 毫米×1016 毫米、1140 毫米×1140 毫米、1067 毫米×1067 毫米。目前我国采用的托盘标准规格主要为1100毫米×1100毫米和1200毫米×1000毫米。

5. 叉车

国家标准《物流术语》（GB/T 18354—2006）中定义叉车是指有多种叉具，并能对物品进行升降、移动以及装卸操作的搬运车辆。叉车被国际标准化工业车辆技术委员会（ISO/TC110）等组织称为工业车辆。它被广泛应用于港口码头、机场车站、货物集散中心等地。大多数叉车为轮式结构，能够对货物便利地进行人力无法完成的堆码、搬运、装卸等作业。通常，叉车车型可分为三大类：内燃叉车、仓储叉车以及电动叉车。内燃叉车是以柴油为动力，而电动叉车主要是以蓄电池为动力。仓储叉车的类型比较广泛，但其主要功能是仓储。

6. 集装箱

国家标准《物流术语》（GB/T 18354—2006）中认为集装箱是一种运输设备，区别于车辆和一般包装。大致应满足以下几点要求：具有可长期反复使用的强度和刚度；途中转运不需换装换箱并适于多种运输方式；箱体上要具有快速装卸和搬运的装置；方便货物装满和卸空；容积不小于1立方米。

7. 人员

主要是指第三方物流企业在运输过程中所涉及的工作人员。如仓管人员、叉车司机、集装箱调度员，以及货运司机等。

二、第三方物流企业运输流程

英国学者佩帕德和罗兰认为企业的业务是由多个部门或子单位进行活动步骤的集合，把业务流程分为三类，即战略流程、经营流程和保障流程。经营流程是第三方物流企业业务的核心流程，为便于讨论，在此把经营流程简单看作为业务流程。

第三方物流的运输流程大致可以分为以下几个方面。

（1）接收订单，运输主管部门从客户处接收（传真）发送订单，接收出库提货单证，并核对单证。

（2）车辆调度，运输调度部门根据客户订单的要求，依照送货地点，货物的重量、体积以及时间等要求统筹安排车辆，编制车辆调度计划，然后将此计划分别传送给车队和客户，确认司机签单以及司机到客户处提货的具体时间。

（3）提货发车，检查车辆情况，按时到客户仓库提货，办理提货手续，装车完毕后，根据不同的客户打印出相应的送货单，并电话或传真通知收货客户预达时间。

（4）在途追踪，建立收货客户档案，司机及时反馈货物的在途信息，与收货客户及时联系送货情况，并填写跟踪记录，有异常情况及时与客户联系，公司和客户就可通过网络或通用分组无线服务（GPRS）来查询货物的在途信息。

（5）到达签单，以电话或传真的形式确认送达时间，并将回单用传真发回公司，签收运输单。要确认到达的卸货地点和交接客户的准确性，保证运输产品的质量、数量与客户出库单一致。

（6）运输结算，整理好运输收据或收费票据，可以按周、月或季度为单位统一送给客户，由结算中心开具发票，向客户收取运输费用。

第三方物流企业运输流程如图 8－2 所示。

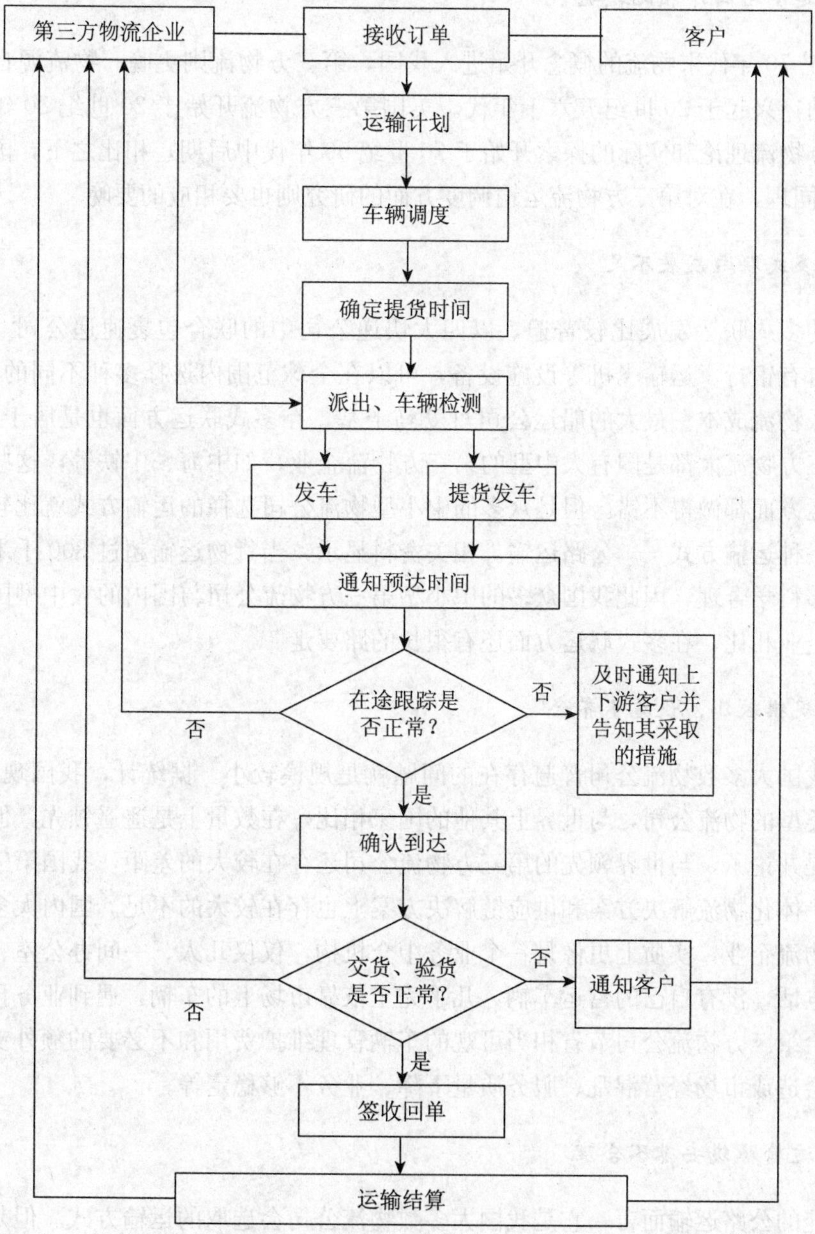

图 8－2 第三方物流企业运输流程

三、第三方物流企业运输存在的问题

目前，我国第三方物流企业运输存在的问题主要表现在以下几个方面。

（一）起步与国外相比较晚

20 世纪 70 年代末物流的概念开始进入我国，第三方物流则更晚。物流源自第二次世界大战后勤，兴起于 20 世纪五六十年代。美国第三方物流开始于 20 世纪 80 年代，而我国对第三方物流理论和实际的探索开始于 20 世纪 90 年代中后期，相比之下，国内至少要晚 10 年。同理，在对第三方物流运输调度方面的研究则也要相应的要晚。

（二）多式联运发展不足

国外的多式联运发展比较普遍，以四大快递公司中的联合包裹速递公司（UPS）为例，公司自有银行、运输飞机等设施设备，可以在全球范围内选择多种不同的运输方式，以此来降低物流成本。最大的船运公司丹麦马士基，在多式联运方面也是居于领先地位。我国的第三方物流大都是国有大中型的第三方物流企业，如中海、中铁等，这些物流企业在多式联运方面都做得不错。但是众多的中小型物流公司选择的运输方式就比较单一，一般只采用一种运输方式——公路运输。相关资料显示，当货物运输超过 800 千米时采用公路运输就够科学合理，因此我国众多的中小型第三方物流公司与国内的大中型国有以及国外的物流企业相比，在多式联运方面还有很长的路要走。

（三）规模较小，设施不齐全

目前我国大多数物流公司普遍存在的问题就是规模较小。据统计，我国现在有 50 多万家不同类型的物流公司，与世界上其他的国家相比，在数量上是遥遥领先，但是规模上就不可相提并论了，与世界领先的第三方物流公司还存在较大的差距，我国第三方物流企业在提供一体化物流解决方案和供应链解决方案上也存在较大的不足。国内大多数中小型的第三方物流企业，实质上更像是一个业务中介机构，仅仅几人、一间办公室、一台打印机、一部电话，没有自己的营运车辆，几乎完全依靠市场上的车辆，遇到业务再沟通，这样虽然能给第三方物流公司节省相当可观的车辆管理维护费用和不必要的额外支出，但是这样必然会造成市场经营混乱、服务质量下降、业务不够稳定等。

（四）运输路线安排不合理

就单纯的公路运输而言，它是我国大多数物流公司会选取的运输方式。但是，我国在公路运输方面还存在着一些问题，如空驾、对流运输、过远运输、重复运输、迂回运输等。总的来说，我国现代物流业还处于初级阶段，据资料显示，我国社会物流总费用与国内生产总值（GDP）的比率是发达国家的 1 倍左右。据测算，该比率每降低 1 个百分点，全国就可以节约 2000 亿元的物流费用。因此合理安排运输路线是我国物流公路亟须解决的问题。

（五）运输信息化普及率低

在我国众多的物流企业中，以中小民营物流企业为主，行业集中度不高，企业规模小。根据调查的部分第三方物流企业，结果表明仅有一小部分物流企业拥有自己的运输信息系统，这就与大部分托运企业都希望自己的物流服务商能提供及时、准确、方便、快捷的物流信息矛盾。

第二节　传统运输企业发展第三方物流

一、传统运输企业与第三方物流的关系

第三方物流企业是运输行业发展到一定时期的产物，是传统运输企业延伸的具体形式。所以，传统运输企业向第三方物流企业转型具有一定的可行性。首先，我国政府十分重视物流企业的发展，尤其是铁路、公路、海运、航运以及管道等运输方式。因此，国家和政府为传统运输向第三方物流转型提供了一定的现实基础。其次，传统运输企业向第三方物流企业转型，在业务功能上具有一定的传承性。第三方物流企业可以通过汲取传统运输企业在管理上的优点，将传统运输业的价值链向两端延伸，发展成为第三方物流企业。最后，传统运输业需要现代物流业来接替，虽然传统运输业具有相应的运输设备和人才，但还需要进行一定的改革和与发展。所以，传统的运输企业应该向第三方物流企业转变。物流企业的目的不仅在于物品的运输，还要建立和完善现代化的物流培训体系，选择合理的物流中心及配送中心，总而言之，传统运输企业向第三方物流企业的转型势在必行。

二、传统运输企业发展第三方物流的竞争力

（一）发展第三方物流塑造传统运输企业自身品牌形象

第三方物流的提供者与顾客之间不是竞争的关系，而是战略合作伙伴的关系。第三方物流企业以顾客的需求为中心，凭借全球性的信息网络使顾客的供应链管理完全透明化，顾客可通过互联网实时了解供应链情况。第三方物流提供者利用完善的物流设施和训练有素的员工，对整个供应链实现很好的控制，减少了物流的复杂性。他们通过遍布全球的运输服务的提供者（分承包方）在很大程度上缩短了交货期，有效地帮助顾客改进其服务，树立自己特有的品牌形象。第三方物流提供者通过“量体裁衣”式的设计，制订出以顾客为导向、低成本、高效率的物流方案，为企业在竞争中创造有利的条件，从而提升企业形象。传统运输企业可以充分利用现有的交通运输枢纽和货物运输的集团优势，从运输环节向其两端不断延伸，与特定的客户和从事物流活动的所有相关企业（包括个体运输户）建立长期的物流合作伙伴关系，从点到面，由小到大，逐步做大做强，以此作为企业发展的

成长点和增长点。

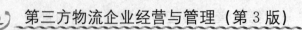

（二）发展第三方物流使传统运输企业集中主业，实现资源优化配置

由于第三方物流的快速发展，逐渐强化了服务意识，打破了传统的地区封锁和行业垄断，使物流企业逐步建立起国际化的物流服务和管理体系。发展第三方物流，可将有限的人力、物力、财力集中在核心业务上，分别进行重点研究。在发展基本技术的同时，努力开发新技术，提高企业的信誉、知名度，以及服务质量，使企业在激烈的市场竞争中立于不败之地。就传统的运输企业而言，现有的国有运输企业或者是国家控股的运输企业在向第三方物流企业转型时，一定不要盲目地投资扩建，而应当从客户的实际需求出发，从第三方物流最初的增长点出发，逐步做大做强。

（三）发展第三方物流能够使传统运输企业改善基础设施

第三方物流要求物流企业管理自身的能力比较高，要求第三方物流企业在多方需求等复杂情况下能够作出快速敏锐的反应，做好各方面的管理与协调。第三方物流的发展需要在物流基础设施的规划与投入等方面加大力度，在最短的时间内形成与之相匹配的综合运输网络、完整的仓储配送设施以及先进的信息网络平台等。当前国际上相对比较成功的大型现代综合物流企业，都拥有铁路、水运、公路、空运和仓储等综合运输体系和网络，还有出色的物流管理人力和信息技术。真正的发展中的第三方物流需要建立适应综合物流发展的信息技术平台，实现物流、资金流和信息流的有机结合。

（四）发展第三方物流可使传统运输企业有效降低成本

专业的第三方物流提供者利用规模优势和成本优势，通过提高各环节能力的利用率来降低费用，使企业从分离费用的结构中获益。其主要特点是：低成本经营，而不进行大的固定资产投入；将全部或部分物流作业委托给他人，重视建立自己的销售队伍和管理网络；实行特许代理制，把合作单位纳入到自己的经营轨道中去；综合物流代理业务的采购、销售、协调管理和组织设计的方法与经验就是公司经营的核心能力，注重业务流程与组织机制的创新，使公司的经营连续产生新的增长点。第三方物流提供者凭借精心策划的物流计划和适时的运送手段，最大限度地减少库存，改善企业的现金流量，实现低成本优势。就现有的运输企业来说，可以根据实际情况适当地增添或保有一些必备的装载设备和特种车辆，其他设施设备尽可能采取外包或外协方式加以利用。

（五）发展第三方物流使传统运输企业的客户关系伙伴化

目前，在一些将物流业务外包的企业中，出现了减少物流供应商数量、延长物流合同期限的趋势。一方面，是由于第三方物流企业的服务能力与服务质量逐渐提高，取得了客户的信任；另一方面，是由于客户认识到只有与物流服务商建立长期的合作，才能够通过从战术配合到战略交互的转变来不断挖掘物流改善的潜力。同样的，物流服务商也通过提供更多的增值服务更深入地参与客户供应链管理，提高了客户变更物流服务商的成本。因此，更多的客户与物流服务商建立长期伙伴关系。在物流市场竞争环境下，传统运输企业在其转型期间，必须将提供个性化的服务作为制胜的法宝。这其中包括物流管理（如物流配送规划、信息系统规划等），为客户提供辅助性的营销服务，不断扩充物流服务的内涵。在汽车、信息通信、家电等行业中，运输企业与物流客户采用合资组建物流公司的方式进行合作，不仅使客户保留了物流设施的部分产权，并在物流作业中保持参与，还加入了第三方物流企业的资本和专业技能，使第三方物流服务商在目标行业的物流服务市场的竞争中处于有利位置。

与其他物流企业（包括第一、二、三方物流企业）进行跨区跨部门跨行业的合作，用合同或者协议的方式确定双方的关系、权利以及义务。例如，与邮政企业、水运企业、铁路企业、仓储企业、港口企业及第三方物流企业合伙打造功能强大、辐射面广的新型第三方物流企业，这种合作方式是多样的，可以是松散型的、紧密型的，二者约定共同出资发起并成立股份有限公司，整合各方资源和优势，以形成核心竞争力，使公路运输企业与物流客户建立长期合作的伙伴关系。

（六）发展第三方物流可使传统运输企业有效规避风险

所谓的第三方物流是指货主和承运人之间的中介组织按照契约规定在指定时间内按照一定的价格和服务要求提供个性化系列物流服务。故计划与第三方物流服务提供者签订合同的公司一般会仔细谨慎地制订出一整套应变计划，预先考虑货物在运输过程中可能出现的差错。如果某家公司雇用第三方物流服务公司来经营物流业务，前者在经营活动过程中完全依赖后者的电脑软件，然而一旦双方之间的合作出现破裂，其结果对于前者来说必然是惨烈的。因此，作为第二方物流的运输企业与物流的上下游节点及相关的第三方物流企业之间，特别是与客户之间，在现代电子信息技术的支持下，通过契约结成同盟，实现信息的充分共享，从而达到相互信任、共担风险。在规避投资风险方面，现有运输企业在向第三方物流转变过程中，其服务功能可通过多家协作经营或股份制经营的方式逐步做到大而全，其风险可由下属的若干分公司共同承担。

三、传统运输企业向第三方物流转型的现状及问题

我国的物流行业还没有形成规模化，没有专业化的运输设备和运输管理人才，大多数的传统物流企业还都属于中小型企业。据相关统计可知，由于我国远洋的大幅度亏损，给第三方物流企业带来巨大的谋利空间，现在第三方物流在净利润中的份额已经接近50%。缓解我国远洋亏损便捷的方法就是加大第三方物流的投入与建设。目前，我国第三方物流企业运输的市场占有率不高，物流的服务也主要是以传统的业务为主，而且第三方物流企业的产业结构比较单一，缺少竞争优势，给第三方物流企业的发展带来了巨大的瓶颈。总结传统运输企业向第三方物流转型的限制，主要存在以下三点问题。

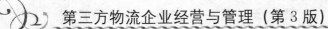

1. 第三方物流企业并没有进入专业化、规模化和现代化的发展阶段

大多数工业原料的运输都是供应商或生产商自主运输，而不是完全外包给物流企业，这使得我国物流产业的市场占有率相对较低，还未形成规模化，也无法合理配置物流资源。物流服务内容仍以传统的运输业务为主，并没有将传统的物流业务进行延伸，发展新型的业务。近年来，随着电子商务蓬勃发展，虽然给物流企业带来了巨大的发展空间，但是物流企业的运输效率并没有得到大幅度的提升，物流服务质量还有待提高。

2. 第三方物流企业的产业结构过于单一制约了物流企业的竞争活力

改革开放以来，我国传统运输企业就不再受国家计划经济的影响了，率先进行了市场经济的发展，为传统物流向第三方物流转型打下了基础。而由于我国第三方物流企业的产业结构过于单一，缺乏多样化的运输服务和物流业务，使得我国物流企业不能够充分运用灵活的多元化投资与多样化经营的先进理念。通常，大型的国有物流企业具有较强的垄断地位，使得中小型物流企业很难与之抗衡，这也降低了中小型物流企业的竞争力。

3. 我国第三方物流企业的现代化设施并不齐全，没有利用先进的信息技术和管理方式

例如，物流企业中的运单大都采用普通的标签，需要人工对其进行扫描。虽然射频识别（RFID）技术已经发展得非常成熟，但鉴于电子标签的成本较高，并没有得到普及。换句话说，RFID技术并没有被第三方物流企业所使用，这就给物流企业运输订单的显示与读取带来了很大的不便，使物流企业的人工成本增加，第三方物流企业的运输效率也大大降低。除此之外，第三方物流企业由于缺乏现代化的设备以及科学的管理方式，导致第三方物流企业仍有传统运输企业的不足之处，并没有发展成为具有现代物流特色的第三方物流企业。

四、传统运输企业向第三方物流转型升级战略

我国物流市场的潜力较大，且国内市场相对较稳定，这都给第三方物流企业的发展创造了良好的经济环境和利润空间。针对传统运输企业向第三方物流企业转型的问题，可以根据以下转型升级战略进行解决。

1. 第三方物流企业在经营管理观念上应做到“与时俱进”

一般情况下，传统运输企业以自我为中心，很大程度上忽略了对客户的尊重。这种忽略“客户至上”的思想是错误的，因此传统运输企业必须深思这一点。作为先进的第三方物流企业，高质量的物流服务水平将决定高质量的经营能力，相反，低质量的物流服务水平也将导致经营能力的下降。所以，传统运输企业应尽量为客户提供比原来更加便捷和优质的产品或服务，实现从自我为中心逐步向以客户为中心的过渡。

2. 第三方物流企业应逐步调整内部的经营规模和结构

首先，在运输企业的经营形式方面，应提升企业的专业化水平，包括提高整车运输、零部件运输、快递运输，也包括对某些特定物品运输的专业化水平。其次，运输企业在做好运输业务的同时，应注重其附加服务的多元化。由于我国物流业发展还处于起步阶段，但多元化的物流服务却不断出现在物流服务类型中。所以，传统的运输企业应做到“看风

使舵”，努力抓住这种机遇，不断学习和提高企业管理能力和技术水平。

3. 第三方物流企业应与客户和对象达成战略性合作关系

伴随着工业的不断发展，社会分工程度逐渐扩大，许多服务也逐渐被分离出来，同时，物流服务的专业化和多样化水平也得到不同程度的提高。面对物流服务市场日趋激烈的竞争，传统的运输企业必须不断调整经营策略，努力融洽到供应链当中去，与周围的企业结成合作伙伴，只有这样，才能吸取优秀经验来为已所用，从而提高自己的水平。目前运输企业的第三方物流服务主要包括两种形式：一种是以产品为定向的服务；另一种是以客户为定向的服务。第一种形式就是把具有相似需求的客户归类，然后对其提供不同类型的服务；第二种形式是对每个客户的实际需求都进行个性化的服务。传统运输业是以第一种形式为主，但为了适应现代物流业发展的需要，运输企业应该向第二种形式发展，达到两者兼备。

4. 第三方物流企业还应当适当地考虑外资

随着全球化的加深，国外先进物流技术不断引入国内，因此运输企业要紧紧抓住这个机遇来发展自己。由于许多中小型运输企业在竞争过程中面临资金缺乏、资金周转困难等问题，这会直接影响其经营绩效，因此可以考虑适当引进外资，当企业发展到一定程度后，可以考虑与外资企业合资经营。

第三节 第三方物流企业运输优化

物流作为第三方利润源，在我国已经被社会广泛接受，物流行业受到越来越多的重视。而运输优化问题、车辆调度问题已经成为物流企业更加关注的问题。运输优化问题实质上就是企业在运输配送货物时，在较短时间内以较小的成本来满足客户企业的要求的情况下，实现自身利益的最大化的问题。运输优化问题可以分为两个方面，一是生产企业内部的物流配送调度优化问题；二是第三方物流企业根据自身的条件和实力对客户企业的货物进行运输调度优化问题。作为第三方物流企业，针对自身的业务如何进行调度优化，达到以较小的成本，较快的速度，较为经济安全的方式来满足客户企业的要求，是众多物流企业都面临的问题。在此仅讨论第三方物流企业的车辆运输调度优化问题。对于中小物流企业来说，规模较小，资金实力不够雄厚，科技水平又不高，人员素质还不太专业的情况下，为了发展壮大，对货运车辆进行调度优化就显得尤为重要。

一、第三方物流企业运输优化的意义

相关调查资料显示，物流成本约占企业经营成本的30%～50%，在我国，物流成本大部分是由运输成本所构成的，而出现高昂的运输成本主要又是因为运输过程中存在不合理因素。第三方物流企业的车辆运输优化，是提高车辆运营效率，实现车辆运输科学合理化的重要方法。运输优化在一定程度上是依赖于运输的合理化，其优化要素如图8-3所示。

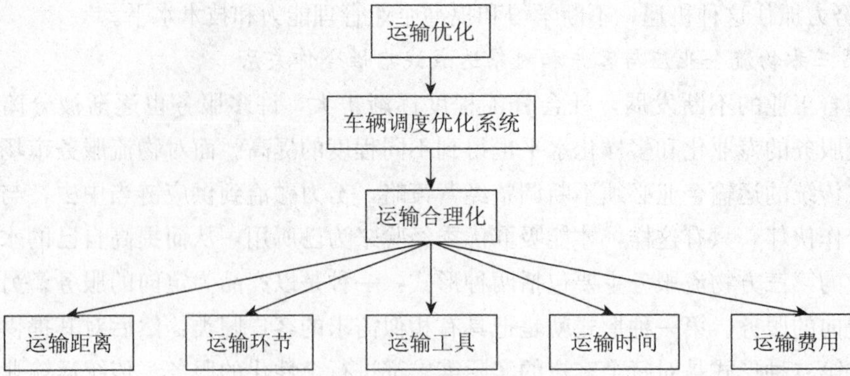

图 8-3　运输优化要素

运输距离，一般广义上是指往返距离之和，狭义上是指物流企业运输途径单程的距离。

运输环节，是指运输过程中的附属活动，如装卸、搬运、包装等环节。

运输工具，是指为完成运输而必备的设施设备，如货车、叉车、托盘等。

运输时间，广义上是指往返车辆花费时间的总和，狭义上是指物流运输过程中送货所花费的时间。

运输费用，狭义上是指物流企业在运输过程中必要的支出费用，如运价费用、车辆通行费用、装卸费用、调查费用，以及货物运输的其他费用。广义的运输费用还包括车辆耗损费用等。

车辆调度优化系统，是指对物流车辆进行运输优化时，运用现代化的科学技术，如全球定位系统（GPS）技术、地理信息系统（GIS）技术、控制技术、射频技术等，对车辆资源、派车路线、运输作业、动态调整计划等进行优化，以达到运输的合理化。

由图 8-3 可知，运输优化由五方面的要素所构成，分别为运输距离、运输环节、运输工具、运输时间和运输费用。同时运输优化也反作用于这五方面，即运输优化也可以优化运输距离、运输环节、运输工具、运输时间和运输费用。

故可知，首先，物流企业的运输优化是整个物流系统的优化问题，而并不仅仅是单单哪一方面的优化问题。某一方面有问题，就可能使物流企业在发展中遇到瓶颈，也就会出现物流运输时间过长，成本增加等问题。

其次，运输的合理化还有利于物流公司减少物流成本，提升企业的竞争力。我国物流企业层出不穷，多达几十万家，在众多的物流企业中，因为部分物流企业对市场不够熟悉，规模小、设施不齐全、专业化程度又不高，而物流信息系统也处于刚起步甚至还没有实现的阶段，势必会造成我国物流企业的附加值较低，而物流成本较高，客户服务质量较低等问题的出现。运输合理化只是物流服务的其中一个环节，但运输却是物流的核心业务，因此解决物流运输合理化问题是物流企业在不断优化道路上的重点问题。

最后，通常情况下要借助先进的算法来对路径进行优化才能解决运输路径优化的问题，在业务量日益增多的情况下，单纯利用人工演算明显不能适合市场发展的要求，因此需要借助现代化的先进的网络科技，运用优秀的优化软件和系统对现实的车辆货物运输路径进行及时的优化，可以降低人力成本，提高工作效率，又能够实现企业的科技化，避免了过去单纯的传统的物流运输模式，促进了企业的跨跃式发展。

二、运输车辆优化问题的构成要素

在第三方物流企业中，运输车辆的优化问题主要包括以下几方面的要素：货物、车辆、仓库或者配送中心、客户、运输网络、约束条件和目标函数等。

（一）货物

货物一般是指由运输部门承运的各种商品、原材料及其他物品的总称，它是物流公司运输的对象。我国道路货物种类繁多，依照不同要求会有不同的分类，目前我国道路货物按照装卸条件、运输条件、托运货物的批量和货物的品种可分为四大类，即按照装卸条件可将道路货物分为散装货物、件装货物和罐装货物；按照运输条件可把道路货物分为普通货物和特种货物；按照托运货物的批量可分为整批和零担货物；按货物的品种分类，道路运输货物可分为 21 类。

（二）车辆

车辆是货运不可缺少的工具。一般货运车辆按照其额定装载量（最大装载重量和最大装载容量）可分为轻型、中型和重型货运汽车。按照其类型可分为普通车辆和特殊车辆。货物运输中大部分车辆是普通车辆，对于易腐易烂、有毒气体和液体，以及对温度有特殊要求的冷冻等货物的运输车辆就是专用型的特殊车辆。

（三）配送中心

配送中心是物流活动的枢纽，在配送中心可以对货物进行搬运、仓储、集货、分拣、包装、配送等多种物流活动。与仓库、车站和港口的功能相类似。配送中心与物流园区在某种程度上是相似的，但比物流园区的范围要小一点。在同一个城市可以有多个配送中心，如汽车货运站、货运火车站、批发中心、码头等。

（四）客户

相对于物流企业而言，这里的客户是指其他公司、区域批发中心、连锁超市、零售商店等。它是物流运输系统中不可或缺的环节，是物流运输系统的起讫点。

（五）运输网络

运输网络由顶点、边和弧所构成的。在实际的运输网络中，顶点是指区域配送中心，它包括区域批发中心、配送中心、连锁超市、零售商店、车站、码头以及客户等。边、弧分别是指配送中心与客户以及客户与客户之间的运输路线。若边和弧当中包括方向、权值和交通流量等内容的限制，那么，此时的边和弧就成了有权值的边和弧。而在实际的运输网络中，一般都存在有向边或有向弧，可依据实际情况而定。在运输网络中，边或弧的权值可以用来表示距离、时间或费用等。对于运输网络中的顶点、边或弧的交通量可以分为无流量限制和有流量限制两种。

（六）约束条件

在对物流企业进行运输优化时应满足的约束条件包括以下几点，首先是应该满足客户对货物的规格、数量以及安全等方面的要求。其次要满足客户在时间方面的要求，保证准时或及时送达客户要求的目的地。再次要保证运输货物的总量不超过运输车辆的最大装载量，而且要在配送中心现有运力允许的范围内。最后要求把运输成本控制在最小的范围内、达到利润的最大化。

（七）目标函数

对于运输车辆优化的目标，可以是一个目标，也可以是多个目标。如：运输车辆行程最短；运输车辆的载重总量最少；综合费用最低；准时性最高；运力利用最合理和劳动消耗最低等。其中，以运输里程和综合费用最低为目标最为常用。

三、第三方物流企业运输车辆优化问题的分类

在实际运输中一般都是组合运输优化问题，运输车辆的优化问题大体上可以划分为单配送中心车辆路径问题和多配送中心的车辆路径问题。如图8-4、图8-5所示。

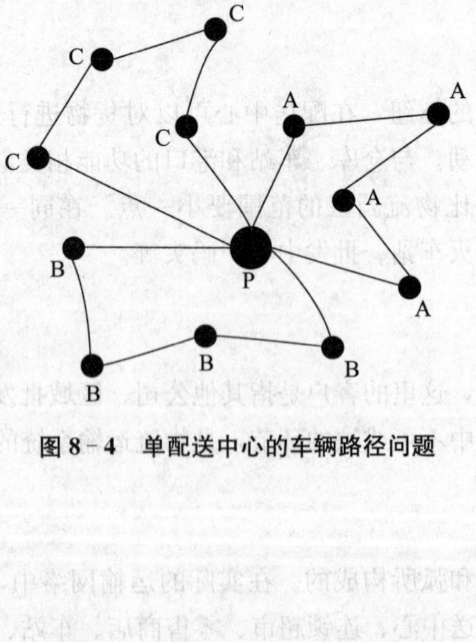

图8-4　单配送中心的车辆路径问题

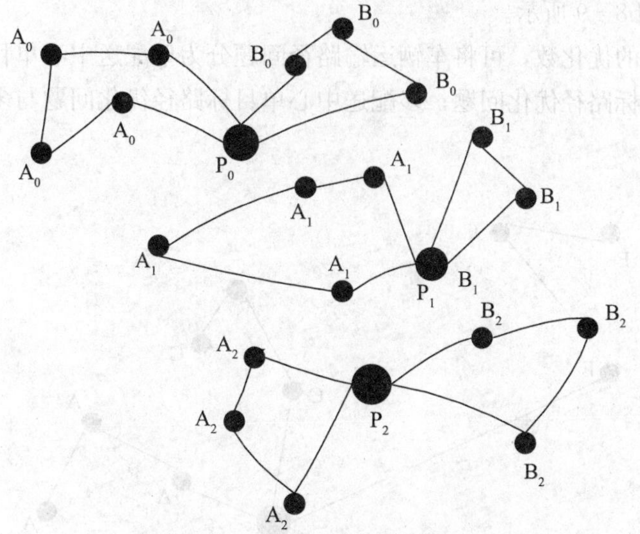

图 8-5 多配送中心的车辆路径问题

在其基础上，运输车辆优化问题按照其构成的要素还可以划分以下几类。

(1) 按照运输网络的属性信息的不确定性，可以将运输车辆的路径问题分为单配送中心的车辆运输静态问题（客户、车辆和运输网络的属性全部且已固定）及单配送中心的车辆运输动态问题（客户、车辆或者运输网络的属性中，有的信息未知或发生变化）；多配送中心的车辆运输静态问题及多配送中心的车辆运输动态问题。

(2) 按照车辆的装载类型，可以将车辆运输路径问题分为单配送中心的单车型的运输路径问题及单配送中心多车型的运输车辆路径问题；多配送中心的单车型运输路径问题及多配送中心的多车型运输车辆路径问题。

(3) 按照车辆装载是否满载及是否混装，可将车辆运输路径问题分为单配送中心的满载运输路径优化问题、单配送中心的非满载车辆运输路径优化问题，以及单配送中心的车辆混合运载的路径优化问题；多配送中心的满载运输车辆路径优化问题、多配送中心的非满载车辆运输路径优化问题，以及多配送中心的车辆混合运载的路径优化问题。

(4) 按照纯送、纯取或取送混合，可以将车辆运输路径问题分为单配送中心的车辆纯送路径优化问题、单配送中心的车辆纯取路径优化问题，以及单配送中心的送取混合车辆路径优化问题；多配送中心的车辆纯送路径优化问题、多配送中心的车辆纯取路径优化问题，以及多配送中心的送取混合车辆路径优化问题。

(5) 按照有无时间约束，可以将车辆运输路径问题分为单配送中心无时间窗约束运输问题与单配送中心有时间窗约束的运输问题；以及多配送中心无时间窗约束运输问题与多配送中心有时间窗约束的运输问题。

(6) 按照车场对车辆的所属关系，可将车辆运输路径问题分为单配送中心车辆开放问题与单配送中心车辆封闭问题，以及多配送中心车辆开放问题和多配送中心车辆封闭问题。如图8-6～图8-9所示。

(7) 按照目标的优化数，可将车辆运输路径问题分为单配送中心单目标路径优化问题与单配送中心多目标路径优化问题；多配送中心单目标路径优化问题与多配送中心多目标路径优化问题。

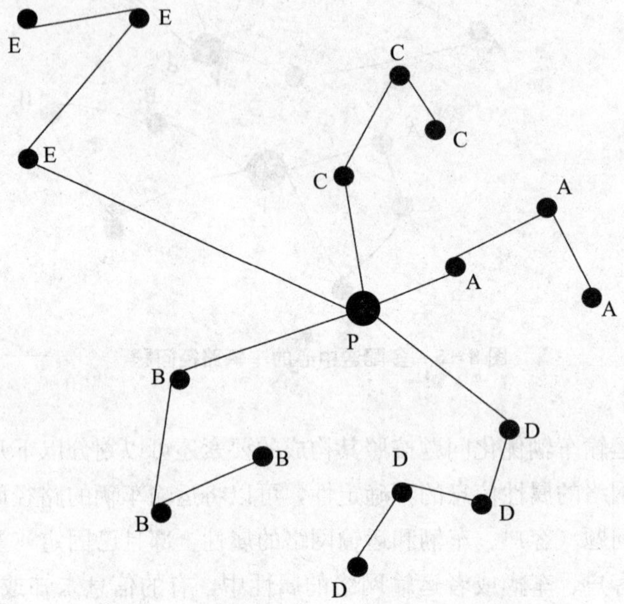

图8-6　单配送中心开放式的车辆路径问题

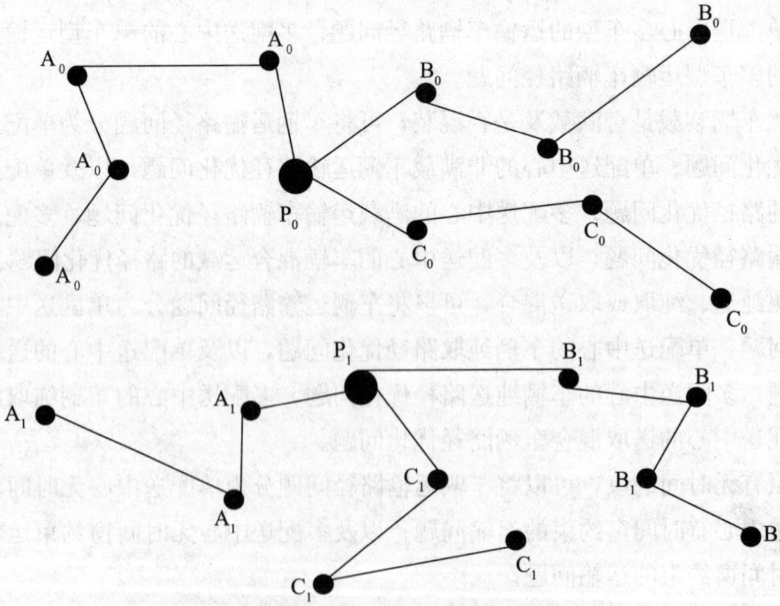

图8-7　多配送中心开放式的车辆路径问题

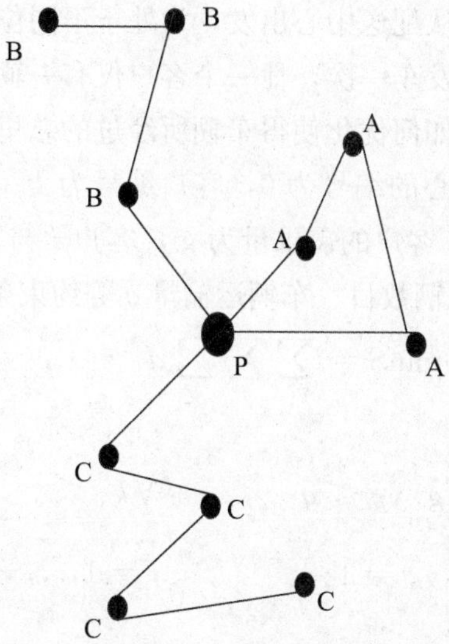

图 8-8　单配送中心半开放式的车辆路径问题

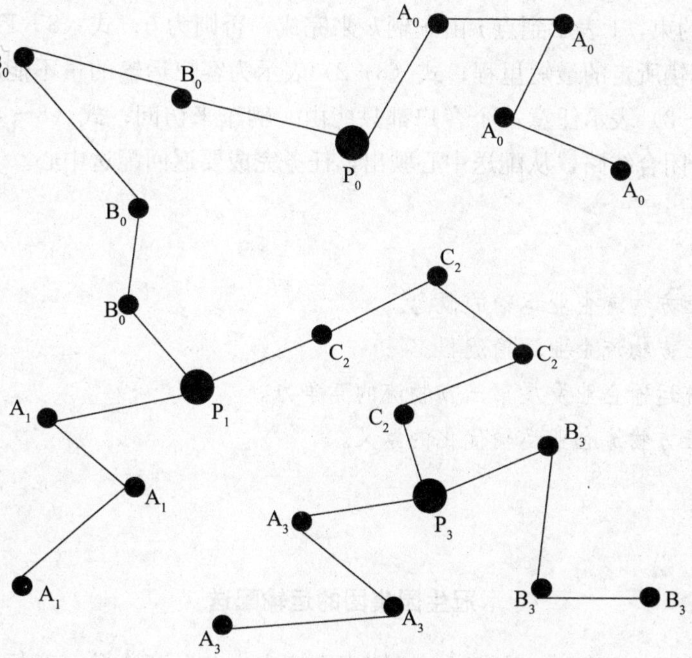

图 8-9　多配送中心半开放式的车辆路径问题

四、第三方物流企业车辆运输问题优化模型

第三方物流车辆运输优化问题，可以归结到一般的车辆路径问题上，具体可以描述

为：若干辆载重量相同的车辆从配送中心出发，为处于不同位置的客户配送货物，然后返回配送中心，要求一辆车只能发车一次，任一个客户仅有一辆车来访，并且运输货物的车辆不超过其载重量的情况下，如何优化使得车辆所经过的总里程最少。

假设一物流企业的配送中心的编号为 0，客户编号为 1（=1，2，…，n），配送车辆编号为 k（k=1，2，…，m），客户的需求量为 gi，客户 i 与客户 j 之间的最短距离为 d_{ij}（i，$j \in k$），若考虑配送中心车辆数目、车辆运输量 q 等约束条件，基本模型可定义如下：

$$\min S = \sum_i \sum_j \sum_k d_{ij} \cdot x_{ijk} \tag{8-1}$$

s. t.

$$\sum_i g_i y_{ki} \leqslant q \qquad \forall k \tag{8-2}$$

$$\sum_k y_{ki} = 1 \qquad i = 1,\ldots,l \tag{8-3}$$

$$\sum_i x_{ijk} = y_{ki} \qquad i = 0,1,\ldots,l;\forall k \tag{8-4}$$

$$\sum_j x_{ijk} = y_{kj} \qquad j = 0,1,\ldots,l;\forall k \tag{8-5}$$

其中 $x_{ijk}=\{1,0\}$ 取整数约束，1 表示点 i 到点 j 由车辆 k 来完成，否则为 0。$y_{kj}=\{1,0\}$ 取整数约束，1 表示到点 i 由车辆 k 来完成，否则为 0；式（8-1）表示为配送完客户的货物，车辆所走的最短里程；式（8-2）表示为客户运输的量不能超过车辆的额定载重量；式（8-3）表示任意一个客户都只能由一辆车来访问；式（8-4）和式（8-5）表示车辆是一个闭合线路，从配送中心驶出，任务完成要返回配送中心。

课后思考

1. 简述第三方物流企业运输的概念。
2. 简述第三方物流企业运输流程。
3. 分析传统运输企业发展第三方物流的竞争力。
4. 分析第三方物流企业运输优化的意义。

案例分析

冠生园集团的运输配送

冠生园集团是国内唯一一家拥有“冠生园”“大白兔”两个驰名商标的老字号食品集团。近几年，集团生产的大白兔奶糖、蜂制品系列、酒、冷冻微波食品、面制品等新产品市场需求逐步增加，集团生产的食品总计达到了 2000 多个品种，其中糖果销售近 4 亿元。市场需求增大了，但运输配送却跟不上。集团拥有的货运车辆近 100 辆，要承担上海市 3000 多家大小超市和门店的配送，以及现有北京、太原、深圳等地的运输配送。由于长期计划经济体制造成运输配送效率低下，出现淡季运力空放，旺季忙不过来的现象，加上车辆的维修更新，每年维持车队运行的成本费用要上百万元。为此集团专门召开会议，研究如何改革运输体制，降低企业成本。

冠生园集团作为在上海市拥有3000多家网点并经营市外运输的大型生产企业，物流管理是十分重要的一项工作。他们通过使用第三方物流，克服了自己搞运输配送带来的弊端，加快了产品流通速度，增强了企业的效益，使冠生园集团产品更多更快地进入了千家万户。

2002年年初，冠生园集团下属合资企业达能饼干公司（以下简称“达能公司”）率先做出探索，将公司产品配送运输全部交给第三方物流。物流外包下来，不仅配送准时准点，而且费用要比自己搞节省许多。达能公司把节约下来的资金投入到开发新品与改进包装上，使企业又上了一个新台阶。为此，集团销售部门专门组织各企业到达能公司去学习，决定在集团系统推广他们的做法。经过选择比较，集团委托上海虹鑫物流有限公司（以下简称“虹鑫物流”）作为第三方物流机构。

虹鑫物流与冠生园集团签约后，通过集约化配送，极大地提高了效率。每天一早，他们在电脑上输入冠生园相关的配送数据，制订出货最佳搭配装车作业图，安排准时、合理的车流路线，绝不让车辆走回头路。货物不管多少，就是二三箱也送。此外按照签约要求，遇到货物损坏，按规定赔偿。一次，整整一车糖果在运往河北途中翻入河中，司机掏出5万元，将掉入河中损耗的糖果全部“买下”做赔。

据统计，冠生园集团自2002年8月起委托第三方物流以来，产品的流通速度加快，原来铁路运输发往北京的货途中需7天，现在虹鑫物流运输只需2～3天，而且实行的是门对门的配送服务。由于第三方物流配送及时周到、保质保量，使商品的流通速度加快，使集团的销售额有了较大增长。此外，更重要的是能使企业的领导从非生产性的后道工序，即包装、运输中解脱出来，集中精力抓好生产这个产业，更好地开发新品、提高质量、改进包装。

第三方物流机构能为企业节约物流成本，提高物流效率，这已被越来越多的企业所认识。据悉，美国波士顿东北大学供应链管理系统调查，2002年“财富500强”中的企业有六成半都使用了第三方物流服务。在欧洲，很多仓储和运输业务也都是由第三方物流来完成。

作为老字号企业的冠生园集团，产品规格品种多、市场辐射面大，靠自己配送运输成本高、浪费大，为此，他们实行物流外包战略。签约虹鑫公司，搞门对门物流配送。结果5个月就节约了40万元的费用，产品流通速度加快，销售额和利润有了较大增长。

按照供应链的理论来说，当今企业之间的竞争实际上是供应链之间的竞争，企业之间的产品、规则，谁的成本低、流通速度快，谁就能更快赢得市场，因此，物流外包充分利用外部资源，也是当今增强企业核心竞争力的一个有效的举措。

讨论：冠生园集团如何利用第三方物流进行运输配送？使用第三方物流给冠生园集团带来哪些收益？

第九章　第三方物流企业仓储管理

第一节　概述

一、第三方物流仓储管理的定义

第三方物流提供者是一个为外部客户管理、控制和提供物流服务活动的公司，它是独立于第一方和第二方之外的第三方，通过提供一整套物流活动来服务于产品供应链。仓储服务是第三方物流企业和产品的一个重要的服务，构成第三方物流收益来源的一个重要组成部分。第三方物流的仓储管理是为制造企业或商贸企业提供优质的全方位管理服务，将单项的简单的存储活动转变为优质的全面的仓储物流服务，其中包括仓库作业活动的组织、协调、管理、控制，以及最优物流方案的设计等。

二、第三方物流企业仓储管理模式分析

第三方物流企业的仓储管理服务是为需要仓储管理的企业提供全面的优质的管理服务。从已预备好的货品进入第三方物流企业初期，便启动项目管理的方式进行筹备、设计规划、实施和不断优化提升，从而跨入专业化服务的领域。

（一）第三方物流企业仓储管理的内容

第三方物流企业仓储管理的内容包括仓储系统的布局设计和仓储作业操作。

（1）仓储系统的布局设计是高级领导的部分，亦是整体供应链的核心。就是通过枢纽的布局设计将纷繁杂乱的物流体系转变成为“干线运输＋区域配送”的模式。枢纽可以定义为区域的配送中心；仓储设计还包括专业的选址规划、区域功能设计和设施设备的设计。其功能范围覆盖整个物流供应链、物流建筑和物流设施设备选取等多个领域，足以证明其核心地位。

（2）仓储作业操作是仓储管理中最基本的部分，包括进仓、出仓、盘点和账务处理等传统作业流程。基于传统的仓储作业流程，第三方物流的仓储管理在发展和演变的过程中都自行开发或外购仓储管理系统（Warehouse Management System，WMS）进行主导管理。同时，为库存控制和信息集成化提供了帮助。下面让我们回顾下仓储作业的基本流程。

进仓作业流程主要是：接单审单—检查车辆—卸货—验收货品—系统指导上架—贴标签/扫描—单据处理—入账确认。

出库作业流程主要是：接单审单—系统分配—分拣备货—发货—复核—交接—单据处理—销账确认。

盘点作业流程主要是：制订盘点计划—盘点实物—实物与标签核对—盘点表与系统账务进行复核—计算库存准确率。

账务处理的主要目的是对每一次进出库货物的数量、现有质量进行实时、准确的记录，并将这些记录进行及时的分类和汇总。仓储管理还涉及相关的安全管理、养护管理和仓库建筑设施的维护管理、仓库区域标识管理和异常情况管理。整个第三方物流仓储的过程是基于自身的管理要求，充分考虑到委托方的要求而进行的统筹管理。

（二）第三方物流企业仓储管理的衡量指标

第三方物流企业仓储管理的主要指标有库存准确率（数量/状态）、盘点按时完成率、进出仓操作、报表制作情况和单证、输单/记账等。库存准确率是全体指标中最基本的也是最重要的指标。另外，衡量第三物流企业仓储管理的指标还包括装卸速度、备货与分拣效率和准确率等。

（三）第三方物流企业仓储管理的组织结构

第三方物流企业仓储管理作业包括装卸搬运、库存与补充、包装、流通加工和信息处理等，基于一个客户的仓储管理过程的设计并不复杂，但是综合多家客户的要求而进行的仓储作业流程的设计，相对来说就比较复杂。因此作业流程将改变原有企业组织机构中的许多理念，影响物流企业仓储管理部门的设置和职能的划分。针对新流程的技术要求也需要在这一环节中进行考虑，尤其是新的技术要求同以往的技术有很大的出入时，更要进行充分的考虑。要努力克服传统体制带来的一系列问题，应该建立以信息系统为架构的新技术平台，着眼于整个企业而非单单局限于企业内某个业务流程的组建。由于我国现代物流发展起步较晚，在企业物流组织创新相对落后，很多企业依然采取原有的传统的仓储管理方式，不仅使得企业运营成本变高，而且使得企业反应灵敏度变差，物流效益低下，严重削弱了企业市场竞争能力，因此物流组织创新已成为大势所趋。

三、第三方物流企业仓储管理的发展

第三方物流产业可以使得企业物流活动高效开展，并使其更加规范化，从而可以使得整个社会的物流活动更加高效化、规范化。同样的仓储管理高效、有序地运行会极大地促进物流事业的发展，尤其是现在已处于信息高速运转和传播的时代，各种各样的先进技术以及管理所需的高素质人才都会被用于仓储管理的整个过程中，可见第三方物流仓储管理工作必将会如火如荼地开展。

（一）核心竞争力决定下一步格局的变化

第三方物流企业仓储管理格局根据市场和自身定位已初步形成，表现为：以医药、汽车和电子零配件为需求的高端服务（例如 UPS/ DHL/ FedXe），以日化、食品、化工、家电和服装为需求的中端服务（例如宝供物流、中外运、招商物流和新科安达）和以初级产品为需求的低端服务。这种刚刚形成的仓储管理格局，标志着仓储管理在专业化及第三方物流企业的要求下其投入产出模式和客户群的形成。核心竞争力将是第三方物流企业成功发展并不断提升的动力所在。那么如何才能寻找出第三方仓储管理所需的核心竞争力呢？那么就要从仓储管理的对象即企业客户入手，思考如何才能满足并进一步提高客户的需求以及如何能实现跨越临界高端服务模式，这些将是第三方物流企业仓储管理核心竞争力的来源所在。

（二）信息技术与第三方物流企业仓储管理的深度结合

第三方物流可以通过为企业设计符合自身的物流方案，达到降低企业物流成本，提高企业竞争力的目的。WMS 作为由一系列计划模块有机组合并产生相应预期结果的系统，它是集员工、流程和环境于一体的系统集合体。WMS 已在国外实现成功的应用，无论是其功能性还是专业化程度都应用自如。然而在国内，WMS 也实现了其应有的应用，但应用的程度也只是初级的程度。WMS 作为仓储管理的有效工具，可以为第三方物流企业的工作开展提供有效地帮助，从而为供应链整个系统的完善做好铺垫。例如将自动存货、补给系统、RFID、产出相关报表和库存控制指标等运用于 WSM 中，从而为仓库的日常管理和运转提供支持。虽然前述的信息技术有如此多的功效，但是要想长远的发展依然离不开先进的理念。

（三）贴身个性化行业化服务意识

第三方物流企业最为关注的焦点行业是物流外包潜能最大的行业，如食品饮料、服装、化工、IT、电信和汽车行业。但是现阶段物流企业得以健康长久的生存和发展，依然要归功于速度比较低的传统行业。调查表明，物流行业中比较大型的企业非常重视传统行业的物流需求，因为只有了解了行业相关的物流需求，才能使自己在竞争激烈的行业中立于不败之地。第三方物流企业仓储管理要站在客户企业的角度，提供有利于物流合理化的综合物流服务，基于客户的角度就要求第三方物流企业充分了解客户的需求及其相关物流活动的整个流程，具有物流系统开发和创新的能力。清晰地识别客户需求后，结合行业归纳行业需求，并结合自身运作特点，为客户提供具有特色并符合自身需求的提升服务，从而将第三方物流企业从被动接受转为主动参与。

（四）人才战略推动现代物流业发展

第三方物流企业仓储管理是与整个物流业的成熟发展联系在一起，必须具有提供从物流计划、系统设计、物流管理到实施一整套物流服务的能力。要想实现上述的功能，当然离不开整个物流活动的主体，即高素质的人才。从物流的理论层次方面来说，第三方物流企业仓储管理所需要的高素质的人才分为三个层次：一是战略型物流人才；二是管理型物流人才；三是技能型物流人才。虽然企业需要以上三个层次方面的人才，但是企业对同时具备以上三个层次的高素质人才的需求更加强烈。这也意味着，企业更需要具备“专业素养+实践经验”的人才。这样人才的形成可以通过先实现专业素养的形成，后在实践中形成经验，也可以先在实践工作中积累相关经验，而后通过相关专业培养对专业技能进行提升。

第二节 第三方物流企业仓储创新服务

现代物流服务是一个对于资金流和物流同步化水平要求较高的产业，本书主要从金融服务创新的角度，来阐述第三方物流仓储服务创新的方法和模式问题，虽然第三方物流服务得到较快发展并取得相应的规模，但是相对于外在规模，第三方物流实际收益还远远未达到相应的要求，这主要表现在其服务内容和盈利模式比较单一，运输、仓储等基础性服务占据了其收益结构的重大组成部分。纵观第三方物流仓储管理的整个发展过程及其后的发展前景来看，开展物流金融服务、扩宽服务领域和提高服务质量，这些物流服务的收益将极大增加物流企业的实际收益，并有效解决企业的资金需求，这就促使第三方物流的仓储服务业从传统的货物运输和仓储保管，向动产质押、价值评估和货物权益拍卖等方式拓展。

一、第三方物流仓储创新服务内涵和运作模式分析

第三方物流企业开展仓储创新服务是指通过与金融机构合作，经融资机构审核授权后，贷款企业以动产（原材料、产成品等）作为质押物交付第三方物流企业自有仓库或金融机构指定仓库。第三方物流企业通过这种操作活动，通过为企业的仓储活动提供帮助，进入企业质押融资业务领域中，可以充分地发挥自己在运输、仓储、配送、监管，以及信息化管理等方面的专业化优势，这样就可以实现有效的增值服务，从而资金需求企业就可以方便地从融资机构获取资金，这样第三方物流企业的经营范围将会变大，拓展了整个物流活动链，同时也实现了自身价值的创造。

第三方物流企业开展仓储创新服务基本运作模式如图 9－1 所示。贷款企业向第三方物流仓库交付抵押物，第三方物流仓库在收到贷款企业的抵押物后，对其进行核实，如若抵押物没有异常，则对贷款企业开具收到抵押物的仓单。贷款企业将第三方物流仓库开具的仓单交付给相应的金融机构，金融机构仔细核实仓单后对贷款企业实施放贷。在整个放贷的过程中第三方物流仓库收到金融机构的指令，对已收到的抵押物进行规范化的处理，如果贷款企业正常履行所有程序后，第三方物流仓库将对抵押物给予正常出库的处理，如果贷款企业不按规定进行合同的履行，第三方物流仓库则对抵押物进行违约处理，实行回

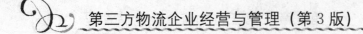

购或拍卖。目前中储集团作为我国最大的第三方物流仓储企业经营人，在物流金融创新领域走在了前列，其与包括四大商业银行在内的多家商业银行达成了相关的合作协议，推动了第三方物流仓储服务市场中的仓单抵押贷款业务的发展，同时专业性的融资仓库也成为了众多商业银行开展业务时重点考虑的对象。统计资料显示，2010 年中储为融资企业提供了近 201 亿美元的资金，业务收入较 2005 年增长了近 8.7 倍。

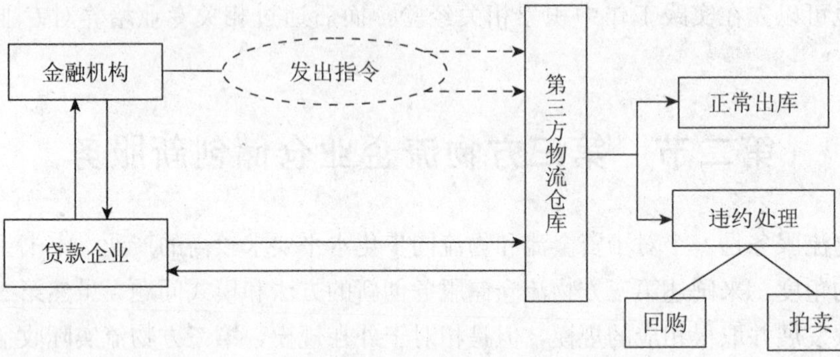

图 9-1　第三方物流企业仓储创新服务基本运作模式

二、仓储创新服务应用存在的问题

从国外第三方物流仓储金融创新的条件和运行机制上来看，相对于国外先进的软硬件设施，我国的基础设施建设都还远远达不到应有的水平，这就阻碍着仓单抵押业务的顺利开展，同时流动资产评估体系的不完善以及物流发展中的其他瓶颈问题，这些都使得第三方物流仓储的发展受到阻碍。以下是存在的问题及其相应的原因。

（一）相关软硬件环境和配套设施与现代物流发展的要求存在较大差距

现阶段，我国正处于从传统物流产业向现代物流产业的发展阶段，从事物流服务的第三方物流企业的仓库保管设备和自动化管理系统比较落后，使得对于相关担保抵押品的处置不能有效地满足要求。除此之外，管理系统对于抵押品的日常管理还不够规范化，这就导致抵押品在结束抵押期限实行正常出库的过程中出现非正常现象，暴露出监管的漏洞。另外，质押物品的价值评估体系和规范统一的评价标准还没有有效地建立起来，一方面给市场需求量大且相对稳定的大宗质押物品的市场流通带来诸多不便，另一方面也造成了质押物品的估值和银行授信额度之间关系的混乱。软硬件设施的不完善，减慢了第三方物流仓储的发展，这一原因就是导致中外物流仓储差距变大的主要因素。

（二）仓储金融服务中操作风险的管理控制缺乏经验和有效模式

目前第三方物流企业仓储服务中，对于抵押凭证的开具和操作十分不规范，其普遍采取的做法是单单把入库单和提货单作为出入库的基本凭证，这就使得一些人可以轻易地虚假伪造出入库单证，扰乱第三方物流仓储服务的正常进行。此外，对于从事第三方物流服务的主体人员，其专业化程度不够高，而且大多数主体人员所具备的的素质还较低，风险管理意识比较弱，使得货物的相关交割手续变得无序，对入库和出库的质押物的审核过于宽松，这就使得发生违约情况时，质押物的变现存在巨大价格风险，根据相关条款，第三方物流仓储期间质押物价值的损失，需要由仓储服务经营者承担。

（三）第三方物流仓储金融服务中，由于信息的不对称加剧了业务中的信用风险

第三方物流仓储金融服务中风险的主要来源就是信息的不对称，基于某些特殊的情况（例如：利益驱使），使得第三方物流仓储服务机构与质押方一起欺骗贷款金融机构，但大多数情况下是仓储服务经营者缺乏有效的测评和衡量质押方相关信用的真实情况的能力，从而使得仓储服务经营者要对贷款方的违约行为承担连带责任。另外，贷款企业和第三方物流企业是相对独立的经营主体，随着整个供应链范围的扩大，仓单质押业务也变得更加纷繁复杂，仓储服务经营者对于贷款企业的生产经营财务状况和库存信息等，往往无法准确有效地感知和测评，以至于当一些不符合规定的货物进行质押时，为今后的仓储服务管理埋下隐患。

三、仓储创新服务改进与优化

第三方物流企业开展仓储创新服务，涉及金融机构、贷款企业等多方利益，在运作中引发资金、货物（商品）、单证（仓单）等的流动。因此，仓储物流业务成功与否的关键涉及仓储监管设施的建设程度和风险的规避程度。

1. 建立灵活快速的市场商品信息收集和反馈体系

通过建立灵活快速的市场商品信息收集和反馈体系，随时掌握商品的市场动态和销售情况，以利于质押货物的评估和选择，避免信息不对称带来的评估失真。除此之外，第三方物流企业要充分考虑自身的优势，借用已积累的分销资源，以促进质押物在市场流通的过程中更加规范。

2. 加强担保品的信息化建设

建立和完善信息网络系统，通过信息登录，实时查看质押货物出库、入库情况，及时通知贷款企业补充低于仓库警戒线（存货最低标准或保证金）的质押货物数量。另外，充分利用已有的信息技术（如：条码技术），高效准确的管理库存货物。下表为手工键盘录入与条码录入方式的对比。

手工键盘录入与条码录入对比

输入方式	速度（秒）	出错率	费用
手工键盘录入	6	1/300	高
条码录入	0.3～2	1/15000～1/36000000000	低

3. 规范业务秩序，降低操作风险

提高外部业务运营管理和内部操作的规范化，有针对性地制定严格的操作规范和监管程序，降低由于人工操作失误而带来的损失。对于金融机构所持有的仓单，第三方物流企业仓库应该提供相应的质量担保，即实际的库存货物无论是数量上还是质量上，都应与仓单标注的具体情况保持一致，仓单相关部门（如贷款企业、金融机构及第三方物流企业）要明确自身的职责、权利。

4. 加强信息共享，降低信用风险

仓储创新服务中的第三方物流企业、金融机构、贷款企业三方都处于信息不对称的委托代理关系中，仓储创新服务运作的是否顺利，取决于合作伙伴之间的信息共享和信任机制的建立。因此，加强信息的共享程度，有助于减少信用风险的发生。为此，第三方物流企业可以利用实时的信息系统实现对质押物信息的实时监控，并与供应链相关第三方物流企业合作，对贷款企业进行实时跟踪，及时了解其资金周转状况，从而实现最大程度的信息共享（如图9-2所示），因此通过信息共享，提高仓储创新服务的质量和水平。

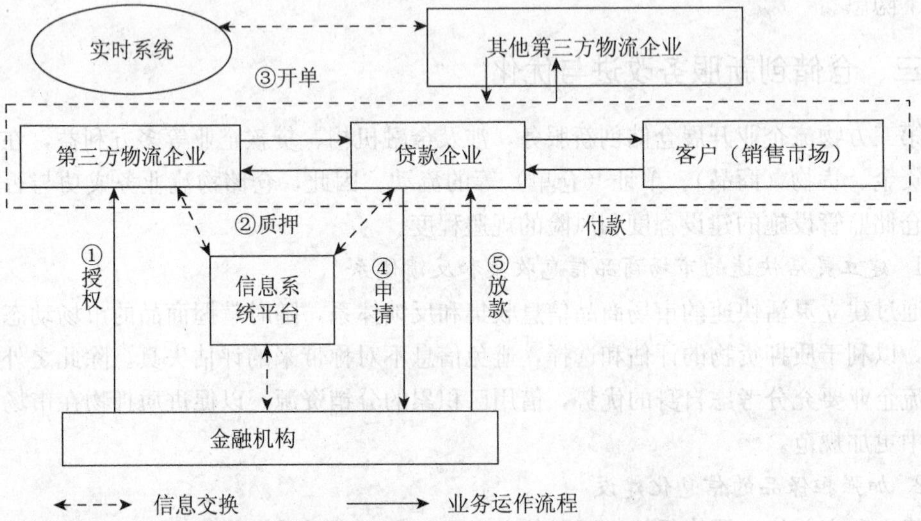

图9-2 第三方物流企业仓储创新服务改进模式

通过对仓储服务的模式进行改进，可以实现对业务风险的更好控制。第三方物流仓储服务主体首先接受贷款企业的物品质押，作为质押凭证向贷款企业开具仓单，贷款企业凭据仓单向金融机构申请信贷，金融机构在对相应的仓单审核合格后，将款项发放给贷款公司。通过这样周而复始的闭路循环，将相关信息系统和实时监控系统引入其中，并且鼓励物流供应链相关合作伙伴参与进来，就可以实现对过程相关方及质押物品的实际库存状态进行监控。这种基于信息交换和共享的仓储业务金融创新模式，是有效地规范和降低业务开展中相关风险的有效模式。

第三节　基于第三方物流的供应商管理库存

基于供应商管理库存（Vendor Managed Inventory，VMI）实施过程中遇到的难题，结合第三方物流（TPL）的特点，将 TPL 所具有的物流专业作用引入 VMI 中，协助企业实施 VMI，促进整条供应链成本的降低，提高供应链的运作效率。

一、VMI－TPL 运作模式

由于制造商与零售商在供货、业务流程、产品特点等方面存在较大的差异，导致制造商 VMI－TPL 模式与零售商 VMI－TPL 模式存在较大差别。因此，分别设计制造商、零售商的 VMI－TPL 运作模式如图 9－3 和图 9－4 所示。

（一）供应商—第三方物流—制造商

生产稳定是制造行业的特点，因此虽然整体生产规模大，但每天对各种物料的需求量基本不变，因此总体需求量较大。但是由于制造行业物料的整体占用的储存空间较大，所以，批次供货量较小，相应的供货频率就变大。一般情况下，一次供货需要满足一天的生产计划，但对于某些特殊的物料，有时需要一天供货多次，这样才能使得每天的生产得以正常进行下去。同时，在制造商的生产过程中，缺货往往会给企业的正常运转带来严重的影响，因此对供货商供货的连续性要求极高，极力克制缺货现象的发生，因此对物流服务水平和物流服务质量的要求也要保持较高水平。

原有的供应商—制造商模式需要建立一个充当仓库的 VMI－HUB。由于一个制造商的供应商常常存在多个，因此，不可能每个供应商都在制造商的附近建立一个 VMI－HUB，这样会大大提高企业的运作成本，而且供应商核心竞争力并不在物流配送上，供应商为制造商建立 VMI－HUB，显然不太可能。因此，引入第三方物流，由第三方物流企业承担 VMI－HUB 的角色。这样做的好处一方面可以使供应商全神贯注于自身的核心业务，提高企业利润；另一方面第三方物流企业也可以从中得到相应的经济效益。从整条供应链的角度来讲，总物流成本降低了，供应链整体运作效率也提高了，具体的运作模式如图 9－3 所示。

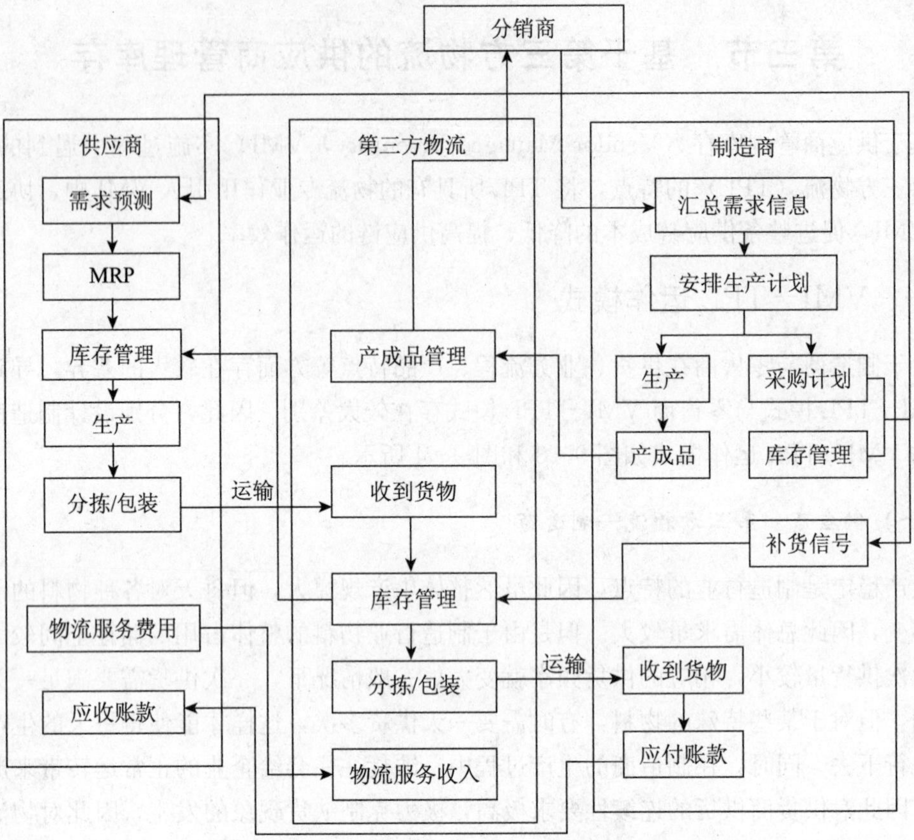

图9-3 供应商—第三方物流—制造商VMI运作模式

（二）供应商—第三方物流—零售商

零售型企业的供货种类繁多、货物来源比较广泛，供应商的来源可以是全国各地。供应商所提供的供货品种之间的关联性不强，同时零售企业对货物的需求频率远没有制造型企业高。在原有的供应商—零售商的模式中，无论供应商与其客户方在地理位置上相差多远，都需要供应商进行货物的配送，因此，提前补货的周期较长，供应商对突发性需求的应急能力较弱。较高的物流成本又让供应商不愿意进行配送，很难维持供应链的稳定。因此，引入第三方物流，由其代替供应商完成相应物流活动，第三方物流企业可以身兼多职，充当多个供应商的角色，因其在物流层面的专业性，可以通过提供大量的物流服务而节约物流成本，维持供应链的稳定，具体运作模式如图9-4所示。

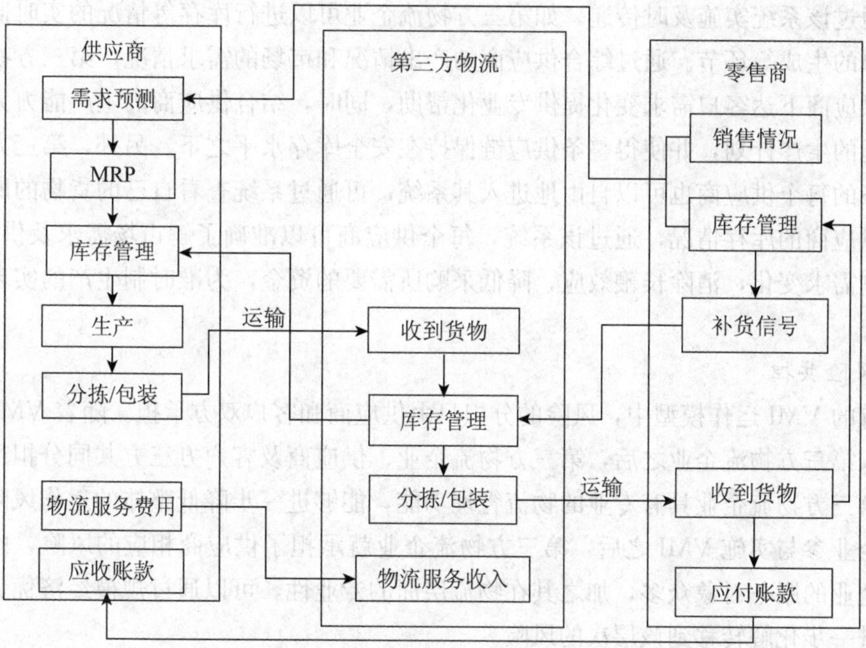

图 9-4 供应商—第三方物流—零售商 VMI 运作模式

二、优势分析

引入第三方物流的 VMI 运作模式主要包括以下几方面的优势。

1. 专业性优势

相比于一般供应商来说，第三方物流企业具有更加专业的物流层面（包括专业的设施、技术和服务），因而，在与一般供应商收取相同价格的条件下，能够为各户提供更优质的服务。VMI 的实施，要求有相应的硬件设施为保证，尤其是供应商，需要相应的 POS、条码、连续补货系统等，然而这一整套硬件设施的安装，需要花费大规模的资金。在具体的实施过程中，要求合作双方保证系统的实时更新与完善。因此针对一般的制造公司来说，最新的技术及资源获得并非易事。而第三方物流的核心优势就是物流管理，第三方物流能够对其技术和设备进行专业化的更新，并从战略层面和操作层面分别取得优势。第三方物流企业先进的设施和技术，能减少资本的投入，提高了客户服务水平。

2. 进一步整合资源

提供物流服务作为第三方物流企业的核心业务，通常会同时为多家企业提供服务。基于此，第三方物流企业可以通过有效的资源整合，对所有客户的货物进行统一的配送、仓储，这种集中的物流配送活动可以降低仓储运营成本，同时，还可以缓解旺季供不应求的局面。通过规模经济，降低总体的成本，实现经济效益的提高。

3. 信息共享

在第三方物流企业参与 VMI 之后，第三方物流企业会建立一个信息管理系统，信息就可以通过该系统实施及时传递。如第三方物流企业可以进行库存等情况的实时监控，以参与订单的生成等环节。通过综合供应商的产出情况和市场的需求情况，第三方物流企业可以为供应商下达客户需求变化提供专业化帮助，同时，结合供应商的生产能力为供应商制定合理的生产计划，并使得整条供应链保持在安全库存水平之下。另外，第三方物流企业所服务的每个供应商也可以自由地进入其系统，可通过系统查看自己的货物的库存状况及其他供应商的库存情况，通过该系统，每个供应商可以准确了解市场需求及供给情况，准确预测需求变化，消除长鞭效应，降低采购所需要的资金，为准时制生产的实现奠定了基础。

4. 风险共担

原有的VMI运作模型中，风险的分担只由供应商和客户双方承担。随着VMI运作模型中加入第三方物流企业之后，第三方物流企业、供应商及客户方三方共同分担风险，而且由于第三方物流企业具有专业的物流管理功能，能够进一步降低整体的运作风险。第三方物流企业参与实施VMI之后，第三方物流企业就承担了供应商相应的风险，由于第三方物流企业的服务对象众多，加之其在物流层面的专业性，可以通过规模经济优势及专业性优势进一步化解转移到该层次的风险。

课后思考

1. 简述第三方物流企业仓储管理的内容。
2. 简述第三方物流企业金融创新服务基本运作模式。
3. 分析第三方物流企业仓储创新服务改进模式。
4. 分析引入第三方物流VMI运作模式的优势。

案例分析

悦盛物流为江苏春兰电器提供仓储服务

春兰电器与原物流企业合作期间，该物流企业存在操作机制不灵活、服务项目单一、各项功能设施不完善、缺乏电器物流操作经验、物流操作服务质量和灵活性较差等诸多问题。而悦盛物流主要为春兰电器提供了以下服务。

1. 仓库系统的布局和设计

根据春兰电器日常仓储操作和货物放置的需要，设立以下三类库区。

（1）收货区：当产品入库时，放置到收货区，便于质量检验。

（2）库位区：根据实际情况设置和调整库位，并有直观的库区平面图。

（3）垛放区：存放库位难以放置的大宗或大件产品。

2. 仓储作业管理服务

采用了先进的仓储管理软件（WMS），精确的物流条码技术，系统、完整的仓储管理制度，标准仓库及先进的仓储设备，包装及流通加工，分拣理货，整进零出的分拣、理货、贴付标签和条码服务。

（1）入库管理

悦盛物流仓储管理系统提供给春兰电器多种方式的入库操作，包括采购入库、生产入库、销售退货入库、配送退货入库和调拨入库等。入库管理支持批次管理，当入库单确认完成时，系统将自动生成各种商品的入库批次，从而实现春兰商品的先入先出，减免出现旧品滞压的现象。

（2）出库管理

悦盛物流仓储管理系统同样提供给春兰电器多种方式的出库操作，如销售出库、采购退货出库、领料出库、配送出库、调拨出库、备货出库等。可以根据出库指示生成相应的出库单，注明出库原因，完成出库操作。

（3）账务管理

设置专人负责单据的查询、打印、修改和存档工作；出库单、入库单有双方当事人的当场签字并注明日期；所有单据按类型、日期和顺序装订成册，放于安全地方以备查看。悦盛物流本着为春兰电器降低物流成本、提高效益、提升春兰企业核心竞争力为目的，以专业化的运作方式，为其提供个性化的物流服务，建立了完善的管理指标衡量体系，以最低的差错率赢得春兰电器的信赖。它用现代化信息管理系统、高效率物流配送系统、仓储管理系统、ERP系统，为春兰电器提供一套完善的、快速的、准时的、高效率的、全面的和优质的第三方物流服务。

讨论：悦盛物流利用什么手段来为江苏春兰电器提供仓储服务？

第十章　第三方物流企业费用管理

第一节　概述

一、物流费用概念

物流费用是指为实现物质资料的空间位置转移所耗费的各种活劳动和物化劳动的货币表现。具体来说，就是在实物运动过程中，如运输、包装、储存、流通加工等各个环节所支出的人力、物力和财力的总和。我们知道，物流劳动作为生产劳动在流通领域的继续，是创造价值的；但这并不是说物流费用越高，物流劳动所创造的价值就越高，因为物流劳动并不能创造新的使用价值，物流费用是社会财富的一种扣除。再加上长期以来人们对物流活动普遍重视不够，大部分物流费用得不到揭示，使得物流方面的浪费现象严重，直接影响了经济效益。因此，加强物流费用管理，不断降低物流费用，以提高经济效益，就成了当前我国物流经济管理的一个亟待解决的问题。

物流费用按其范围来分，有广义和狭义之别。狭义的物流费用是指由于物品实体的场所（或位置）位移而引起的有关运输、包装、装卸等费用。广义的物流费用是指包括生产、流通、消费全过程的物品实体与价值变换而发生的全部费用。它具体包括了从生产企业内部原材料协作件的采购、供应开始，经过生产制造过程中的半成品存放、搬运、装卸、成品包装及运送到流通领域，进入仓库验收、分类、储存、保管、配送、运输，最后到消费者手中的全过程，其中发生的所有费用。物流费用从其所处的领域看，可分为流通企业物流费用和生产企业物流费用。

二、企业物流费用的构成与分类

（一）流通企业物流费用的构成

在我国，物质资料的经营主要是由物资企业和商业企业共同承担的。流通企业物流费用是指在组织物品的购进、运输、保管、销售等一系列活动中所耗费的人力、物力和财力的货币表现，其基本构成如下：

（1）企业职工工资及福利费；

（2）支付给有关部门的服务费，如运杂费、邮电费等；

(3) 经营过程中的合理消耗，如商品损耗、固定资产折旧等；

(4) 支付的贷款利息；

(5) 经营过程中的各项管理费用，如办公费、差旅费等。

(二) 流通企业物流费用的分类

1. 按费用的经济性质划分

可以分为生产性流通费用和纯粹性流通费用。

(1) 生产性流通费用，又称追加费用，是生产性费用在流通领域的继续，是为了使物最终完成生产过程，便于消费而发生的费用。生产性流通费用要追加到产品的价值中去，是要劳动的追加费用。

(2) 纯粹性流通费用，也称销售费用，是流通企业在经营管理过程中，因组织产品交换而发生的费用。纯粹性流通费用同商品的交换行为有关，虽然不创造新的价值，但也是一种必要劳动，是物品价值实现过程所必不可少的。

2. 按费用与商品流转额的不同划分

可分为可变费用和相对不变费用。

(1) 可变费用（或称直接费用），指物流费用中随商品流转额变动而变动的那一部分费用，这种费用开支的多少与商品流转额变化直接相关，即流转额增加，费用支出也随之增加，反则减少，如搬运费、仓储管理费等。

(2) 相对不变费用（或称间接费用），指物流费用中不随商品流转额的变动而变动的那一部分费用。这种费用与商品的流转额没有直接关系，在一般情况下，商品流转额变动，它不一定发生变动，或即使发生变动，也不与商品的流转额成比例变动。它受商品流转额增减变动的影响较小，开支的绝对金额是相对固定的，如职工工资、福利费、折旧费等。

3. 按费用发生的流转环节划分

可分为进货费用、商品储存费用和销售费用。

(1) 进货费用，是指商品由供货单位到流通企业仓库所发生的运输费、装卸费，以及损耗费、包装费、入库验收费和中转单位收取的费用。

(2) 商品储存费用，是指物流企业在商品保管过程中所开支的转库搬运、检验、挑选整理、维护保养、管理包装等方面的费用及商品的损耗费。

(3) 销售费用，是指流通企业从商品出库到销售过程中所发生的包装费、手续费、管理费等。

(三) 生产企业物流费用的构成

生产企业的主要目的是生产满足社会某种需要的产品。为了进行生产活动，生产企业必须同时进行有关生产要素的购进和产品的销售；另外，为保证产品质量，为消费者服务，生产企业还要进行产品的返修和废物的回收。因此，生产性企业的物流费用是指企业在进行供应、生产、销售、回收等过程中所发生的运输、包装、保管、输送、回收方面的费用。与流通企业相比，生产企业的物流费用大多都体现在所生产的产品成本之中，具有与产品成本的不可分割性。

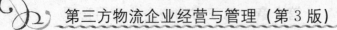

生产企业的物流费用一般包括以下内容：

（1）供应、销售人员的工资及福利费；

（2）生产要素的采购费，包括运输费、邮电费、采购人员的差旅费；

（3）产品的推销费，如广告宣传费；

（4）企业内部仓库保管费，如维护费、搬运费；

（5）有关设备、仓库的折旧费等；

（6）物流信息费；

（7）贷款的利息；

（8）回收废弃物发生的物流费。

（四）生产企业物流费用的分类

1. 按物流费用支出的形式不同划分

可分为本企业支付的物流费用和他企业支付的物流费用两项。

（1）本企业支付的物流费，是指企业在供应、销售、退货等阶段，因运输、包装、搬运、整理等发生的由企业自己支付的物流费用。它又可进一步分为自己支付和委托支付两种物流费。自己支付的物流费用包括材料费、人工费、燃料动力费、管理费、折旧费、利息支出费、维护保养费等；委托支付的物流费用包括运输费、手续费、保管费和包装费等。

（2）他企业支付的物流费用，是指由于企业采购材料、销售产品等业务发生的由有关供应者和购买者支付的各种包装、发运、运输、验收等物流费用。

2. 按物流活动构成划分

可分为物流环节费、信息流通费和物流管理费。

（1）物流环节费，是指产品实体在空间位置转移所流经环节而发生的费用，包括包装费、运输费、保管费、装卸费及流通加工费等。

（2）信息流通费，是指为实现产品价值变换，处理各种物流信息而发生的费用，包括与库存管理、订货处理、为顾客服务等有关的费用。

（3）物流管理费，是指为了组织、计划、控制、调配物资活动而发生的各种管理费，包括现场物流管理费和机构物流管理费。

3. 按物流过程划分

可分为供应物流费、生产物流费、销售物流费、退货物流费、废品物流费。

（1）供应物流费，是指企业为生产产品购买各种原材料、燃料、外购件等所发生的运输、装卸、搬运等费用。

（2）生产物流费，是指企业在生产产品时，由于材料、半成品、成品的位置转移而发生的搬运、配送、发料、收料等方面的费用。

(3) 销售物流费，是指企业为实现商品价值，在产品销售过程中所发生的储存运输、包装及服务费用。

(4) 退货物流费，是指产品销售后因退货、换货所引起的物流费用。

(5) 废品物流费，是指因废品、不合格产品的物流所形成的物流费用。

上述几种分类方法比较常见。另外也可按组织、部门进行分类，或按交通、销售地域、顾客等进行分类。总之，企业采取什么样的分类方式，应围绕如何加强物流费用管理、如何降低物流费用来进行。

第二节　物流费用管理

一、物流费用的特点

了解物流费用的特点，对物流过程进行有效的管理和控制，可以降低物流费用。

1. 物流费用分布广

社会再生产过程是生产、交换、分配、消费四个环节的有效统一体，在每一个环节上都会发生物品实体的空间位移，因此从宏观上说，物流过程存在于社会再生产的各个阶段和环节。相应地，物流费用也就遍及社会再生产的各个过程及环节。

2. 物流费用难以计算和控制

对任何一个企业来说，要想确切了解和掌握物流费用，对其进行核算和管理是十分困难的。就生产企业来说，人们往往重视产品成本，着重于对生产过程中的成本费用加以控制；而对由于材料、半成品、燃料等生产要素实现空间位移所发生的流通费用，视为既定费用，仅通过有关账户进行汇集，计入产品成本或当期损益，而不在生产费用或生产成本中单独列示。只有在销售过程中所支付的运输费和保管费等项目，才作为物流费用。这样物流费用在生产企业的销售额中只占极小的比重，影响面较小，不足以引起企业主管人员的重视。流通企业对于物流费用虽然有所重视，但其管理的重点仍在购销两个环节，有关物流费用详细的分类、记录、核算与控制工作仍没有展开，同样存在大部分物流费用没有给予揭示。所以物流费用的分布不能确切得到反映，人们认识物流费用仍存在着一定的难度。

二、影响物流费用的因素

1. 进货方向的选择

进货方向决定了企业货物运输距离的远近，同时也影响着运输工具的选择、进货批量等多个方面。因此，进货方向是决定物流费用水平的一个重要因素。

2. 运输工具的选择

不同的运输工具，费用高低不同，运输能力大小不等。运输工具的选择，一方面取决于所运货物的体积、重量及价值大小，另一方面又取决于企业对某种物品的需求程度及工艺要求。所以，选择运输工具要同时兼顾既保证生产与销售的需要，又要力求物流费用最低两个方面。

3. 存货的控制

无论是生产企业还是流通企业，对存货实行控制，严格掌握进货数量、次数和品种，都可以减少资金占用、贷款利息支出，降低库存、保管、维护等费用。

4. 货物的保管制度

良好的物品保管、维护、发放制度，可以减少物品的损耗、霉烂、丢失等事故，从而降低物流费用。相反，若在保管过程中，物品损耗、霉烂、丢失等时有发生，物流费用必然增加。

5. 产品废品率

影响物流费用的一个重要方面还在于产品的质量，也即产品废品率的高低。生产高质量的产品可杜绝因次品、废品等回收、退货而发生的各种物流费用。

6. 管理费用开支大小

管理费用与生产和流通没有直接的数量依存关系。但管理费用的大小直接影响着物流费用的大小，节约办公费、水电费、差旅费等管理费用相应可以降低物流费用总水平。

7. 资金利用率

企业利用贷款进行生产或流通，必然要支付一定的利息（如果是自有资金，则存在机会成本问题），资金利用率的高低，影响着利息支出的大小，从而也影响着物流费用的高低。

总之，影响物流费用的因素还很多，认识每一影响因素，针对其特性加强管理，可以达到降低物流费用的效果。

三、物流费用管理

进行合理的物流费用管理，需要从以下几个方面做好工作。

（一）确定费用管理对象

物流费用与生产费用相比较具有连续性、不确定性、难以分解等特点，这就为物流费用管理与核算增加了一定的难度。因此，物流费用管理的前提是确定费用管理对象，使得费用管理与核算有据可依。

（1）以物流过程作为对象，可以计算供应物流费用、生产物流费用、回收物流费用及废品物流费用。

（2）以物品实体作为对象，可以计算每一种物品在流通过程中（包括运输、验收、保管、维护、修理等）所发生的费用。

（3）以物流功能作为对象，计算运输、保管、包装、流通加工等诸种物流功能所发生的费用。

(4) 以物流费用项目作为对象，计算各物流项目的费用，如运输费、保管费、折旧费、修理费、材料费及管理费等。

每一企业可以根据本企业的性质和管理的需要来确定物流费用管理对象。但企业一旦选用一种物流费用为管理对象，就不要轻易改变，以保持前后各期的一致性和可比性。

(二) 制定费用标准，实行预算管理

确定物流费用管理对象，也即人为地把项目繁多、难以分离的物流费用做了一个划分，在此基础上便可进行物流费用预算管理。

1. 制定费用标准

费用标准的制定有以下几种类型。

(1) 按费用项目制定费用标准。企业内部每一物流费用项目，按其与物品流转额的关系，可以分为相对固定费用和变动费用。对于固定费用项目（如折旧费、办公费等），可以以本企业历年来费用水平或其他企业（能力及规模与本企业相当）的费用水平为依据，再结合本企业现在的状况和条件，确定合理的费用标准。而对于可变项目，则着重于考虑近期及长远条件和环境的变化（如运输能力、仓储能力、运输条件及国家的政策法令等），制定出费用标准。

(2) 按物流功能制定费用标准。不论是运输、保管还是包装、装卸费用，其水平的高低均取决于物流技术条件、基础设施水平。因此，在制定物流费用标准时应结合企业的生产任务、流转数量及其他相关因素进行考虑。

(3) 按物流过程制定费用标准。按物流过程制定费用标准，是一种综合性的技术，要求全面考虑物流的每个过程。既要以历史费用水平为依据，同时又要充分考虑企业内外部因素的变化。制定这种费用标准需要多种技能相结合。

2. 实行预算管理

费用标准确定后，企业应充分考虑其财力状况，制定出每一种费用的资金预算，以确保物流活动的正常进行。同时，按照费用标准，进行定期与不定期检查、评价与对比，以求控制物流活动和费用水平。

(三) 实行责任制度，明确权责关系

如前所述，物流费用遍布社会再生产的每一环节和过程，同样，企业的每一环节和过程也都要发生物流费用。要想管好物流费用，除了制定费用标准，还需在物流部门、生产部门和销售、管理部门实行责任制，实行全过程、全人员费用管理，明确各自的权力和责任。

1. 分解落实物流费用指标

不同的物流部门负担着不同的物流费用。按费用发生的地点将费用分解到一定部门，落实其降低物流费用的责任，并按费用的可控性检查该部门物流费用降低情况，以作为其评价成绩的依据。

2. 编制记录、计算和积累有关费用执行情况的报告

每一物流部门都应将其负担的物流费用进行记录、计算和积累，并定期编制出业绩报告，以形成企业内部完整的物流费用系统。对一些共同性的物流费用，则另行计算，最终由企业最高管理机构记入费用总额。

3. 建立费用反馈与评价系统

一定期间结束后，将每一部门发生的物流费用实际执行结果与预算（标准）进行对比，评价该部门在费用控制方面的成绩与不足，以确定奖励还是惩罚。

4. 经济技术相结合，降低费用水平

先进的运输、包装、装卸技术必然能降低物流费用，但先进技术方法的运用也必然具有较高的费用。因此，以经济技术相结合来选择运输工具、包装材料及装卸工具，也是降低物流费用总水平的一个重要方面。

5. 推行物流活动系统化、机械化、合理化

物流所要解决的主要问题是物资实体的位移。因此，建立物流活动的系统化、机械化，从而使其流向合理化，包装运输科学化。

要加强物流费用管理，降低物流费用总水平，就必须把上述几个方面的工作落到实处，以发挥实效。而这又有赖于有关管理会计的确立。

四、物流费用管理的意义

由前述分析可知，物流费用虽然是一种必要的耗费，但此种耗费不创造任何新的使用价值。因此，物流费用是社会财富的一种扣除。国外学者认为，物流成本是降低成本的最后边界，称物流为“第三利润的源泉”。为此，世界各国都在谋求降低物流费用的途径。同样，我国也开始致力于这方面的研究。实行物流费用管理，降低物流费用，提高效益，对国家与企业都具有现实与长远意义。

（1）实行物流费用管理，有利于改进企业的物流管理水平。企业物流管理水平的高低，直接影响着物流耗费的大小。因此，企业要降低物流费用水平，就必须不断提高服务质量，不断改进物流管理的方法及技能。从一定意义上说，加强物流费用管理、降低物流费用是企业提高物流管理水平、提高服务质量的一个激励因素。

（2）实行物流费用管理，有利于企业调整产品价格。因为物流费用是产品价格的组成部分之一，所以物流费用的大小对产品价格的高低具有重大影响。通过对物流费用进行管理，使得物流费用降至最低，企业便可在一个较大的幅度内调整其产品价格，从而增强企业的竞争能力；同时，也可减轻消费者的负担。

（3）实行物流费用管理，能为社会节约大量财富。物流费用是社会财富的一个减项，实行物流费用管理可以减少财产损失和商品损耗，减少社会财富的浪费；同时，亦可增加生产领域的投入，以创造更多的物质财富。

（4）实行物流费用管理，还是国家积累资金的重要来源之一。

第三节 物流管理会计

一、物流管理会计的概念

物流管理会计是以物流费用（成本）为中心，通过对物流费用（成本）的分析，对物流活动进行预测、决策、规划与控制的一个信息系统。它是管理会计在物流经济管理中的应用和发展，其目的在于通过对物流费用（成本）习性的研究、费用水平的推测及控制，以及不同物流方案成本的比较，为有关部门制定决策服务，以实现物流活动的最优化和物流效益的最大化。

由于我国长期以来受重生产轻流通思想的影响，流通费用，尤其是物流费用一直没能引起人们的重视。再加之物流费用受外部（如工业、农业、交通、购销等部门）和内部（如地区远近、物流设施机构、管理体制等）的影响特别大，仅靠现行的会计项目对其进行核算和管理，不能正确揭示物流费用分布，从而也就不足以全面反映物流费用。所以，要加强物流费用管理，降低物流费用水平，必须建立一套新型的物流费用核算和管理会计体系。20 世纪 90 年代初，财政部在《会计改革纲要》中也明确提出，会计改革的总体目标是“建立与社会主义市场经济相适应的会计体系”。所以，当前我国物流管理工作的首要任务是建立物流管理会计，对物流费用进行有效的管理和控制，以挖掘“第三利润”，提高经济效益。

管理会计是 20 世纪 50 年代为适应商品经济的发展和内部管理科学化的要求，从财务会计中独立出来的。管理会计是以成本为主线来研究企业生产经营各个环节的经济性、效率性和效益性，也即想方设法强化成本管理，降低消耗，提高经济效益。

二、物流费用（成本）分类

根据费用与有关业务量之间的依存关系，可将物流费用分为变动费用、固定费用和混合费用。

1. 变动费用

变动费用是指在一定业务量范围内，费用总额随业务量的变动而发生正比例变动的费用，但其单位费用在一定条件下不受业务量变动的影响而保持不变，例如，物流运输费用、包装费与所运货物之间就存在这种关系。

在物流活动中，除了运输费、包装费用外，搬运费、装卸费、途中损耗、维护保养费、整理挑选费基本上都属变动费用。

2. 固定费用

固定费用是指在一定时期或一定业务量范围内，物流费用总额不受业务量变动影响而保持相对稳定的一种费用，但其单位费用随着业务量的增大而逐渐下降。

3. 混合费用

除了固定费用与变动费用外，部分物流费用既有变动性质又有固定性质，表现为一种混合费用，如水电费、修理费、租赁费等。对于这些物流费用，可用一定的方法进行分解，归入固定费用或变动费用中去，以利于物流企业进行物流活动的决策、规划与控制。

三、物流费用（成本）计算

建立物流管理会计制度，以物流费用（成本）作为管理对象，因为物流费用（成本）作为已经发生（或完成）的物流活动的货币表现，客观、真实地反映了物流活动的实态；能为不同的物流活动提供一个共同的评价尺度。

物流成本的大小，取决于评价对象——物流活动的范围和采用的评价方法等。评价范围和使用的评价方法不同，得出的物流成本结果也各不相同。所以在计算物流成本或收集物流成本数据时，首先必须明确物流成本的计算条件。

1. 明确物流范围

物流范围作为成本的计算领域，是指物流的起点和终点的长短。通常所说的物流范围一般包括原材料物流和企业内部物流，即从工厂到仓库的物流，从仓库到顾客的物流这样一个广泛的领域。明确物流范围是进行物流成本计算的前提，因为在物流领域从哪里开始到哪里为止，作为物流成本计算，对物流成本大小影响是不同的。

以生产企业为例，可把物流范围划分为以下几个部分。

（1）供应物流，指从原材料（包括容器、包装材料）的供应开始，到购入者（生产企业）进货阶段为止的物流。

（2）企业内物流，指从成品运输、包装时起，到最终确定向消费者销售为止的物流。

（3）销售物流，指从确定向顾客销售到产品出厂，让渡给顾客为止的这一段物流。

（4）退货物流，指伴随已销售的制成品退货而发生的物流。

（5）废弃物流，指随制成品的包装、运输容器及物料用器等物资的废弃而发生的物流。

2. 确定物流功能范围

物流功能范围是指在物流诸种功能中，把哪些功能作为物流成本的计算对象。物流功能可分为包装、运输、保管、装卸、流通加工、情报信息流通、物流管理七种活动。作为会计计算项目，又可划分为运输开支、保管费开支等委托费和本企业物流活动中支付的内部物流费；内部物流费进而又可分为材料费、人工费、加工费、管理费和特许经费等。这些项目代表了物流成本的全部内容。

3. 正确确定计算科目的范围

计算科目的范围是指在计算物流成本时，把计算科目中的哪些项列入计算对象的问题。在计算科目中，既有运费开支、保管费开支等企业外部开支，也有人工费、折旧费、修理费、燃料费等企业内部开支。这些开支项目把哪些列入成本计算科目，对物流成本的大小是有影响的。企业在计算某一物流成本时，既可实行部分科目计算，也可实行全部

（总额）成本计算。另外，还可按费用发生的地点计算外部费用和内部费用，其中内部费用存在一个费用分解问题，即把物流费用从其他有关费用中分解出来。

所以说，这三个方面的范围选择，决定着物流成本的大小。企业在计算物流费用时，应根据自己的实际情况，选择使上述三个方面趋于一致的成本计算方法，如实计算物流费用。

课后思考

1. 简述何为物流费用。
2. 简述影响物流费用的因素。
3. 简述物流费用管理的意义。
4. 什么是物流管理会计？

案例分析

圣韵电子精益供应链整合案例

1. 背景

随着圣韵电子（上海）有限公司（以下简称"圣韵电子）精益供应链整合的第二期工程的完成，其下属的北京、上海和马来西亚工厂也意味着实现供应链的双向互动功能：圣韵电子全球供应商不仅可看到和自身相关的采购看板，并可通过互联网进行确认和发运。而在此之前，供应商只能通过相应"密码"每周上圣韵公司的电子看板公告牌上查看物料补充信息，却不能实时做出确认和回应。这一转变对于圣韵来说，整个供应链的信息流将更加畅通，与供应商的沟通成本也会因此降低，物料的周转和库存的准备也会更加有效。

2. ERP 后求精益

由于圣韵电子（上海）有限公司的美国总部做出战略决策，将美国本土的制造转移到亚洲，上海工厂也承担起更多的制造业务，因而有了实施 ERP 的念头。在做了大量的内部需求分析和对市场上的 ERP 产品调研，圣韵电子最终决定采用思博公司的 ERP 产品，很快进入实施阶段，并全面运行 ERP。由于前期做了相当多的铺垫和业务流程的改造，圣韵电子的 ERP 实施效果相当明显。

但是圣韵电子并不满足于此，而是决心投入精力做两件事，一是对老 ERP 系统的升级；二是引入思博公司供应链计划与管理模块方案，力求将系统带来的优势扩展到更广的供应商中去。

思博公司分析道，在企业不断完成自身的信息化的进程中，对于各类资源的整合要求越来越高。很多顺利完成内部 ERP 工程的公司，对外部供应链又有了进一步的需求。这不仅是生产制造型企业自身的提高，同时也是对咨询公司提出的一个重大挑战：能否通过现代化的信息技术，整合供应链，突破企业和其供应商之间的壁垒。

对圣韵电子来说，摩托罗拉等手机制造厂商是他们最大的客户群体，这些客户都或多或少的对圣韵有信息化方面的要求，尤其是电子物流采购这块。圣韵电子称，每周会上摩托罗拉的网站查看，主动发现他们位于德国、匈牙利、墨西哥、中国天津和杭州的工厂是否需要供货，由此我们也想到是否可以对自己的供应商也采用这样的方法来做，极大地降低沟通成本。

圣韵电子的想法和思博公司不谋而合。在顺利完成思博 ERP 实施后，圣韵电子在供应商整合方面，很自然地又一次同思博公司携手，并由此成为思博公司精益软件 Demand Stream 在华的第一家用户。圣韵电子提出的一些客户化的要求都将在 Demand Stream 的实施中或是将来的升级版本中得到体现。

经过前后一个月的实施和客户化工作，圣韵电子顺利进入了 Demand Stream 在线测试阶段，并成功地完成测试，正式上线使用，并向几家核心供应商试点开放。随后，通过三个月的实施和改进，圣韵电子又逐步推广到所有供应商的范围。

3. “拉式”供应链

通过信息化的跟进，圣韵电子完成了一次供应链管理的提升。圣韵电子能够建立对供应商六周滚动的物料需求计划，并且由于和 ERP 系统进行无缝集成，能够产生与企业内部同步的 ERP 采购计划。同时，供应商的及时送货记录、供应商合同建立及合同履行情况都一目了然，而且供应商可随时通过互联网得到上述信息。这样一来，供应商和圣韵电子之间运作流畅，减少了大量不必要的浪费。更重要的是，这些都为日后圣韵电子的精益化改造做了大量铺垫，包括内部车间执行和外部供应商拉动两方面。

效果是明显的，一个最显著的例子是圣韵电子生产订单周期变化。通过实施精益供应链管理，以往的生产订单由每周下一次，逐步过渡到每批下一次，再到一天下一次，乃至一天下两次。这样做的好处是物流浪费越来越少，出问题就可以迅速查出在哪个班上的哪个订单，控制成本效果明显。与此同时，由于库存的减少，圣韵电子的仓储也发生了变化，原来满满当当的大仓库面积不断缩逐渐成为小仓库，到现在库位明确物料可以追踪的立体化仓库。

圣韵电子的供应链管理实施内容是循序渐进的，这和圣韵电子一贯稳健的风格也是相吻合的。第一步，圣韵建立了供应商看板公告牌，这是基于因特网的看板公告牌，用于直接向供应商传达物料补充信息；第二步，圣韵加强供应商绩效管理，将来自 ERP 系统的报告，通过因特网向供应商提供实时信息；第三步，圣韵将加强供应商协作，使供应商之间能够有多种交通方式；第四步，根据动态看板信号自动生成采购订单；第五步，集成数据收集系统接收订单，然后直接下达到 ERP 系统。

4. 精益重在自动化

精益制造和精益自动要区别来看，精益制造不一定要 ERP 系统支持，但精益自动化一定需要 ERP 系统。精益制造的模式看重的是现场管理，提升管理级别，而精益自动化是要让更多人受益，通过一个信息系统将财务、生产、采购连成一体。一般来说，精益自动化有两种途径，第一种是为精益生产建立单独的系统，第二种是从 ERP 系统中引申出来，开发一个适应精益制造的模块。但是两者都存在缺陷，前者很可能会形成一个信息孤岛，而后者只是对 ERP 的“修修补补”，未必能满足精益的需求。

思博的 Demand Stream 是彻底独立的系统，但是和市面上主流 ERP 都可以无缝结合。它是面向制造型企业的精益解决方案，尤其擅长于帮助企业在市场需求波动大、产品定制化和混合程度高、工程技术变化频繁、资源瓶颈多、提前期长、供应链复杂等不太理想的环境中实施精益方案；从而为更多的企业采用精益生产方式创造了机会，更有效地缩短交货期、降低成本，提高质量，增强柔性应变能力。

讨论：分析圣韵电子如何使其供应链更加精益?

第十一章　第三方物流企业信息管理

第一节　概述

一、企业物流信息的概念与特征

1. 物流信息的概念

信息是指能够反映事物内涵的知识、资料、情报、图像、数据、文件、语言、声音等，是事物的内容、形式及其发展变化的反映。物流信息就是物流活动内容形式、过程以及发展变化的反映。现代企业物流信息在物流活动中起着神经系统的作用，一般来源于企业物流活动本身和对物流活动有影响的外部环境两个方面。

2. 企业物流信息的特征

企业物流信息反映出企业物流活动的基本特征。主要包括：

（1）规模性。企业物流涉及整个供应链系统的各个环节和各种活动，必然形成大量信息。

（2）周期性。企业物流为生产经营过程服务，必然反映市场周期性变化的影响，导致物流信息的周期性。

（3）及时性。物流信息必须适应企业物流高效运行的及时要求。

（4）广泛性。物流信息必须适应企业物流开放性、社会性发展的要求。

（5）精确性。物流信息必须准确反映当前物流状况。

（6）灵活性。物流信息必须有能力提供能迎合特定顾客需要的数据。

在物流中对各项活动进行计划预测、动态分析时，还要及时提供物流费用、生产情况、市场动态等企业内外有关信息。

二、物流信息的系统结构

按垂直方向，物流信息系统可以划分为三个层次，即管理层、控制层和作业层；

按水平方向，信息系统贯穿供应物流、生产物流、销售物流、回收和废弃物流的运输、仓储、搬运装卸、包装、流通加工等各个环节，物流信息系统是物流领域的神经网络，遍布物流系统的各个层次。

三、物流信息的基本功能

1. 交易功能

交易活动包括记录订货内容、安排存货任务、作业程序选择、定价、开票以及消费者查询等。物流信息的交易功能就是记录个别物流活动的基本层次。其主要特征是：日常化、规模性、规范化、交互式，强调了信息系统的运行效率。

2. 控制功能

对于提供企业物流服务水平和资源利用的管理，需要信息的控制功能，通过合理的指标体系来评价和鉴别各种方案，强调了信息系统的控制力度。

3. 决策功能

物流信息能协调管理人员进行物流活动的评估、比较和成本——收益分析，从而更有效地进行物流决策，强调了信息系统的决策影响。

4. 战略功能

主要表现在物流信息的支持上，有助于开发和确立物流战略。

四、企业物流信息管理

（一）企业物流信息管理概念

信息管理就是对信息的收集、整理、存储、传播和利用的过程，也就是信息从分散到集中，从无序到有序，从产生、传播到利用的过程，同时对涉及信息活动的各种要素，如人员、技术等进行管理，实现各种资源的合理配置，满足社会对信息的需求。

（二）企业物流信息的经营管理

1. 物流信息的收集、传递、整理、分析和应用

企业物流信息在供应链活动中容易出现信息的缺损、失真或者失效，不能满足物流活动的基本要求。因此，物流信息的经营管理表现为强化物流信息活动过程的组织和控制，要求加强物流信息系统基础设施建设，创造更好的物质环境。

2. 物流信息价值创造

通过物流信息交流、共享、积累等方式创造更多信息价值。一般来说，信息只有传递、交流和应用才能产生价值。对物流信息的经营管理就需要建立起有效的信息交流、共享机制，不断形成信息资源的累积和优势转化，在企业物流发展中获取更多信息价值。为此，要求积极培养物流信息管理专门人才，采用现代科学技术，提高物流信息的交流处理能力，创新物流信息的价值实现途径。

（三）企业物流信息管理的作用

1. 增强现代企业的存储、运输和物流服务功能

现代物流发展要求对物流作业对象管理即商品管理实现信息化（编码和建立数据库），所用设备必须具有信息处理功能，同时还要有先进的信息管理系统，包括信息的生成、加工及处理，利用快速、准确的信息流来指挥物流系统的各种活动。

2. 完善现代企业经营结算功能

现代企业随着经营发展，不仅为自身提供财务结算服务，还要为顾客提供货款结算服务。企业每天要完成大量的财务结算服务，只有采用计算机信息处理系统才能有效地完善经营结算功能。

3. 促进企业商流、物流和信息流的一体化发展

通过构建现代企业信息处理中心，提供准确和及时的物流信息服务，能有效地促进商流、物流和信息流在物流信息系统支持下的一体化发展。

第二节　第三方物流企业信息管理系统设计

一、设计企业物流信息管理系统的基本原则

（一）可靠性原则

1. 正常情况下的可靠性

在正常情况下运行的可靠性，实际上是系统的准确性、稳定性。一个好的物流信息管理系统在正常情况下能够达到系统设计的预期精度要求，不管输入的数据如何复杂地变化，只要在系统设计的范围内，都能输出满意的结果。稳定性是指在系统的环境发生一定程度的变化时，系统仍能正常运行。

2. 非正常情况下的可靠性

非正常情况下系统的可靠性，实际上是指系统的灵活性。是指在硬件的个别电路或元器件发生不大的故障，软件的某一部分受到病毒的侵袭和运行环境发生超出正常情况下允许的变化范围的情况下仍能正常运行的性能。一个灵活的管理信息系统在遇到上述所说的情况时，能按某种预先设计的方式做出适当的应急性的处理。

（二）完整性原则

1. 功能完整性

要求功能的完整性，就是根据企业的实际需要，制定的目标功能是完整的。

2. 系统完整性

为了保证开发系统的完整性，要制定出相应的规范，例如数据格式规范、报表文件规

范、文档资料规范等。保证系统开发过程中的完整性。

（三）经济性原则

1. 开发费用低

开发费用低是指在软件的开发过程中所用的费用要低，效果要好。

2. 运行效益好

运行效益好是指系统运行维护费用低，能给用户带来的经济效益，用户使用比较满意。

二、企业物流信息管理系统分析

系统分析是系统设计开发的第一阶段，目的是对选定对象进行调查和分析，明确系统目标，提出初步模型和完成系统分析报告。

（一）企业物流信息管理业务状况分析

1. 系统环境及实现新系统条件的分析

系统环境及实现新系统条件的分析包括：现代企业现行系统的物流管理水平、物流信息的精确程度、有关领导对实现新系统是否有比较清楚的认识；设备条件方面应着重分析外围设备的可靠性；外围设备的种类和水平是否适合大量数据处理的需要；内外存储器容量以及所配置系统软件的质量等。

2. 系统结构和用户结构调查分析

用户结构分析要求弄清与完成系统任务有关的部门、个人及相互层次关系，画出用户结构图。分析用户结构的依据是任务关系，分层的标准也是对任务的关系，所以不应把用户结构图理解为组织机构图。

3. 物流信息流程的调查

物流信息流程调查主要分析物流信息载体的种类、格式、用途及流程；弄清各个环节需要的信息、信息来源、流经去向、处理方法、计算方法、提供信息的时间和信息形态。

（二）企业物流信息管理系统目标分析

（1）根据系统分析结果，列出问题表。

（2）根据问题表，建造一个倒置的目标树。

（3）确定解决目标冲突的方法，指出各项具体措施的考核指标。

（4）确定各分目标在系统中的重要程度，重新排列问题表。

（三）企业物流信息管理系统需求分析

（1）分析事务处理能力需求的合理性。

（2）分析决策功能需求的合理性。

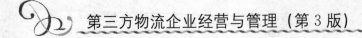

(3) 找出关键需求，拟出解决这些问题的初步计划，为功能分析打下基础。

（四）企业物流信息管理系统功能分析

经过现行系统分析，归纳整理已有的资料，进行功能分析。功能分析包括两个内容：功能层次分析和层次之间的信息关联分析。首先是把功能逐层次的分解为多个子功能。

（五）企业物流信息管理系统数据流程分析

现代企业物流管理信息系统应用电子计算机，还必须通过分析进一步舍去实物流，抽象出信息流，绘制出数据流程图，并对各种数据的属性和各项处理功能进行详细的数据分析。目的就是要弄清这些流动数据的属性、数据的存储情况和对数据查询的要求并给予定量的描述和分析。

1. 绘制数据流程图

数据流程图是分析阶段所提供的重要技术文件之一，反映了系统内部的数据传递关系。是对系统的一种抽象和概念化，只表示数据、功能之间的关系，不涉及如何实现的问题。

2. 数据分析

数据分析的目的是彻底弄清数据流程图中出现的各种数据的属性，数据的存储情况和对数据查询的要求，对数据予以定量的描述和分析。

数据分类指的是对数据项予以定义，并根据总的属性将数据项归纳到其应有的类目中去。

3. 数据属性分析

根据数据的属性可以正确地确定数据与文件的关系，通常是具有固定属性的数据存放在主文件中，把具有变动属性的数据存放在周转文件或处理文件中。

三、企业物流信息管理系统的总体规划

（一）企业物流信息管理系统的基本功能

物流系统的不同层次之间通过信息流紧密地联系起来，在物流系统中，总存在着对物流信息进行采集、传输、存储、处理、显示和分析的物流信息系统。基本功能包括：

1. 数据的收集和录入

物流信息系统首先要做的是用某种方式记录下物流内外的有关数据，集中起来并转化为物流信息系统能够接受的形式输入到系统中。

2. 信息的存储

数据进入系统之后，经过整理和加工，成为支持物流系统运行的物流信息，这些信息需要暂时存储或永久保存以供使用。

3. 信息的传播

物流信息来自物流系统内外，又为不同的物流职能所用，因而克服空间障碍的信息传输是物流信息系统的基本功能之一。

4. 信息的处理

物流信息系统的最基本目标，就是将输入数据加工处理成物流信息。信息处理可以是简单的查询、排序，也可以是复杂的模型求解和预测。信息处理能力的强弱是衡量物流信息系统能力的一个重要方面。

5. 信息的输出

物流信息系统的目的是为各级物流人员提供信息。为了便于人员的理解，系统输出的形式应力求易读易懂、直观醒目，这是评价物流信息系统的主要标准之一。

（二）企业物流信息系统的层次结构

处在物流系统中不同管理层次上的物流部门或人员，需要不同类型的物流信息。一个完善的物流信息系统，具有以下层次。

（1）数据层。将收集、加工的物流信息以数据库的形式加以存储。

（2）业务层。对合同、票据、报表等进行日常处理。

（3）运用层。包括车辆运输路径选择、仓库作业计划、建立控制与评价模型，根据运行信息监测物流系统的状况。

（4）计划层。建立各种物流系统分析模型，辅助高层管理人员制订物流战略计划。

（三）企业物流信息系统规划

建立物流信息系统，不是单项数据处理的简单组合，必须要有系统规划。这是一项范围广、协调性强、人机紧密结合的系统工程。

物流信息系统规划是系统开发的最重要阶段，一旦有了好的系统规划，就可以按照数据处理系统的分析和设计，持续进行工作，直到系统的实现。

物流信息系统的总体规划基本上分为四个基本步骤。

（1）定义管理目标。确立各级管理的统一目标，局部目标要服从总体目标。

（2）定义管理功能。确定管理过程中的主要活动和决策。

（3）定义数据分类。在定义管理功能的基础上，把数据按支持一个或多个管理功能分类。

（4）定义信息结构。确定信息系统各个部分及其相互数据之间的关系，导出各个独立性较强的模块，确定模块实现的优先关系，即划分子系统。

（四）企业物流信息系统开发过程

1. 系统调研

主要对现行系统和管理方法及信息流程等有关情况进行现场调查，给出有关的调研图表，提出信息系统设计的目标以及达到目标的可能性。

2. 系统逻辑设计

在系统调研的基础上，从整体上构造出物流信息系统的逻辑模型，对各种模型进行优选，确定出最终的方案。

3. 系统的物理设计

以逻辑模型为框架，利用各种编程方法，实现逻辑模型中的各个功能块，如确定并实现系统的输入、输出、存储及处理方法。此阶段的重要工作是程序设计。

4. 系统实施

将系统的各个功能模块进行单独调试和联合调试，对其进行修改和完善，最后得到符合要求的物流信息系统软件。

5. 系统维护与评价

在信息系统试运行一段时间以后，根据市场要求和变化，对系统做一些必要的修改，进一步完善系统，最后和用户一起对系统的功能、效益做出评价。

四、企业物流信息管理系统设计方法

（一）结构化生命周期法

结构化生命周期法是一种应用普遍、在技术上较为成熟的方法。其主要特点包括如下三个方面。

1. 先明确用户需求，根据需求设计系统

结构化生命周期法完全从用户的角度考虑，严格按阶段进行，可以保证系统的开发质量，减少系统开发的盲目性。

2. 运用系统的分解和综合技术将复杂的系统简化

自上向下的分解方法将物流信息管理系统分解为相互独立而又相互联系的子系统，直至分解到只完成极少许功能的模块为止。其目的是使功能简单化，便于分散设计和实施。已调试过的模块可以合并成子系统，已实施的各个子系统又可以合并成一个完整的信息系统，达到完成总体功能的目标。

3. 强调阶段成果的审定和检验制度

生命周期法各开发阶段的划分十分明确。只有得到用户、管理人员和专家认可的阶段成果才能作为下一阶段工作的依据，否则不能开始下一个阶段的开发。

（二）原型法

原型法开发物流信息管理系统的思想是在知道用户的基本需求以后，先建造一个原始模型系统，而后根据用户的需求在一定时间内不断地进行原始模型的运行、修改，直到用户满意为止。

快速地构造模型、修改原型的关键是必须有高性能的支持原型的构造工具，没有构造工具，原型法的所有优点都不可能实现。

用原型法开发管理信息系统大致可以分成三个阶段。

(1) 确定用户的基本需求。可以根据用户的基本需求来确定哪些要求是现实的，哪些要求是做不到的，用户需要的数据是否能够得到，同时还要估算开发原型的成本。

(2) 利用原型来进一步认识用户的需求，明确哪些方面还没有满足自己的需求。一方面要记录系统存在的不足，另一方面要借助系统进行诱导，进一步弄清用户对系统的最终要求。

(3) 修正和改进原型。

五、企业物流信息系统设计流程

(一) 总体规划阶段

根据用户的需求、业务过程、现实环境（包括技术、经济、资源、基础条件等方面)、分析系统开发的可行性，进行概念设计和最高层次的逻辑设计，制定系统总体规划的实施方案。

(二) 系统分析阶段

系统分析是系统开发的基础，是理解企业的需求，详细了解原有系统的业务处理状况，进行功能、需求和限制的分析；综合各种因素，提出一个切实可行的系统建设方案。

(三) 系统设计阶段

系统设计可分为三个步骤：系统设计、系统编程、系统调试。系统设计是依据分析阶段提供的资料，确定系统方案，要求根据该方案来设计系统的功能模块，设计出各模块之间的输入和输出及存储信息的方式，为系统的编程提供详细的资料。系统编程是在系统设计的基础上编写程序。系统调试是用计算机网络进行物流信息处理，包括录入、分类、排序、计算、比较通信、存储和检索。

(四) 建立系统模型

1. 确定系统目标

在调查分析的基础上进一步明确目标，把整个工作规定在合理的范围之内。

2. 进行功能分析，划分子系统和功能模块

功能分析以详细调查和业务流程为依据，根据系统内部各功能间的相互关系可以将系统划分为若干个子系统，每个子系统又由若干个功能模块所组成，然后绘出系统、模块的功能结构图。

3. 明确新系统的数据处理方式

数据处理的方式可分为成批处理方式和联机实时处理方式两种，可根据对数据源和系

统功能的分析进行选择。

4. 选择软件和外部设备

根据数据处理的内容和规模；数据处理速度、主存容量和外围设备的要求来选择软件和外部设备。

第三节　第三方物流企业信息管理系统内容

一、货物跟踪系统

（一）货物跟踪系统的概念与作用

货物跟踪系统是指企业利用物流条码和电子数据交换（EDI）技术及时获取有关货物运输状态的信息（如货物品种、数量、货物在途情况、交货期间、发货地和到达地、货物的货主、送货责任车辆和人员等），提高物流运输服务的方法。货物跟踪系统提高了物流运输企业的服务水平，具体作用表现在四个方面。

（1）当顾客需要对货物的状态进行查询时，只要输入货物的发票号码，马上就可以知道有关货物状态的信息，查询作业简便迅速，信息及时准确。

（2）通过货物信息可以确认是否能将货物在规定的时间内送到顾客手中，能及时发现没有在规定的时间内把货物交付给顾客的情况，便于马上查明原因并及时改正，从而提高运送货物的准确性和及时性，提高顾客服务水平。

（3）作为获得竞争优势的手段，提高物流运输效率，提供差别化物流服务。

（4）通过货物跟踪系统所得到的有关货物运送状态的信息丰富了供应链的信息分享源，有关货物运送状态信息的分享有利于顾客预先作好接货以及后续工作的准备。

（二）货物跟踪系统的内容

1. 应用MCA无线技术的车辆运行管理系统

多路存取通道（Multi Channel Access，MCA）无线系统由无线信号发射、接收、控制部门和运输企业的计划调度室与运输车辆组成，互相之间能进行双向通话，无线信号管理部门通过科学的划分无线频率来实现无线频率的有效利用。现代企业可以在利用MCA无线系统的基础上结合顾客数据库和自动系统进行车辆运行管理，具体来说，在接到顾客运送货物的请求后，将货物品种、数量、装运时间、地点、顾客的联络电话等信息输入计算机，同时向通过运行车辆移动通信设备发回的有关车辆位置的车辆发出装货指令，通过MCA系统由计算机确定自动地向最靠近顾客的车辆发出装货指令，由车辆上装备的接收装置接收装货命令并打印出来，利用MCA技术的车辆运行管理系统不仅能提高物流运输效率，而且能提高顾客服务的满足度。

2. 应用通信卫星、GPS技术和GIS技术的车辆运行管理系统

在全国范围甚至跨国范围进行车辆运行管理就需要采用通信卫星，全球定位系统（GPS）和地理信息系统（GIS）。在采用通信卫星、GPS技术和GIS技术的车辆运行管理系统中，企业可以与物流运输企业联系运货业务和查询运送货物的信息。

二、电子自动订货系统

电子自动订货系统（EOS）是指企业间利用通信网络（VAN或互联网）和终端设备以在线联结方式进行订货作业和订单信息交换的系统。电子自动订货系统按应用范围可分为企业内的EOS（如连锁经营企业各连锁分店与总部之间建立的EOS系统）；零售商与批发商之间的EOS系统以及零售商、批发商和生产商之间的EOS系统。

（一）电子自动订货系统的作用

(1) 对于传统的订货方式，如上门订货、邮寄订货、电话、传真订货等，EOS系统可以缩短从接到订单到发货的时间，缩短订货商品的交货期，减少商品订单的出错率，节省人工费。

(2) 有利于减少企业的库存水平，提高企业的库存管理效率，能防止商品缺货现象的出现。

(3) 对于生产厂家和批发商来说，通过分析零售商的商品订货信息，能准确地判断畅销商品和滞销商品，有利于企业调整商品生产和销售计划。

(4) 有利于提高企业物流信息系统的效率，使各个业务信息于系统之间的数据交换更加便利和迅速，丰富企业的经营信息。

（二）应用电子自动订货系统的注意事项

(1) 订货业务作业的标准化，这是有效利用电子自动订货系统的前提条件。

(2) 商品代码的设计。这是应用电子自动订货系统的基础条件。

(3) 订货商品目录账册的制定和更新。订货商品目录账册的设计运用是电子自动订货系统成功的重要保证。

(4) 计算机以及订货信息输入和输出终端设备的添置。

(5) 制定电子自动订货系统应用手册并协调部门间、企业间的经营活动。

三、销售时点信息系统

销售时点信息系统（POS系统）是指通过自动读取设备在销售商品时直接读取商品销售信息，如商品名、单价、销售数量、销售时间、购买顾客等，并通过通信网络和计算机系统传送至有关部门进行分析以提高经营效率的系统。POS系统最早应用于零售业，以后逐渐扩展至其他如金融、旅馆等服务性行业，利用销售时点信息的范围也从企业内部扩展到整个供应链。

（一）销售时点信息系统的特征

（1）单人单品管理，即具体每个员工和顾客的管理、具体每个商品的管理。

（2）自动读取销售时点的信息。

（3）信息的集中管理。

（4）连接供应链的有力工具。

（二）销售时点信息系统的运行步骤

（1）门店销售商品都贴有表示该商品信息的条码。

（2）在顾客购买商品结算时，收银员使用扫描读数仪自动读取商品的条码标签上的信息，通过店铺内的微型计算机确认商品的单价，计算顾客购买总金额等，同时返回给收银机，打印出顾客购买清单和付款总金额。

（3）各点的销售时点信息通过 VAN 以在线联结方式即时传送给总部或物流中心。

（4）在总部、物流中心和店铺利用销售时点来进行库存调整、配送管理、商品订货等作业，通过对销售时点信息进行加工分析来掌握消费者购买动向，找出销售商品和滞销商品。

（5）在零售商与供应链的上游企业结成协作伙伴关系的条件下，零售商利用 VAN 以在线联结的方式把销售时点信息即时传送给上游企业。这样上游企业可以利用销售现场的最及时准确的销售信息制订经营计划，进行决策。

四、事务处理系统

事务处理系统（TPS）是物流业务可以运用的基础系统，向管理信息系统、决策支持系统和其他信息系统及管理工作提供所需要的数据。

事务处理系统的处理对象是订货单和票据，即将原始的单据录入到计算机系统，对订货单据、购货的订单和结算单据、收据、工资支付单据、账款付出、账款收入等基本业务活动进行记录并随时更新。这个系统可以全面反映日常的活动，为更高层次的信息系统提供基础数据并且直接帮助业务的改善。

事务处理系统的主要特点如下：

（1）能够迅速有效地处理大量数据；

（2）能够进行严格的数据编辑处理，确保正确性、时效性；

（3）可以进行数据的存储和积累；

（4）可以提高数据处理的速度进而加速业务的进程。

五、决策支持系统

决策支持系统（DSS）是为管理层提供的信息系统资源，是给决策过程提供所需要的信息、数据支持、方案选择支持。在非常规、非结构化决策时，该系统有很强的决策支持能力。

决策支持系统的特点如下：

(1) 可以提供有效的方案。

(2) 可以灵活的处理问题。

(3) 可以作更深入的信息分析。

六、资源计划系统

（一）物料资源计划

物料资源计划（MRP）包括物料需求计划（MRPI）和物料资源计划（MRPII）。MRP 的基本原理，是根据企业生产计划，确定每一种或者主要物料的需求时间、需求数量、需求品种，需求节奏，形成一个精细的计划系统。物料资源计划可以规划全部资源或主要资源按照最恰当的数量、最恰当的品种规格和最恰当的时间到达计划所指定的位置。

（二）分销资源计划

分销资源计划（DRP）是适用于流通企业，可以根据企业的需求计划，制订配送中心的进货计划和送货计划。

（三）物流资源计划

物流资源计划（LRP）是将 MRP 和 DRP 进行有机结合，使之成为贯穿到整个企业生产经营系统的资源配置技术。LRP 成为支持供应链的技术手段。

七、智能运输系统

智能运输系统是针对地面运输管理的信息系统。智能运输系统将信息技术贯穿于交通运输全过程，形成了集成的地面运输管理体系。该系统可以自动询问和接受各种交通信息，进行合理调度，提供在物流过程中需要了解的特殊公路信息，对运送危险品之类的特种车辆进行跟踪，对车辆和驾驶员的状况进行全程监视并在事故情况下自动报警。智能运输系统以通信和信息技术为基础，标准化的问题十分重要。

第四节 企业社会化物流信息系统

一、发展现代企业社会化物流信息系统的意义

现代企业社会化物流管理信息系统是一个公共社会化的、统一开放的物流信息系统，为广大企业提供一个物流信息发布、信息检索、信息交换的一体化系统，为工商企业和专业物流企业提供一条紧密连接的信息渠道，提高企业的供应链管理水平，提升企业的物流

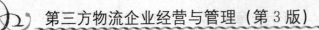

管理效率和快速反应能力，使企业获得核心竞争优势。

完整的社会化物流信息系统包括两个部分：一个是集中的物流信息管理系统，负责信息管理和服务；另一个是分布的企业物流客户系统，负责对企业内部的物流信息进行管理、制作、发布与检索。

建立社会化物流信息系统，对于优化企业资源配置，吸引外资投入，提高经济运行质量，促进企业的改革与发展，提高企业的市场竞争能力，具有十分重要的意义。

1. 有利于解决中小企业物流问题

我国中小企业发展迅速，在社会经济中占有重要的地位，是我国经济的重要组成部分。由于中小企业规模小，人才缺乏，企业物流运作和物流管理存在困难，难以适应信息社会的快节奏、高效率的需求，制约了中小企业的发展。通过建设一个统一的物流管理信息系统，实现分工协作，有利于发展第三方物流服务，为众多的工商企业提供全方位的物流服务。

2. 有助于提高企业物流服务水平

目前我国第三方物流企业的经营方式实际上是传统的运输企业运作方式的一种简单延伸，基本上还不具备高质量、全方位的服务水平和快速响应能力，因为资金和人才制约，无法短期内迅速提升物流服务水平，建设一个社会化物流管理信息系统，通过借鉴国外的成功经验，加上运营商的雄厚的技术支持和财力支持，可以集中优秀的物流专业人才和信息专业人才，为包括物流企业在内的所有企业提供物流服务，提供一个合理的生存、竞争和发展环境，有效地强化物流企业内部的物流服务水平。

3. 有效地降低物流成本

物流管理应用软件系统为企业内部生产加工、原材料采购和企业外部的物资流通提供信息化的管理、分析、决策手段。物流管理基于信息技术和现代管理技术，可以实现科学的供应链管理，这就能够节约大量的重复建设资金，在物流管理信息系统的支持下提高物流配送的快速响应能力，满足企业多批次、小批量和特色性的订货、仓储和配送需求，实现获得高水平的用户服务和低库存投资、低单位成本两个目标之间的平衡，实现快速反应、最小变异、最低库存、整合运输以及对产品质量与生命周期的支持等。

4. 有力地推动企业信息化建设进程

今天的物流系统已扩展到以现代管理、信息技术及网络为支撑的综合物流服务，以物流企业为主体、第三方服务为主要形式、物流和信息流相结合的、涉及供应链全过程的信息化社会化现代物流系统正逐步形成。现代物流在运输网络合理化和管理网络系统化的基础上，实现整个物流系统管理的信息化，进入以网络技术和电子商务为标志的企业信息化建设时代。

二、企业社会化物流信息系统的内容

（一）企业社会化物流信息系统的设计要素

企业社会化物流信息系统的设计要素如下：

（1）制订物流管理信息接口标准；

（2）建立层次化的物流管理网络；

（3）提供信息发布和信息检索门户；

（4）提供透明的在途物品跟踪管理；

（5）提供网上商务洽谈和安全电子交易；

（6）提供一体化商业信用、保险、咨询等服务支持；

（7）支持计费、统计与决策分析。

（二）企业社会化物流信息系统的基本功能

企业社会化物流信息系统的基本功能包括19个。

（1）信息发布：发布产品、原材料供需及运输信息。

（2）信息获取：收集产品、原材料供需及运输信息。

（3）存货管理：基于企业对生产和市场需求的预测、对原材料进行合理的管理，以最低的成本和风险实现企业运作的高效益。

（4）仓储管理：合理安排储备、调节库存，减少不必要的库存和储备，降低在途资金的占用率，加快资金周转，为企业发展提供合理的资金流。

（5）商务洽谈：就购销物品数量、价格、付款方式、物品运输等商务合同具体条款进行洽谈。

（6）签署订单：签订商务合同，并就合同的有效性进行公证。

（7）物品配送：根据到货日期和成本计划，合理安排物品配送方案，包括运输方式、中转场地、运输路线、承运方选择等。

（8）货款支付：按照订单合同的付款方式，一次性或分期支付货款；对于买方，还包括及时催收货款。

（9）运输保险：按照配送运输方案，合理安排货物在运输过程的保险方案。

（10）发票稽核：对对方开具的发票特别是增值税发票，及时进行核对，确保发票的真实有效性。

（11）签收验货：对于已到目的地的物品，按发货单和订单合同对物品进行签收，并组织验货，对运输过程中出现的物品毁损及时提出赔偿要求，对质量或规格与合同不符的物品，按合同条款向供货方提出退货及赔偿要求。

（12）客户管理：对企业的客户进行分类管理，针对不同的客户采取不同的营销策略，经常性地保持和客户的良好沟通。

（13）网络管理：对物流管理系统网络设备和软件系统运行情况进行实时监测，确保物流系统的正常运行。

（14）安全管理：采取全面而可靠的信息技术为物流系统的网络安全和信息安全提供保障。

（15）信用公证：基于信息化技术提供的供需双方或多方之间的信用的脆弱性，强化信用公证体制，确保各方的利益不受损害。

（16）用户管理：对物流系统的用户（企业、商家、客户以及其他机构）等进行安全身份认证和管理，规范企业的运作行为。

（17）统计分析：为物流系统用户、物流系统运营商、为政府职能部门分别提供详细、科学的统计分析数据，为经营决策和制定政策提供科学的参考数据，为政府职能部门进行宏观经济控制和结构调整提供可信的第一手资料。

（18）综合服务：为物流系统用户提供各种服务，如物流管理理论研讨、物流管理解决方案、运输路线职能选择、企业信用等级、交通运输时刻表等信息咨询服务。

（19）物流作业管理的信息标准化：物流系统作为跨地区、跨行业的信息网络，应致力于基于信息处理技术开展物流管理的标准化工作，对外提供科学完备的标准信息接口规范，引导企业的物流管理向标准靠拢，规范企业的物流作业行为。

（三）企业社会化物流信息系统的特点

企业社会化物流信息系统包括以下8个特点。

（1）提供标准化的信息接口规范和现有的企业内部管理信息系统；

（2）支持物流管理的一体化集成的供应链管理解决方案，有利于整合物流管理信息系统，为企业实现现代物流提供完整信息服务；

（3）具备数据和格式的自定义能力，支持不同企业的应用需求；

（4）系统具有灵活的可裁减特性，内部结构可灵活构建；

（5）集成物流和资金流管理，为商务活动提供完善的过程规范和服务；

（6）强化系统的安全机制，采用防火墙技术、用户身份认证技术，提供数据传输和数据存储安全处理；

（7）具备完善的服务保障能力，为用户提供包括信息发布、信息获取、商务谈判、订单处理、保险、公证、安全电子支付以及运输等全程物流与交易服务；

（8）整个系统具有完善的运营管理和统计决策功能，为系统的正常运行维护提供了有力的技术保障，为政府、企业和运营商的决策提供强有力的支持。

三、企业社会化物流信息的应用系统

（一）产供销管理系统

产供销管理系统的主要功能是帮助企业进行市场预测并分析生产计划，以及配套的物料采购与物品销售计划。包括以下8个方面。

（1）产品需求预测和生产计划管理；

（2）战略供应商和用户伙伴关系管理；

（3）企业内部与企业之间物料管理；

（4）采购；

(5) 销售;

(6) 产品设计与制造管理;

(7) 设备和供应链生产的计划跟踪与控制管理;

(8) 企业间资金流管理。

(二) 仓储管理系统

仓储管理系统利用信息技术手段，分析形成库存和储备的要素，减少不必要的库存和储备，降低在途资金的占用率，加快资金周转，为企业发展提供合理的资金流。包括以下6个方面。

(1) 收货管理;

(2) 出货管理;

(3) 存货配置与库存维护管理;

(4) 仓储建设与仓储租赁管理;

(5) 快速反应与战略储备管理;

(6) 报表与账目管理。

(三) 配送管理系统

在物流管理体系的支持下，专业的配送公司得到加强，可以组建成为配送连锁机构，生产销售企业不必建立自己的配送系统，配送公司和生产销售企业之间通过系统进行信息沟通和供需联系，加强了行业之间的分工与合作，有利于我国企业的发展。包括：①装卸与搬运管理；②分拣与包装管理；③运输计划与运输成本管理；④在途物品跟踪管理。

第五节 RFID 技术在第三方物流仓储中的应用

随着物流业的迅速发展，传统的人工和条码方式已不能满足企业对物流的要求，然而物联网 RFID 技术的引入，可以缩短物流过程，降低产品库存，提高整个供应链的竞争力。但是由于 RFID 较低的硬件读取率，使得实际运用过程中 RFID 的应用较少，同时，国内外也还缺少成熟的基于 RFID 技术的物流解决方案，但是如果进行适当的流程优化，通常可以屏蔽掉硬件读取率低下这一因素。本章就通过分析第三方物流特点，找到 RFID 技术与第三方物流应用的切合点，对当前 RFID 技术在第三方物流仓储中的应用流程进行优化。

一、RFID 技术与第三方物流企业结合点

结合物联 RFID 特点，RFID 技术在以下物流领域具有广阔的应用前景。

1. 仓储环节

RFID 技术在仓储中主要应用于货物的出入库，盘点，以及库存控制环节。由于 RFID

可以对数据实行自动化读取与写入，极大提高相关数据的准确性与可靠性，有效避免人工操作的错误，节约人工成本。货物入库的时候，完成标签粘贴，自动化的入库登记，货物信息写入，安排货物上架指引等；在出库环节，指导拣货，完成出库校验，物流指引等操作；在盘点环节，可以快速地完成区域内货物数量与内容的整理；在库存控制环节，指导上架取货与补货等。

2. 物流运输环节

在物流运输环节，RFID技术与GPS模块结合在一起应用，例如在GPS模块上粘贴带有GPS以及订单信息的标签，在出库环节完成对GPS模块以及货物信息之间的绑定。系统就可以准确了解货物的实时信息。同时，系统还可以监控运输流程、做路径规划、偏航报警等功能，并将相应的实时信息提供给相关客户，进而提高整个供应链的反应速度，降低成本，提高工作效率。

3. 货物接收环节

在货物接收特别是快递单品情况下，通过手持式RFID阅读器，快速接收货物，实行订单反馈，完成整个物流过程。

4. 溯源，防伪，安全管理方面

通过在整个物流环节应用RFID技术，并在关键节点设置RFID读写器设备，可以对特殊货物实时追踪（如食品、药品、化妆品、爆炸物等的溯源，防伪及安全管理控制）。不仅方便客户查询货物的运送状态，而且在问题发生时，及时确认问题环节。

二、基于RFID技术的第三方物流仓储管理

（一）RFID技术与企业集成目标

RFID技术的引进在于解决第三方物流企业供应链信息化建设中，自动数据采集，信息系统管理等瓶颈问题，降低物流企业人工成本，提高工作效率，因此引入RFID技术的目标应包括但不局限于以下几个方面。

（1）节省人员成本，降低库存占有率，解决物流管理环节中数据的自动化采集，处理与分析的问题，使供应链高效运转。

（2）实现货物出入库、盘点、运输、收货等全程的跟踪、溯源、监控与调度，增大物流吞吐量，提高物流服务水平。

（3）通过在适当环节进行验证，解决当前RFID硬件读取率可靠性不足与企业应用需求间的矛盾；通过优化应用流程，降低RFID标签使用成本。

（二）功能需求与设备选型

根据不同的应用需求，物联网特别是RFID设备的选取也各有不同，本章就以如图11－1所示的典型的出库应用场景对设备选型做简要介绍。

图 11-1 出库场景

仓库出库中的出口，通常设计成和重型卡车以及集装箱出口的大小相同，因此库门的左右距离一般为 2～4 米，高度为 3～6 米。货物码放在托盘上，进入 RFID 读写区域，一般的读写距离为 2～3 米，货物标签个数为 30～80 个。因此，物流行业最适合的频段为 UHF 即超高频。其他需求以及技术参数还包括以下两个方面。

1. 阅读器以及天线选型方面

(1) 协议接口：不同标签读取有不同的协议接口，阅读器的协议接口应当与选取的标签的协议接口一致；

(2) 网络协议及传输方式：阅读器与主机通信有不同的网络协议，通常有 TCP/IP 协议以及串口协议。需要根据主机与阅读器的距离以及应用需求，选取不同的通信协议。当前的主流 RFID 阅读器设备往往支持多种网络协议的通信。

(3) 多标签识别能力：设备功率以及天线工作方式的不同会造成标签识别效率的差别，往往识别能力较强的阅读器设备，价格也相对较高，选取时要具体问题具体分析。

(4) 天线读取距离以及极化方式：根据闸口的距离，选择合适的读取设备与极化方式，线极化天线读写距离较大，但读写范围较小，而圆极化方式的天线则正好相反。同时天线增益越大，往往读取效率越好。

（5）其他：如是否提供软件接口支持，是否可升级等，也应作为设备选取中的考虑因素。

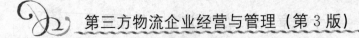

本章实际选取的应用设备为 XC－RF806 型读写器，其主要特点为，工作频率为 920MHz～925MHz，支持 ISO18000－6C 以及 EPC C1G2 标准，最大支持 4 个天线接口，支持 DHCP，TCP 等网络协议，读取速率在 170 张/秒，读取距离为 0～10 米，天线选取配套的 ST－900R1 型，采用垂直极化方式，完全可以满足出库需求。

2. 标签选型方面

标签的选择直接影响 RFID 技术的使用效果，因此以下几个方面是第三方物流行业在选取标签的时候重点考虑的因素：

（1）标签灵敏度：标签响应阅读器读写的速度以及效率。

（2）标签抗干扰能力：包括对周围其他同类型标签以及环境中的射频信号、金属、液体等的抗干扰能力。

（3）标签形状大小：主要考虑具体应用场景与粘贴位置，通常标签越大，读取效果越好。

（4）其他特殊标签需求。

本章的试验场景选取的为远望谷 XCTF－8101A 型标签，符合 ISO 18000－6C 标准，可以粘贴在包装品表面，支持标签的打印与读写。

（三）总体架构设计

根据物联网提出的感知层、网络层和应用层的三层架构，我们构建了基于物联网技术的第三方物流 RFID 总体架构，如图 11－2 所示。

（1）感知层的主要作用是通过有关元器件，如 RFID 阅读器、天线、标签、传感器（记录温湿度，位置等）、集成 RFID 与传感芯片的智能标签，以及计算机硬件服务器、网络设备的使用，搭建第三方物流的基础设施，为上层信息系统提供硬件的支持。

（2）网络层的主要的功能是对有关物流信息的获取、传输、处理以及协同。其建立在硬件基础之上，主要的功能模块就是 RFID 中间件以及相关扩展，包括数据采集、信息写入、碰撞检测、信息过滤、数据融合等，涉及的技术包括物流信息获取技术、物流信息传输技术、物流信息传输技术，以及物流信息控制技术等。

（3）应用层主要是指集成多种物流信息的应用系统，其构建在 RFID 中间件基础之上，完成包括订单、运输、仓储、配送等多种多样的管理功能。其可以根据具体用户个性化的需求，提供有针对性的服务。应用层重点应用根据其开放程度，又可以分为企业内部系统，以及通过 EDI 接口开放给诸如政府、运输商、代理商、客户等的公共平台。

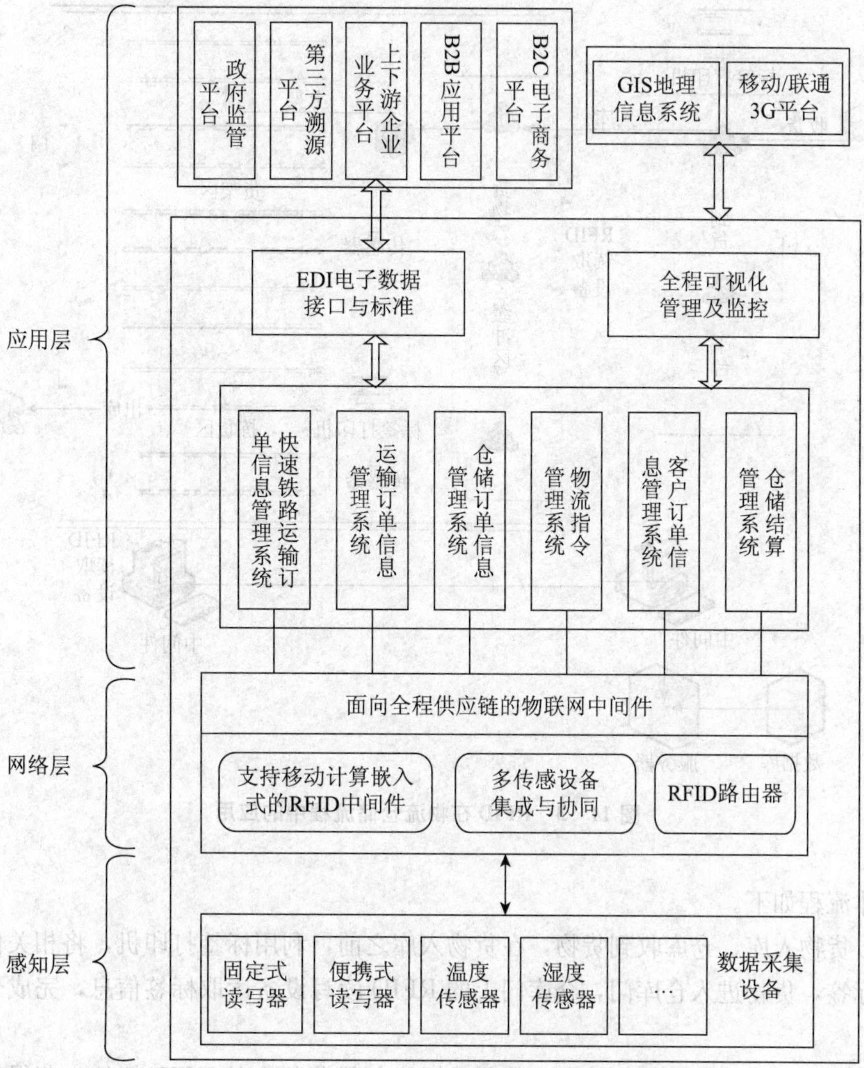

图 11－2　RFID 系统总体架构

（四）流程设计

通过在物流仓储过程中加入物联网技术优化流程；同时通过将传感技术与传统中间件进行融合，使得企业可以方便地与传感技术进行集成，下面就具体应用场景做流程介绍。

RFID 在物流仓储流程中的应用如图 11－3 所示。

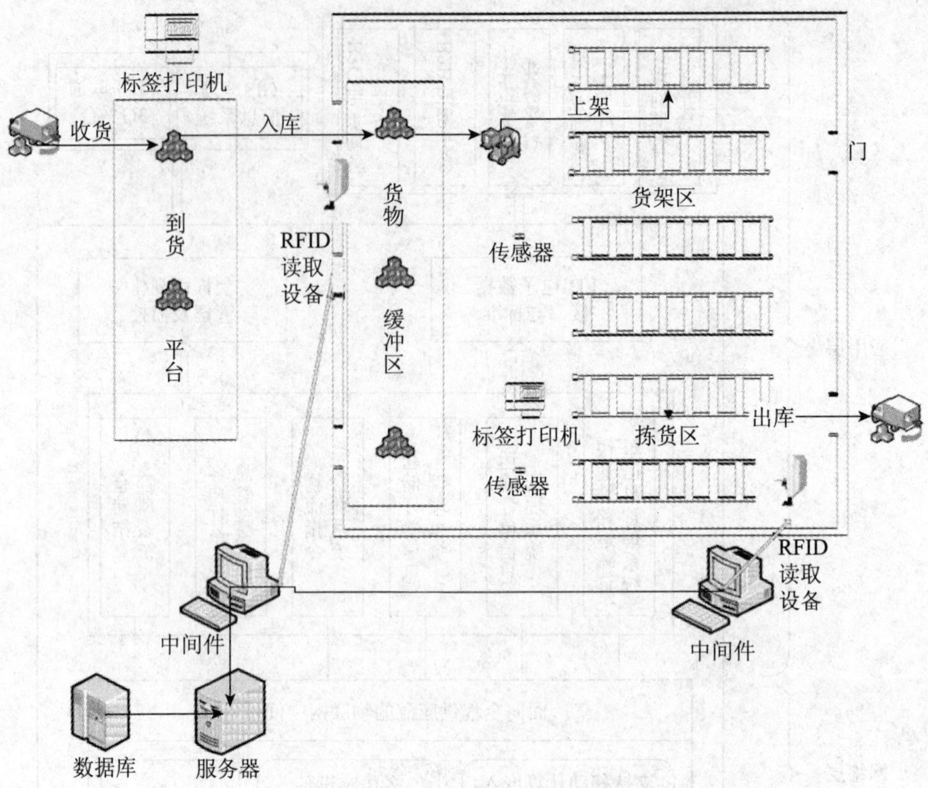

图 11－3 RFID 在物流仓储流程中的应用

具体流程如下。

（1）货物入库，仓库收到货物，在货物入库之前，利用标签打印机，将相关信息打印成电子标签，货物进入仓库门，仓库门上的 RFID 读写设备读取标签信息，完成仓库入库流程。

（2）指导上架，货物在入库后，操作员通过扫描货物上的 RFID 标签，获得货物的存放位置信息，并通过读取部署在货架区的 RFID 标签来指引与确认货物存放位置，完成快速上架。

（3）货物盘点，客户通过手持 RFID 设备，快速完成对指定区域货物存货的盘点工作，减去复杂拆箱工作，减少工作量。

以上为货物入库与在仓储流程中 RFID 技术的应用，下面为货物发货过程中，RFID 技术对流程的改进。

（1）客户驱动流程发起：物流客户订单系统接收客户订单，接收订单之后进行物流运送。系统自动指定拣货仓库与拣货线，并通知相关仓库进行补货。根据已生成的运输线路分配车辆等，生成发货订单。

（2）拣货流程：在完成与客户订单管理系统的发货订单交接工作之后，开始拣货流程，入库过程中未打印标签的货物，完成标签的打印与粘贴。根据具体需要，标签中可以写入货物相关信息（诸如订单号，货物预估重量等信息）。若在入库前完成标签打印粘贴工作，拣货过程中可以实现智能查找拣货。

（3）货物出库：拣货完成后，货物进入仓库门口进行出库流程，出库过程中，对货物进行称重校验，即通过对比 RFID 信息中预估重量与实际重量，对 RFID 读取过程以及货物信息进行校验。同时，还可以将粘贴有 RFID 标签的 GPS 模块也放入货物中，在出库流程中完成 GPS 模块与货物的自动绑定，方便下一步的在途跟踪工作的进行。

在整个流程中，传感器实时记录仓库与操作环境状态，并将信息传回服务器与具体订单绑定备查。

（五）RFID 读取校验环节

RFID 标签在物流流程中的多次应用，可以间接降低 RFID 标签使用成本，同样地，对物流流程进行适当的修改，还可以屏蔽 RFID 硬件设备读取率低的问题，提高整个系统的可靠性。本节就通过在系统出库环节，加入电子磅设备，对读取效果进行校验，如果读取完成，则顺利出库，如果出现读取失败，则发出报警信息，提示操作员重新进行出库操作。

如图 11－4 所示，通过在标签区域加入电子磅，同时辅助一定的软件流程，判定读取重量是否与预估重量一致，进而可知是否完成了对所有标签的读取，最终实现对 RFID 读取环节的称重校验。

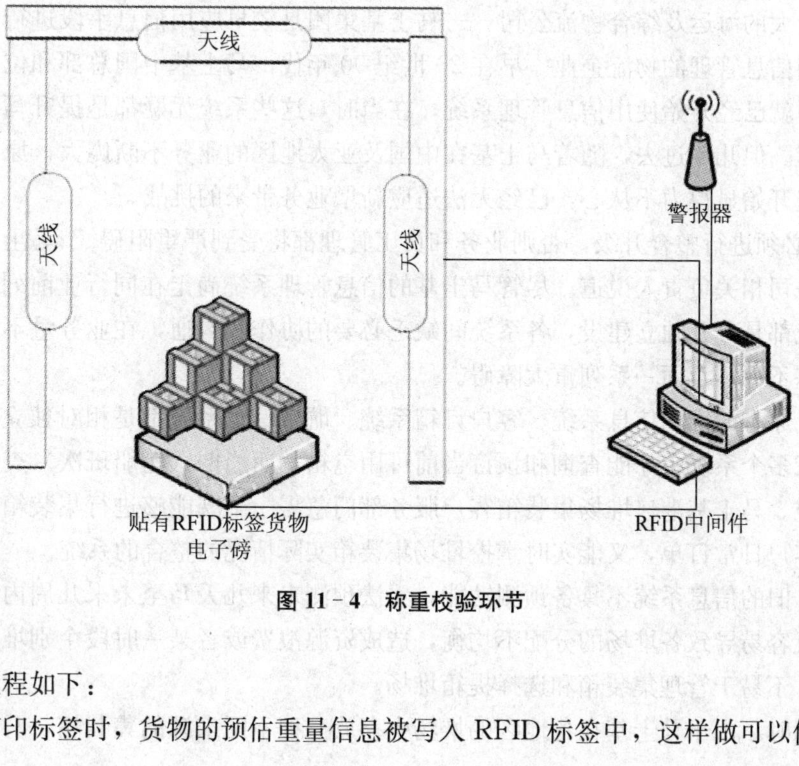

图 11－4 称重校验环节

具体流程如下：

（1）打印标签时，货物的预估重量信息被写入 RFID 标签中，这样做可以使得系统中间件无须查询后台数据库，从而加快校验环节的进度。对于预估信息，当前绝大多数物流管理系统均支持对货物信息的评估，技术难度实现不大。

（2）出库过程中，将贴有RFID标签的货物推送到装有电子磅的RFID读取区域中，RFID中间件读取标签中的信息，对信息中的预估重量进行计算，同时，获得电子磅称出的实际重量，进行对比。若误差在可接受范围，则认为这是一次成功读取，否则，任务读取失败，启动报警器，提醒操作人员重新进行出库验证。

课后思考

1. 简述物流信息的概念与特征。
2. 简述企业物流信息管理的概念与作用。
3. 论述企业物流信息管理系统的总体规划。
4. 简述企业物流信息系统设计流程。
5. 简述货物跟踪系统的概念与作用。
6. 简述电子自动订货系统的概念与作用。
7. 简述发展企业物流信息系统的作用。

案例分析

马士基港口堆场信息管理系统应用案例

全球最大的海运及综合物流公司——马士基集团是较早应用信息手段进行货运信息及堆场集装箱信息管理的物流企业。早在20世纪90年代，马士基中国总部和位于国内各城市的分公司就已经开始使用信息管理系统，在当时，这些系统无疑都是提升马士基竞争力的重要因素。但几年过去，随着马士基在中国及亚太地区的业务不断庞大，原有的堆场信息管理系统开始显得力不从心，已经无法适应新增业务带来的挑战。

“我们必须进行整合升级，否则业务和员工管理都将受到严重阻碍。”马士基集团（香港）有限公司相关负责人说道。尽管马士基的信息管理系统尚走在同行业前列，但是，由于所有系统都是分开独立建设，各系统间缺乏必要的协作和沟通，在业务量不断增大的今天，马士基不得不直面一系列重大障碍。

首先，原有的堆场信息系统、客户订箱系统、航班信息系统都是相对独立的，客户往往需要登录多个系统，才能查询和预订当前可用空箱，而船期（轮船班次）查询则需进入另外的系统。马士基港口堆场集装箱客户服务部门急需一个既能够进行集装箱堆场分配操作、处理客户日常订单，又能实时掌控堆场集装箱实际情况的整合的系统。

其次，旧的信息系统不具备预测功能，无法预测未来几天乃至未来几周内的堆场存贮情况，这就容易导致各堆场的分配不均衡，造成资源浪费或者某一时段个别堆场的可用存储量紧张，不易于管理集装箱和选择提箱堆场。

与此同时，由于马士基在各地区的堆场中存放三种不同来源的集装箱，马士基公司自己的集装箱；运抵马士基相关港口堆场属于其他公司的集装箱；马士基向其他公司租借使用的集装箱。对这三个来源的集装箱的利用率是不同的，而原有系统不能够自动生成推荐的港口堆场，无法合理利用这三类集装箱资源。

此外，马士基公司以前的系统都是多年前开发实施的，随着不断增长的数据信息处理容量，以及业务处理对信息系统功能的不断增加，原有系统的功能实现已突显陈旧，操作界面已急需更新换代以适应公司的业务和管理需求。

为解决因信息管理手段带来的对业务的制约，马士基集团（香港）有限公司决定选择并委托一家专业的软件开发公司，重新规划、开发并实施一套新的港口堆场信息管理系统（Maersk Equipment Module System）。经过反复考察筛选，马士基最终选择已经有过成功合作经验的上海微创软件有限公司（以下简称“微创”）进行新系统的构建和实施。

在接到项目以后，微创对物流行业及马士基公司的业务现状，以及在各机构间的信息共享需求进行了深入调研和分析，并赴客户实际操作最终用户处进行了详尽的交流与沟通，提出新的管理系统应当体现出整合、简化操作、实时监控、智能查询的思路，得到马士基公司的肯定。

在此思路下，微创基于因特网网络的 Web 应用模式，采用 B/S 结构和 ASP. NET 平台，并且使用微创的软件开发平台，为马士基开发出新的港口堆场信息管理系统。系统通过数据接口从现有的马士基其他系统中获取相关堆场各种集装箱的数量及存储状况数据，汇总计算出各堆场的实时集装箱状态数据（Depot Balance Stock）。此外，系统还可以根据系统预设的客户偏好、轮船班次与各种集装箱的到港、离港预测等数据信息设定提取集装箱的计算规则。当用户登录系统选择相关订单后，系统可以通过预设的规则进行计算，并推荐最合理的提箱堆场分配建议。提箱单上整合了条码打印的技术，使系统生成的单据直接可以用于各个堆场进行提箱确认。该系统的应用服务器端安装在马士基集团香港有限公司，采用区域控制的方法管理用户所在地的港口堆场信息，使系统不受地域限制，可以应用于马士基海运香港、深圳及其他城市的多个港口。

系统的平台架构示意图如图 11－5 所示。

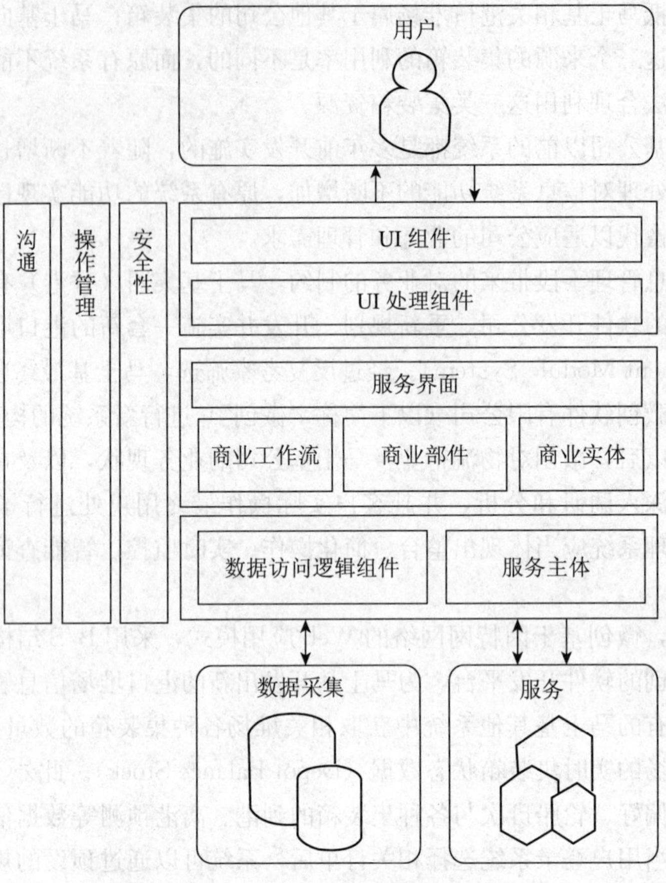

图11－5　系统平台架构示意

马士基EQU系统（Maersk Equipment Module System）主要的功能点在于：

（1）通过系统数据接口整合并汇总来自于马士基多个现有系统的相关数据；

（2）根据多方数据实时计算出相应的堆场集装箱状态（Balance Stock）数据；

（3）根据预设规则实现智能、便捷、准确、科学的集装箱提箱堆场分配（Depot Selection）功能，并可以通过系统直接发布提箱单（Issue Transport Set）；

（4）各种基础数据的集中管理；

（5）未来到港、离港信息数据的整合与预测管理；

（6）区域堆场信息灵活应用与管理。

EQU系统主要包括9个功能模块，使各业务环节很好地关联起来，其分别如下。

1. 基本信息管理（Basic Information Management）

这个模块是用户与堆场系统之间沟通的信息平台，用户可以在这里添加、编辑和删除用户信息，以及堆场信息，查询用户所有的有效港口、堆场、集装箱、船期等信息。

2. 堆场分配管理（Depot Selection Management）

在这个模块中，用户只需简单地录入客户订单号，系统就能根据各种预设规则自动计算推荐最合理的集装箱提箱堆场分配结果。同时，用户也可以实现自定义分配方案的功能，系统根据分配结果直接生成不同风格的提箱单，并可以直接通过传真发送给客户。这也是系统最为重要的功能模块之一。

3. 堆场库存管理（Depot Stock Management）

这个模块管理相关的马士基的堆场集装箱数量与选择顺序等信息。通过与马士基现有系统的定期更新，显示实时的存储状态。同时可以预设堆场选择优先级别、手动调整数量，并汇总显示实时数据。

4. 单程集装箱再运输管理（One—way Container Management）

这个模块保存所有单程返回启运地的集装箱信息，包括其尺寸、类型以及交货港。用户也可以通过合同数量、卸货地或堆场位置等搜索单程返回启运地的集装箱。

5. 租借集装箱管理（Leasing Container Management）

这个模块管理相关堆场的租借集装箱的信息管理。通过这个模块，用户可以查询空箱，管理租借的集装箱，进行添加、更改和删除操作，以及选择优先级别的设定。

6. 将要到达相关堆场的集装箱数量管理（Import Empty Return Management）

该模块主要对每周将要到达相关堆场的集装箱数量进行评估。用户可以查询到每周将要到达堆场的空箱数量，以及每日到达堆场的空箱数量，计算出特定日期的总空箱数量。

7. 集装箱状态监测（Equipment Status Monitory）

这个模块主要是以报表形式显示集装箱每日的状态。用户只需输入堆场、集装箱尺寸或型号，就会自动生成相关集装箱堆场状态的总览表，包括当前的以及未来 3 个星期内的各种状态。

8. 提箱单发布管理（Transport Set Issuance Management）

这个模块是用于管理所有的已发布的提箱单。用户可以在这里进行发布后的修改、撤销、再次单张/批量打印、传真等功能。

9. 报表管理（Report Management）

客户日常的应用管理报表模块，包括订单监控管理报表与提箱单状态报表等，为客户提供按照不同维度进行数据汇总查询的功能，以支持其管理人员第一时间了解各种相关数据与状态。整合共享、高效管理，能将先进的技术和项目实施水平转化为易用实用、能为客户提供价值的平台才是真正的贡献。

在该项目中，微创采用定制化软件开发方式，完成了本项目软件系统的需求分析、系统设计、程序开发、系统测试、远程在线实施和培训、知识转移服务等相应的项目管理工作。整个项目历时仅三个月余，就开始在马士基香港进行业务运营。

在系统正式启用以后，各个功能模块连接起整个业务环节，简化了用户的订箱过程，推动了整个港口堆场业务良性发展。新的系统通过实时监控以及预测功能，大大提高了港口堆场的利用率，合理分配资源，也提高了港口的整体效率。此外，系统的智能分析和查询能力，为客户简化了操作过程，友好的用户界面，也使得烦琐复杂的订箱工作变成轻松简单的点击。

在评价该项目时，马士基相关负责人谈到新的 EQU 系统帮助马士基很好地适应了新业务和应对新的竞争挑战，该负责人表示："这个项目在设计研发、实施及应用各方面，都非常好地达成了预期目标，整个项目非常成功。"

讨论：马士基原有的堆场信息管理系统存在哪些问题？对此，马士基是如何建立新的港口堆场信息管理系统的？

第十二章　第三方物流发展的新模式

第一节　供应链管理环境下的第三方物流

供应链管理（Supply Chain Management，SCM）这一术语最早出现于 20 世纪 80 年代，对于供应链管理的定义有多种不同的表述。尹文斯认为：“供应链管理是通过前馈的信息流和反馈的物料流及信息流，将供应商、制造商、分销商、零售商，直到最终用户连成一个整体的管理模式。”菲利浦则认为：“供应链不是供应商管理的别称，而是一种新的管理体制策略，它把不同企业集成起来以增加整个供应链的效率，注重企业之间的合作。”于 1993 年成立的供应链世界论坛给出的表述为：“供应链管理是从提供产品、服务和信息来为用户和股东增添价值的，从原材料供应上一直到最终用户的关键业务过程的集成管理。”

由以上定义可以看出，供应链管理就是为了满足用户的需要，对整个供应链系统（即从原材料供应到将产品交付最终用户的网链结构）进行计划、协调、执行、控制和优化的各种活动和过程，是从原材料供应商一直到最终用户的关键业务过程的集成管理。

一、第三方物流参与企业的供应链规划与设计

一方面，对于一个新创立的企业而言，供应链物流规划与设计是企业创立阶段需要考虑的重要问题。好的供应链管理是从供应链物流规划与设计开始的。而对于已经处于经营过程的企业而言，定期地对现有的供应链物流的运行过程进行回顾、分析和研究也是非常必要的。在这两种情况中，第三方物流都起着非常重要的作用。第三方物流企业可以为企业供应链物流设计和改进提供咨询，并为其提出改进的建议。

另一方面，客户在寻求第三方物流服务时的目的之一是要求在规划设计供应链物流系统中，第三方物流企业能更加紧密的参与。第三方物流企业如果具备专业物流知识与技能，又了解客户以往的物流运作方式，就能在供应链物流系统的创新方面处于一个有利的地位。许多第三方物流解决方案就是在对企业的供应链物流系统进行策划的基础上进行的。由于竞争对手、供应商与技术的变化，客户企业的供应链物流环境一直在发生改变，为了适应变化的环境、优化企业的战略，其供应链物流系统必须有系统的进行规划和设计，以取得最大效率。

供应链管理的目标是寻求最佳的企业资源配置，形成企业竞争优势。“一只手抓住用户的需求，另一只手抓住可以满足用户需求的全球资源，把这两种能力结合在一起，这就

是企业的核心竞争力”。这充分说明供应链管理已成为影响企业竞争力的重要因素之一。

第三方物流在参与客户的供应链物流的规划与设计时，需做好以下三件工作。

（一）定位供应链战略

第三方物流企业在供应链总体规划阶段需站在系统的角度对整个供应链的战略定位提出建议。在帮助供应链成员企业对整个供应链进行规划与设计时，第三方物流企业首先要根据该企业的竞争战略找好供应链战略定位。这一点很重要，因为战略定位的不准确将直接导致企业行为与企业目标的偏离。总体而言，企业的竞争战略可分为四种：专注性竞争战略、成本性竞争战略、敏捷性竞争战略和客户性竞争战略。与此相适应将形成企业的三种供应链战略：成本型供应链战略、差异型供应链战略和目标集中型供应链战略。如图 12－1 所示。

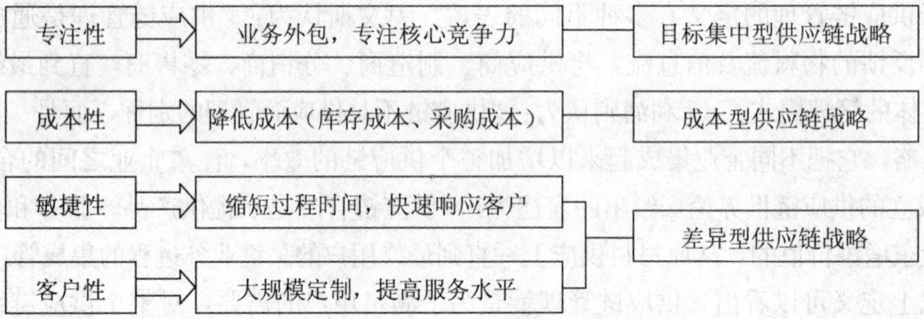

图 12－1　企业竞争战略与供应链战略

（二）给出供应链的基本描述

第三方物流企业面对所要分析的供应链，须给出在该供应链上有哪些行为主体或利益集团，如消费者、零售商、批发商、制造商和原材料供应商等，并对整个供应链的客户服务目标、设施选择战略、库存决策战略和运输战略进行定义。这几个方面是互相联系的，应该作为一个整体进行规划。供应链物流规划可以用决策三角形表示，如图 12－2 所示。

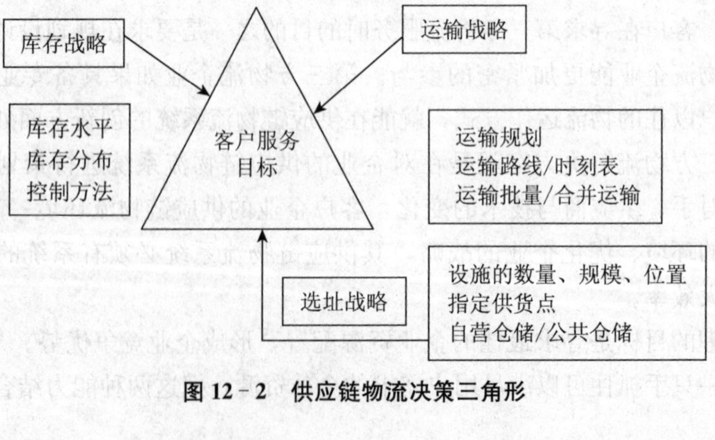

图 12－2　供应链物流决策三角形

1. 客户服务目标

客户所需求的服务水平对于整个供应链物流系统设计而言影响重大。服务水平低，可以在较少的存储地点集中存货，利用较廉价的运输方式进行运输。相反，较高的服务水平将会对仓储、运输提出较高的要求。但当服务水平接近上限时，物流成本的上升比服务水平的上升更快。因此，供应链物流规划的首要任务是确定适当的客户服务水平。

2. 选址战略

储存点及供货点的地理分布是供应链物流规划的重要内容。其具体包括：确定设施的数量、地理位置、规模，并分配设施所服务的市场范围。好的设施选址应考虑所有的产品移动过程及相关成本，通过不同的物流渠道来满足客户的需要。选址战略的核心是要求需求分配方案的成本最低或利润最高。

3. 库存战略

库存战略指管理库存的方式。将库存分配到储存点与通过补货自发拉动库存是两种典型的库存战略。其他方面的决策内容还包括：产品系列中不同品种如何分别选在工厂、地区性仓库或基层仓库存放。

4. 运输战略

运输战略包括运输方式、运输批量、运输时间及路线的选择。这些决策受仓库与客户以及仓库与企业之间距离的影响，反过来又会影响仓库选址决策。

客户服务目标、选址战略、库存战略以及运输战略是供应链物流规划的主要内容，因为这些决策会影响企业的赢利能力、现金流和投资回报率等，并且每个决策都与其他决策互相联系，规划过程中必须对他们之间的“背反关系”予以考虑。在这一方面，第三方物流企业完全有优势对整个供应链物流进行合理规划，以实现整体利益最大化。

（三）建立供应链总体评价指标体系

第三方物流企业应从战略高度建立一套供应链总体评价指标，用多个维度的评价方法来描述和测评供应链的业绩。一个高效的供应链必须有一整套的评价指标，一个有效的供应链绩效衡量和测评体系应从五个维度来对供应链的运行情况进行评价，即可靠性、响应能力、灵活性、成本和资产，如表 12－1 所示。

表 12－1　　供应链业绩评估矩阵

业绩指标	面向消费者			面向内部	
	可靠性	响应能力	灵活性	成本	资产
交货性能	√				
商品充足率	√				
订单履约率	√				
订单完成前置时间		√			

续 表

业绩指标	面向消费者			面向内部	
	可靠性	响应能力	灵活性	成本	资产
供应链响应时间			√		
生产柔性			√		
供应链管理成本				√	
退回成本				√	
增值生产率				√	
资金周转时间					√
存货供应天数					√
资产回报					√

二、第三方物流为供应链成员提供定制的物流信息系统

供应链成员企业对创建企业物流信息系统有着十分迫切的需求。作为专业物流服务提供商的第三方物流企业理应抓住这一市场机遇，努力为供应链成员企业提供量身定制的物流信息系统。

（一）供应链物流信息系统的范围

1. 供应链物流信息系统的构成

供应链物流信息系统是控制供应链物流的总系统，它涉及的范围很广，贯穿于整个供应链物流过程，包含企业的进货、储存、配送、运输等物流活动，如图 12－3 所示。

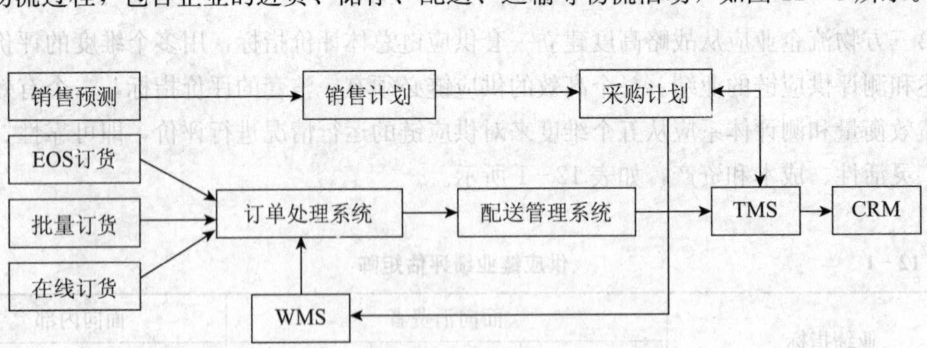

图 12－3　供应链物流信息系统的构成

一般来说，可以根据处理功能的不同，把供应链物流管理信息系统划分成几个子系统，如图 12－4 所示。

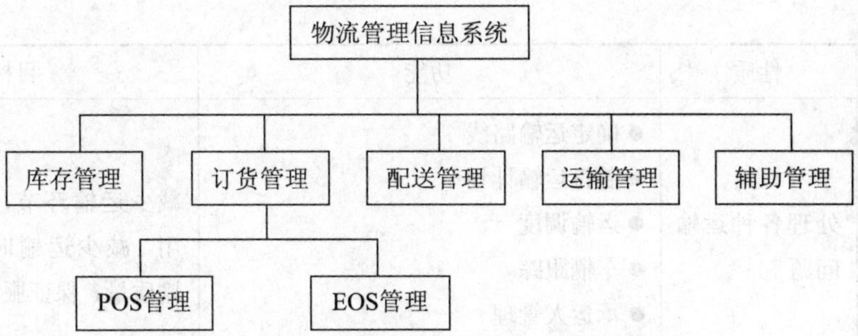

图 12-4 供应链物流管理信息系统的各子系统

2. 供应链物流信息系统的各子系统描述

主要包括以下四个子系统：库存管理子系统、订货管理子系统、配送管理子系统和运输管理子系统。各个子系统有着不同的功能和目标，但相互之间又紧密关联，形成一个有机的整体。各子系统的功能及目标如表 12-2 所示。

表 12-2 供应链物流信息系统四大子系统的基本描述

系统名称	性质	功能	目标
库存管理子系统	仓库物流活动的管理	● 商品入库验收 ● 商品出库复核 ● 统计商品库存量 ● 商品存放合理布局 ● 确定安全库存量 ● 发出采购进货请求 ● 确定商品订货批量	最大限度地利用仓库容积，提高存放的科学性，加快出、入库速度，掌握库存量，进行库存管理，降低库存成本，减少资金占用，提高经济效益
订货管理子系统	接受处理客户订货	● 接受客户订单 ● 订单确认 ● 订单状况查询 ● 客户管理 ● 销售统计 ● 销售分析与预测 ● 销售价格管理	保证满足客户需求，降低销售成本，提高服务水平
配送管理子系统	按照客户需求，把商品及时地交给客户，实现企业对市场的占有和控制	● 向各营业点提供可供配送物资的信息 ● 制订配送计划 ● 发出配送指示 ● 规划配送路线 ● 配送跟踪	使配送作业合理化，保证配送及时性，降低配送成本，提高服务水平

续 表

系统名称	性质	功能	目标
运输管理子系统	处理各种运输问题	●确定运输路线 ●制订运输计划 ●运输调度 ●车辆跟踪 ●承运人管理 ●发货跟踪	减少运输环节，节约运输费用，减少运输时间，提高运输质量，保证服务水平

（二）第三方物流为供应链成员提供定制物流信息系统应把握的内容

有效的物流信息管理系统有利于各物流服务节点上的信息保持准确、及时、高效，适应物流服务环境的变化。物流信息系统对于提升企业物流管理的效率起着极为重要的作用。但物流信息系统并非一个通用的软件，它需要结合企业的实际情况来量身定制，需要有专业物流人员的指导来对现有业务流程进行改善。因此，第三方物流企业在这一方面理应发挥出重要的作用。第三方物流企业在为供应链成员企业提供定制的物流信息系统时，应从以下三个方面来把握。

1. 物流信息系统规划

物流信息系统的核心部分即系统规划。第三方物流服务提供商在为客户提供物流服务，打通物流渠道的同时，需要进行渠道内信息资源的整合。物流信息系统规划，是从客户服务要求的角度出发，对物流渠道中订货信息、储存信息、运输信息、配送信息等数据进行标准化、统一化建设，以达到数据整合的目的，并来支持整个供应链物流渠道的畅通。在进行物流信息系统规划时应考虑以下几个方面的问题。

（1）定义客户需求。在对供应链物流信息系统进行规划时首要的一件工作就是定义客户需求，不同类型的企业客户会对物流信息系统提出不同的要求。

（2）选择物流信息系统类型。明确了客户需求之后，就需要完成物流信息系统的选型工作。选择了合适的物流信息系统将会大大减少后期的客户化定制工作和系统维护工作。

（3）定制的流程设计。尽管现有的物流信息系统都具有一定的典型性，但它们都只是作为通用软件而存在的，不会与客户企业的实际情况完全符合，这时就需要进行定制的流程设计以开发出个性化的物流信息系统来满足客户需求。

2. 物流信息系统的技术开发

随着信息网络化的蓬勃发展，物流信息系统的技术开发已经日益成熟起来。一些先进的数据处理工具解决了物流信息系统完善发展的“瓶颈”，EDI、GPS 等信息技术的开发和使用使物流渠道的畅通有了优质的技术支持。在对物流信息系统进行技术开发时，应考虑以下三个方面的特征。

（1）兼容性。由于供应链成员企业所使用的信息系统并不相同，所以他们之间在进行数据传递时就可能出现问题。所以，良好的兼容性是系统技术开发时应考虑的首要问题。

(2) 可扩展性。随着信息技术的飞速发展，企业对信息系统的要求也越来越高。这就要求企业信息系统必须不断升级，良好的可扩展性有利于系统的升级换代。

(3) 简易性。操作简便、界面友好是信息系统的基本特征之一。

3. 物流信息管理

对于一个物流企业而言，信息系统只是一个提升企业管理的工具。问题的关键还在于如何利用好这个工具来做好物流管理工作。对此，第三方物流企业还应深入到供应链成员企业的内部，为其物流信息系统的推行提供专业化指导，以切实有效地帮助供应链成员企业提高其物流管理的绩效。在这一阶段，第三方物流企业一要对供应链成员企业进行物流信息管理方面的专业培训；二要推动供应链成员企业做好物流信息系统的基础工作，如物流基础资料的建档。

三、第三方物流为供应链成员提供物流增值服务

目前，国内绝大多数第三方物流企业的主要利润来源都是为客户提供物流增值服务。例如包装、配送等。这里，我们撇开一般的物流业务不谈，专门讨论几项创新物流服务，为第三方物流企业的未来业务发展拓展一下思路。这些创新物流增值服务包括：知识服务、信息服务、一体化服务及融通仓服务等。

(一) 知识服务

第三方物流企业的核心竞争力之一，就体现在它能综合运用各种知识为客户提供一个专业化的最优物流服务解决方案。物流服务是集知识密集型、资本密集型、劳动密集型于一身的服务项目，它要求有丰富的物流专业知识、管理学知识、经济学知识、运筹学知识、计算机网络知识以及信息处理技术等知识与之相配套。第三方物流企业应拥有一支具有较高专业知识，对物流各环节都有较深入了解的物流专家队伍，结合不同客户的物流需求特点，为其设计符合其个性化需求的最优物流解决方案，真正实现按正确的条件，以正确的时间，用正确的成本，将货物运到正确的地点的目的，从而提高物流效率，降低物流成本，帮助供应链成员企业提升其核心竞争力。

(二) 信息服务

第三方物流企业为物流服务需求方提供信息服务主要有两个层次的要求：信息的收集、处理和信息的传递服务。就信息的收集与处理而言，第三方物流企业应凭借其广泛的服务网络为客户收集市场需求信息、产品销售与库存信息、用户反馈信息等，为生产经营企业的决策提供服务。就信息的传递而言，第三方物流企业可利用其建立起来的计算机网络系统和现代信息技术，在供应商、生产企业、销售商间架起信息传递的桥梁，同时也为客户实现电子报关、货物跟踪、货款结算、电子商务等提供服务，从而实现商流、物流、资金流和信息流的高度统一。为此，第三方物流企业应建设功能强大的信息服务网络，采

用先进的信息处理技术，实现物流信息收集代码化、信息存贮数据库化、信息处理计算机化、信息传递标准化、数字化和实时化，为供应链成员企业实现高效的订单处理、作业计划安排、库存管理、客户管理、货物跟踪等提供优质服务。据了解，美国的联邦快递近70%的业务是通过建立高效的信息服务系统，由互动式网络方式来完成的。

（三）一体化服务

传统物流服务只提供简单的单项服务——或仓储、或运输，大量的物流环节的选择和衔接工作还得依赖客户自己来做，而作为现代物流代表的第三方物流企业提供的应该是综合物流服务，具体包括运输、仓储、装卸搬运、包装、流通加工、配送、信息，甚至采购、销售、结算、订单处理、数据传输等诸多的服务项目。据统计，美国科尔尼管理咨询公司的一份分析报告显示，物流业运输、仓储和综合服务三种服务方式中，单独提供运输服务的利润率为5%，仓储服务的利润率为3.19%，而提供综合服务的利润率可达10.15%。另据统计，欧美国家第三方物流公司近30项第三方物流服务项目中，仅有15%的公司的服务项目低于10种，而66%以上的公司服务项目高于20种。为实现从分项服务向综合服务的功能提升，第三方物流企业应采用联合、兼并、分设、重组等措施广设网点，站站接力，为客户提供门到门、全方位一体化的物流服务，也可广泛采用联运等形式，整合社会物流资源，实现物流服务的一体化。

（四）融通仓服务

以周边中小企业为主要服务对象，以流动商品仓储为基础，涵盖中小企业信用整合与再造、物流配送、电子商务与传统商业的综合性服务平台即为融通仓服务。融通仓运作的基本原理是：生产经营企业先以其采购的原材料或产成品作为质押物存入第三方物流开设的融通仓并据此获得协作银行的贷款，然后在其后续生产经营过程中或质押产品销售过程中分阶段还款。第三方物流企业提供质押物品的保管、价值评估、去向监管、信用担保等服务，从而架起银企间资金融通的桥梁。融通仓融资的实质是将银行不太愿意接受的动产（主要是原材料、产成品）转变成其乐意接受的动产质押产品，并以此作为质押担保，进行信贷融资。在具体运用融通仓提供融资服务过程中，可选择两种运作模式。

1. 质押担保融资

这一融资方式的大致过程如下：银行作为信用贷款的提供方、第三方物流企业作为融通仓服务的提供方、生产经营企业作为资金的需求方和质押物的提供方，三方协商签订长期合作协议。生产经营企业在协作银行开设特殊账户，并成为提供融通仓服务的第三方物流企业的会员企业，生产经营企业采购的原材料或待销售的产成品进入第三方物流企业设立的融通仓，同时向银行提出贷款申请；第三方物流企业负责进行货物验收、价值评估及监管，并据此向银行出具证明文件；银行根据贷款申请和价值评估报告酌情给予生产经营企业发放贷款；生产经营企业照常使用和销售其融通仓内产品；第三方物流企业应确保在销售产品的收款用户为生产经营企业的协作银行开设的特殊账户的情况下予以发货；生产经营企业以其所得货款还贷。如果生产经营企业不履行或不能履行贷款债务，银行有权从质押物中优先受偿。这一资金融通方式由于有质押物作担保，又有第三方物流企业中间把关，所以对银行来说相对风险较小。这一运作方式对融资规模要求比较小、融资期限比较短、产品销售周期性、季节性较大的企业较为适用。

2. 信用担保融资

这一融资方式的大致过程如下：银行根据第三方物流企业的规模、经营业绩、运营现状、资产负债比例及信用程度，授予第三方物流企业一定的信贷配额，第三方物流企业又根据与其长期合作的企业的信用状况配置其信贷配额，为生产经营企业提供信用担保，并以受保企业滞留在其融通仓内的货物作为质押品确保其信用担保的安全。这样一方面可简化银行的贷款程序，另一方面也可给信用状况较好的企业提供更多、更便利的信用服务，第三方物流企业自身的信用担保安全也可得到保障。

第三方物流提供融通仓服务可为上述三方带来效益：第三方物流企业可通过提供融通仓服务赢得更多的客户，以达到扩大经营规模、实现规模经济的目的；生产经营企业亦可通过第三方物流企业提供的融通仓服务将银行不太愿意接受的流动资产转变成其乐意接受的动产质押品，并可获得银行贷款，满足其生产经营过程中的临时性资金需求；而银行也可利用融通仓服务将潜在资金需求者变成现实的资金借贷者，在其资金安全得到有效保障的情况下，贷出更多的资金，获取更多的收益。因此说第三方物流提供融通仓服务可形成多赢格局。

第三方物流企业只有通过不断的业务创新，提供更多、更能满足供应链成员企业需求的物流服务，才能吸引更多的物流外包业务，扩大企业规模，提高市场占有率，增加物流服务的附加值，在当前群雄竞争的物流行业中脱颖而出，抢占先机。

第二节 第四方物流的引入

一、第四方物流的定义

在物流中，买卖货物的双方被称为第一方、第二方，物流公司专门为买卖双方提供运输、仓储等服务，被称为第三方，而向前三方提供供应链管理、物流咨询、物流培训等系统供应链解决方案的企业，就是第四方物流（4PL）。

第四方物流的概念首先是由安德森咨询公司提出的，其定义为：一个调配和管理组织自身的及具有互补性的服务提供商的资源、能力与技术，来提供全面的供应链解决方案的供应链集成商。从概念上来看，第四方物流是有领导力量的物流提供商，它可以通过整个供应链的影响力，提供综合的供应链解决方案，也为其顾客带来更大的价值；它不仅控制和管理特定的物流服务，而且对整个物流过程提出解决方案，并通过电子商务将这个过程集成起来。第四方物流实际上是一种虚拟物流，是依靠业内最优秀的第三方物流供应商、技术供应商、管理咨询顾问和其他增值服务商，整合社会资源，为用户提供独特的和广泛

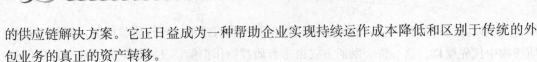

的供应链解决方案。它正日益成为一种帮助企业实现持续运作成本降低和区别于传统的外包业务的真正的资产转移。

二、第四方物流产生的原因

第四方物流产生的主要因素有企业供应链管理水平的加强、物流外包趋势的加剧，以及管理的效率和效益最大化的要求等。

（一）供应链管理水平的加强

供应链管理意味着跨企业的物流管理，它包括供货商、生产商、批发商和零售商等不同的企业在内的整个“链”的计划和运作活动的协调，运用系统概念进行集成化管理。如果供应链上的企业都孤立地优化自己的物流活动，那么整个供应链上的物流的最优化，就必须从供应链整体出发来协调各成员企业的物流活动。第四方物流在复杂的供应链管理中担负着主要的任务，它是供应链外部协作的重要组成部分。第四方物流的本质含义就是为客户提供最佳的全套解决方案，包括整个供应链管理以及其他增值服务，有能力协调供应链上各个企业的物流运作，达到系统最优的目的。

第四方物流对供应链的物流进行整体上的计划和规划，并监督和评估物流的具体行为和活动的效果。对于供应链的管理来说，第四方物流是对包括第四方物流供应商及其客户在内的一切与交易有关的伙伴的资源和能力的统一。

（二）物流外包趋势的加剧

第三方物流作为分工的结果使得物流从企业内部分离出来成为一个独立的专业化行业，在一定程度上缓解了物流运作在企业内部的不经济现象，节约了物流成本，提高了交易效率。但在经济日益全球化、信息化、知识化，市场不断扩大的当今社会，商品交易显现出高频率、大范围的特征，从而导致了现代物流向高速度、多层次、大范围、集成化的方向运行，第三方物流的外包层级日益难以适应这种发展趋势的要求。从宏观角度来看，第三方物流运作并没有使社会资源得以最优配置，因为第三方物流服务供应商更多的是从微观层次上去关注企业客户的物流成本和物流效率，很少从社会整个供应链条上去关注此类问题，从而形成制约社会物流发展的一个瓶颈。现代物流的发展需要技术、资源、人才等物流资源的进一步整合，而电子商务的兴起也为这种整合提供了技术上的支持，这就成为第四方物流产生的背景和动因。

埃森哲的研究发现，企业物流业务的外包有三个不同的层次，每一个层次都比上个层次更加有深度和广度。

第一层次为传统的物流外包。企业与一家物流服务提供商签订合同，由其提供单一的、明确界定的物流服务，如把仓储外包给专业仓储公司、把运输外包给专业运输公司、委托专门结算机构代结货运账、委托海关经纪人代为通关、委托进出口代理商准备进出口文件等。

第二层次为第三方物流。企业与一家物流提供商签订合同，由其提供整合的解决方案，包括两种或更多的物流服务，并且给予其一定的决策权，如货运代理有权决定用哪一家运输公司，并具有运输管理、进货管理、整合的仓储和运输管理等相关权力。

第三层次为第四方物流。即在利用所有的第二层次服务的基础上，获得增值的创新服务。例如，供应链网络结构设计、全球采购计划、商品退货和维修、持续的供应链改善等。

伴随着全球物流外包趋势的发展，企业对物流服务的要求也变得更广泛、更深入和全方位。在实际运作中，企业越来越注重外包物流服务提供商在供应链上有战略性专长和真正整合供应链流程的相关技能，在外包过程中具有提供“一站式”物流服务的能力，因此第四方物流的出现就显得非常自然。

（三）管理的效率和效益最大化的要求

由于第三方物流整合应用技术的局限性以及全球化网络和供应链战略的局部化，并缺乏较综合的、系统性的技能，使得企业在将业务外包时不得不将业务外包给多个单独的第三方物流服务商，这增加了供应链的复杂性和管理难度。市场的这些变化给物流和供应链管理提出了更高的期望，这在客观上要求将现代科技、电子商务和传统的商业运营模式结合起来，在供应链中构造一个将供应链的外包行为链接的统一单位，而不是像以前的单独的行为。

从管理的效率和效益来看，对于将物流业务外包的企业来说，为获得整体效益的最大化，它们更愿意与一家公司合作，将业务统一交给能提供综合物流服务和供应链解决方案的企业。而且，由于在供应链中信息管理变得越来越重要，所以也有必要将物流管理活动统一起来，以充分提高信息的利用率和共享机制，提高外包的效率和效益。供应链管理中外包行为的这些变化促使很多第三方物流服务商与咨询机构和技术开发商开展协作，以增强竞争能力，由此而产生了第四方物流。

三、第四方物流的特征与功能

第四方物流是在第三方物流的基础上产生的，是对整个物流业的整合和发展，因此第四方物流的基本特征已经在我们面前清晰可见。正是这些特征才使第四方物流的生命力更强。在这些特征中，有些是第四方物流特有的，有些是第三方物流特征的强化。

1. 集约化

第四方物流的经营集约化是指通过专业化和规模化运营使物流更快更省，降低客户物流成本，提高产品的市场竞争力。这一特征已经成为第四方物流具有强大生命力的重要保障。集约化管理是现代企业集团提高效率与效益的基本取向。集约化的“集”就是指集中，集合人力、物力、财力、管理等生产要素，进行统一配置。集约化的“约”是指在集中、统一配置生产要素的过程中，以节俭、约束、高效为价值取向，从而达到降低成本、高效管理，进而使企业集中核心力量，获得可持续竞争的优势。

2. 综合性

第四方物流的特点之二是其提供了一个综合性供应链解决方案，以有效地适应需方多样化和复杂的需求，集中所有的资源为客户完善地解决问题。综合供应链解决方案包括以下三个方面。

（1）供应链再造。第三方物流由于自身的许多限制，其提供的供应链多数是间断的、不完整的，即使能够提供完整的供应链，也只是小范围、局部的。只有第四方物流，才能提供真正意义上完整的供应链。第四方物流对供应链进行全局性的规划与实施，利用独立的供应链参与者之间的合作，提高规模和总量。第四方物流通过再造供应链改变了传统管理模式，将商贸战略与供应链战略连成一线，创造性地重新设计了参与者之间的供应链，使之达到一体综合化标准。

（2）功能转化。第四方物流从传统的保证服务链完成功能已经发展到了引导、监控、优化和重塑服务链的功能上来。这一转化是经营理念的发展，是物流行业成熟的表现。随着功能的转化，物流的重点也从单一的实体货物运输扩展到信息和人力资源的有目的转移上来。这一变化趋势无疑将推动物流和相关产业的融合。

（3）业务流程再造。实现业务流程再造是第四方物流的核心内容，如何调整服务链最大程度上实现对客户的全方位服务是决定第四方物流业务流程再造的关键内容。在业务流程再造过程中，第四方物流将系统论和优化技术用于物流的流程设计和改造，融入新的管理制度之中，分析企业核心流程，找出流程中的障碍，抓住重点重新设计。第四方物流通过开展多功能、多流程的供应链再造，将其范围远远超出传统外包运输管理和仓储运作的物流服务。企业可以把整条供应链全权交给第四方物流运作，第四方物流可以为供应链功能或流程提供完整服务。

3. 高利润、低成本

第四方物流的第三个特征是通过影响整个供应链来获得价值，即其能够为整条供应链的客户带来利益。具体表现在以下几点。

（1）增加利润。由于第四方物流关注的是整条供应链，而非像第三方物流的仓储或运输局部效益，因此其为客户及其自身带来的综合效益会很高。这些增长的利润来源于“无缝”的供应链，原来那些供应链各环节连接上的成本消耗将被降到最低。

（2）降低运营和工作成本。通过整条供应链外包功能过渡到提高运作效率、降低采购成本的目的。流程一体化、供应链规划的改善和实施，将使运营成本和产品销售成本降低；同时，现代信息技术的使用、科学的管理流程和标准化管理，使存货和现金流转次数减少，工作成本也大幅度降低。

（3）提高资产利用率。客户通过第四方物流减少了固定资产的占用，提高了资产利用率，使得客户通过投资研究设计、产品开发、销售与市场拓展等获得经济效益的提高。

以上是对第四方物流的主要特征的分析，正是拥有了上述的特征，因而，第四方物流在现实的运作过程中，应该具有比第三方物流更多的功能。

1. 供应链管理功能

这是第四方物流不同于第三方物流的最基本的功能。在全球经济一体化的今天，应从供应链管理的角度来考虑企业的整个生产经营活动，形成这方面的核心能力。

第四方物流作为供应链管理的一种新的模式，它的出现是市场对物流外包的必然产物。第四方物流在复杂的供应链管理中担负着主要的任务，是供应链外部协作的重要组成部分。它对供应链的物流进行整体上的计划和规划，并监督和评估物流的具体行为和活动的效果。对于供应链的管理来说，第四方物流是对包括第四方物流服务商及其客户在内的一切与交易有关的伙伴的资源和能力的统一。第四方物流集成了管理咨询和第三方物流服务商的能力。更重要的是，一个前所未有的、使客户价值最大化的统一的技术方案的设计、实施和运作，只有通过咨询公司、技术公司和物流公司的齐心协力才能够实现。第四方物流集成商利用分包商来控制与管理客户公司的点到点式供应链运作。

2. 供销、运输、检验一体化功能

第四方物流负责管理运输公司、物流公司之间在业务操作上的衔接与协调问题。一个第四方物流服务商帮助客户实施新的业务方案，包括业务流程优化，客户公司和服务供货商之间的系统集成，以及将业务运作交给第四方物流的项目小组。项目实施过程中，人的因素往往是业务交给第四方物流成败的关键，最大的目标是避免把一个设计得非常好的策略和流程实施得非常不理想，因而限制了方案的有效性，影响了项目的预期效果。业务流程一体化、供应链规划的改善和实施，将使运营成本和产品销售成本降低。第四方物流向用户提供更加全面的供应链解决方案，并只有通过第三方物流企业、信息技术企业和咨询企业的协同化作业来实现，使物流的集成化一跃成为供应链一体化。第四方物流提供客户全面的供应链解决方案，是将上下游产业连接起来。

3. 供应链再造，整合上下游产业的功能

供应链再造是指为了增加市场份额、销售收入，增强竞争优势，供应链集成商根据货主在供应链战略上的要求，即是改变或调整战略战术，使其经常高效率地运作。供应链再造是一个有效的手段，能够扩大市场份额，增进顾客忠诚度，获得持久竞争优势。

第四方物流最高层次的方案就是再造。供应链过程中真正的显著改善要么是通过各个环节计划和运作的协调一致来实现，要么是通过各个参与方的通力协作来实现。再造过程就是基于传统的供应链管理咨询技巧，使得公司的业务策略和供应链策略协调一致；同时，技术在这一过程中又起到催化剂的作用，整合和优化了供应链内部和与之交叉的供应链的运作。改革供应链集中在改善某一具体的供应链职能，包括销售和运作计划、分销管理、采购策略和客户支持。在这一层次上，供应链管理技术对方案的成败变得至关重要。领先和高明的技术，加上策略思维、流程再造和卓越的组织变革管理，共同组成最佳方案，对供应链活动和流程进行整合和改善。

四、第四方物流与第三方物流的比较

第四方物流与第三方物流相比，最根本的区别在于第四方物流能够从供应链的角度为企业做出战略诊断，设计出综合化的物流方案，而第三方物流仅限于某些具体物流功能的运作，因此，第四方物流的发展优势是很明显的。但需要强调的是，第四方物流并不能孤立存在，在具体操作上，必须借助于大量专业化的第三方物流企业。二者的区别有如下几点。

1. 服务范围和目的不同

第三方物流企业可以为大中小型的任何企业服务，但是它只针对单个企业的采购物流或者销售物流的全部或部分物流功能，目的是为了降低单个企业的采购物流或者销售物流的全部或部分物流功能；第四方物流企业一般不针对小型企业提供服务，它提供基于供应链的物流规划方案，负责实施与监控。

2. 服务内容不同

第三方物流企业对单个企业的采购或销售物流系统的设计、运作，如物流信息系统、运输管理、仓储管理及其他增值物流服务；第四方物流企业主要的服务内容包括企业的战略分析、业务流程重组、物流战略规划、衔接上下游企业的综合化物流方案等。

3. 与客户的关系

第三方物流企业一般和客户建立合同或契约，维持一年或数年；而第四方物流企业必须与客户建立长期的战略合作关系，这样才能有助于第四方物流为企业供应链提供整体解决方案，这也是其成功的关键因素之一。

4. 服务支持

由于第三方物流只是针对企业的具体物流运作，所以它的运作技能主要是运输、仓储、配送、加工、信息传递等增值服务技能；第四方物流的服务支持包括管理咨询技能、企业信息系统搭建技能、物流业务运作技能以及企业变革管理能力。

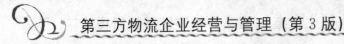

五、第四方物流服务的对象、内容及目标

（一）第四方物流服务的对象

第四方物流的出现源于有着市场需求，那么这样的需求来自何方呢？从市场细分的角度来讲，只要是涉及企业间的物流系统一体化规划就可能成为第四方物流服务的对象。对于中大型的企业来说，物流起着举足轻重的作用，物流系统的搭建涉及对整个企业的管理模式、组织架构的影响和调整，也涉及上下游企业的整体运作绩效，因此大型企业往往会成为第四方物流服务的对象，这是第四方物流服务对象的主体。随着供应链管理的不断发展，越来越多的企业对物流服务提出一体化、综合化的高需求，成为第四方物流市场的需求方。

（二）第四方物流服务的内容

第四方物流服务商首先对客户企业的需求进行分析，进而提出适合客户需求的供应链解决方案，客户企业如果满意该方案，则第四方物流供应商进一步提出物流战略规划、物流设施规划、物流技术规划和物流信息系统规划的内容。由各个分包商，即管理咨询公司、IT企业和第三方物流供应商共同实施方案。以下对这几项内容进行具体的阐述。

1. 客户企业的需求分析

为客户提供第四方物流服务是一个相当复杂的过程，因为它涉及企业的整体运作战略贯彻实施，涉及客户企业的管理模式、业务流程、组织结构等多方面的调整。因此，第四方物流服务提供商的首要工作就是弄清客户企业长期的整体战略布局以及现在业务流程状况及企业个性化的服务需求，然后在此基础上进行物流服务的总体需求分析。

2. 提出供应链解决方案

在需求分析的基础上，第四方物流为客户企业提供供应链物流的整体解决方案，以达到降低整个供应链物流成本的目的。

第四方物流的供应链解决方案共有四个层次，即执行、实施、变革和再造。如图12－5所示。

处于第四方物流方案顶层的是再造。再造是指供应链过程的协作和供应链过程的再设计，这是第四方物流的最高境界。供应链流程的真正改善要通过供应链中企业的通力合作，将各个环节的计划和运作协调一致来实现。再造过程就是基于传统的供应链管理咨询技巧，使得公司的业务策略和供应链策略协调一致；同时，技术在这一过程中又起到了催化剂的作用，整合和优化了供应链内部和与之交叉的供应链的运行。

第四方物流方案的接下一层是变革。通过新技术实现各个供应链职能的加强。变革主要是改善供应链中某一具体环节的职能，包括销售和运作计划、分销管理、采购策略和客户支持等。在这一层次上，技术对方案的成败至关重要，技术和先进的战略思想、流程再造，再加上卓越的组织变革管理，共同组成第四方物流的最佳方案。

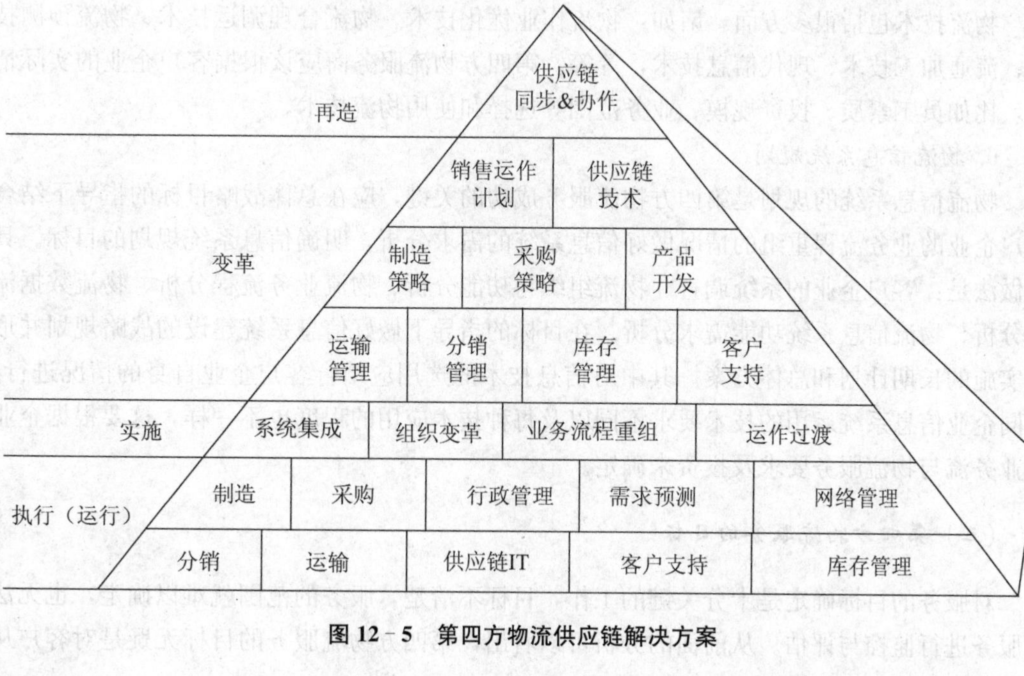

图12－5　第四方物流供应链解决方案

第三层是实施。第四方物流的实施包括了流程的一体化、系统的集成和运作的衔接。一个第四方物流服务商可以帮助客户实施新的业务方案，包括业务流程的优化、客户公司和服务供应商之间的系统集成。在这种模式下，客户通常可以将具体业务的运作转交给第四方物流的项目运作小组。在项目实施的过程中，要重视组织变革，因为“人”的因素往往是第四方物流管理具体业务时成败的关键，一定要避免优秀方案实施时因为人的因素而失败。

最底层是执行。主要是指由第四方物流负责具体供应链职能和流程的正常运作，这一范畴超过了传统的第三方物流的运输管理和仓库管理，具体包括制造、采购、库存管理、供应链信息技术、需求预测、网络管理、客户服务管理和行政管理等职能。通常的第四方物流只是负责供应链中功能和流程的一些关键部分，也存在一家公司外包所有的供应链活动给第四方物流的情况。

3. 物流战略规划

确定物流业务重组内容与策略、如何优化物流资源、确定搭建物流信息系统内容与策略、如何选择合作伙伴以及业务外包的内容和合作机制，并形成实现战略的长期计划，包括总体的实施方案与实施进度和风险控制。

4. 物流设施规划

理清客户企业的现有物流设施资源，包括各种集装、散装、运输、仓储、加工、传导设备，分析性能，结合整个物流战略规划，确定如何利用这些物流设施，确定哪些可以出售，哪些需要重新投资或者租用其他企业的设施，应从整体的角度做一个规划设计，以便合理利用客户企业的物流设施资源。

5. 物流技术规划

物流技术包括很多方面，诸如：物流作业优化技术、物流合理调运技术、物流预测技术、流通加工技术、现代信息技术，等等。第四方物流服务商应该根据客户企业的实际情况，比如员工素质、投资规模、业务范围等选择和使用物流技术。

6. 物流信息系统规划

物流信息系统的规划是第四方物流服务成功的关键，应在总体战略目标的指导下结合客户企业的业务流程重组的情况做好信息系统的需求分析，明确信息系统规划的目标。具体做法是：客户企业的系统调查、物流组织与功能分析、物流业务流程分析、物流数据流程分析、物流信息系统功能需求分析。在目标的指导下做好信息系统建设的战略规划并形成实施的长期计划和总体方案。其中对信息技术的选用应结合客户企业自身的情况进行。不同企业信息系统运用的技术要求不同以及每种技术应用的程度也不一样，这要根据企业的业务流与物流服务要求及投资来确定。

（三）第四方物流服务的目标

对服务的目标确定是十分关键的工作，目标不清楚，服务的范围就难以确定，也无法对服务进行监控与评估。从前面的分析可以看出，第四方物流服务的目标无疑是对客户从整个供应链的角度进行需求分析，然后为客户提供基于供应链的物流综合解决方案，最终为客户实现整个供应链的运作绩效提高，而不是某个节点的物流运作绩效提高。而第三方物流的服务目标就在于尽量降低供应链环节上某个节点企业的物流成本，没有从供应链整体上进行考虑，这也是与前面谈到的与第四方物流的主要区别之一。

具体分析第四方物流服务的目标，应该包括以下几点。

1. 为决策管理层提供可靠的决策信息

如货物的重量、体积，标准化的货号、需求的时间变化等，通过这些标准化、规范化的信息，就可分析出企业每年的业务发展情况、费用增量情况等，决策管理层依据这些信息就可做出更好的决策。

2. 帮助企业及时掌握客户信息

第四方物流提供的服务将客户信息全部输入电脑用以共享，各地的客户信息输入后将形成“客户信息网”，决策管理层可以及时掌握客户的动态情况。

3. 提高客户满意度，提升企业形象

通过建立集成化体系，我们可以为客户提供更有针对性的服务（个性化服务），同时新的信息系统所要求的规范化的操作，将增加客户的信赖感。

4. 通过优化生产流程，堵塞管理中的漏洞

在凭经验、靠手工作业的管理中，不可避免地存在漏洞，主要表现在监督机制不完善。而在新体系的实施过程中必须进行业务流程的重组（BPR），通过重组，企业的生产流程将更加科学、更加高效。

5. 建立一个利润中心

提供统一标准让企业的每个部门都站在全体的大局来考虑，才能将企业作为一个整体来获得最大利润，不能只考虑某个环节的得失。同时每个部门作为一个成本中心，又要求每个部门都要降低费用。协同化物流系统，正是在大集中的前提下设计的。

6. 培养复合型专业技术人员

使他们既懂业务，又懂技术，对公司以后的发展起到推进作用。

六、第四方物流的运作模式

（一）协同运作模式

在这种模式下，第四方物流为第三方物流提供信息技术、管理技术，制订供应链策略和战略规划方案等第三方物流缺少的资源，并与第三方物流共同开发市场，而具体的物流业务实施则由第三方物流在其指导下来完成，它们之间的关系一般是商业合同的方式或者战略联盟的合作方式。在这种模式下，第四方物流为实力雄厚的第三方物流服务商提供供应链战略方案、技术、专门项目管理等补充功能，并主要通过第三方物流为多个客户提供全面物流服务，其特点是：雄厚的物流配送实力和最优的解决方案，业务范围多集中在物流配送管理方面，针对性强、灵活性好。如图 12 - 6 所示。

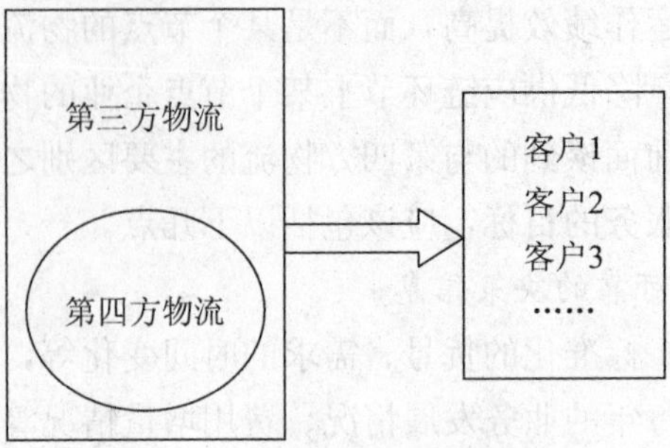

图12－6　第四方物流协同运作模式

（二）方案集成模式

在这种模式下，第四方物流为客户提供运作和管理整个供应链的解决方案，并利用其成员的资源、能力和技术进行整合和管理，为客户提供全面的、集成的供应链管理服务。通常由第四方物流和客户成立合资或合伙公司，客户在公司中占主要份额，第四方物流作为联盟的领导者和枢纽，集成多个服务供应商的资源，重点为主要客户服务。如中远货运公司在广州与科龙电器公司合资成立的安泰达物流公司，就主要是为科龙集团服务的。这种模式的运作一般是在同行业范围内，供应商和制造商等成员处于供应链的上下游和相关的业务范围内，彼此间互相熟悉，业务联系紧密，有一定的依赖性。第四方物流以服务主要客户为龙头，带动其他成员企业的发展。该模式的好处是第四方物流与客户的关系稳定、紧密而且具有周期性，服务对象及范围明确集中，客户的商业和技术秘密比较安全。但前提条件是客户的业务量要足够大，使参与的服务商对所得到的收益较为满意。如图12－7所示。

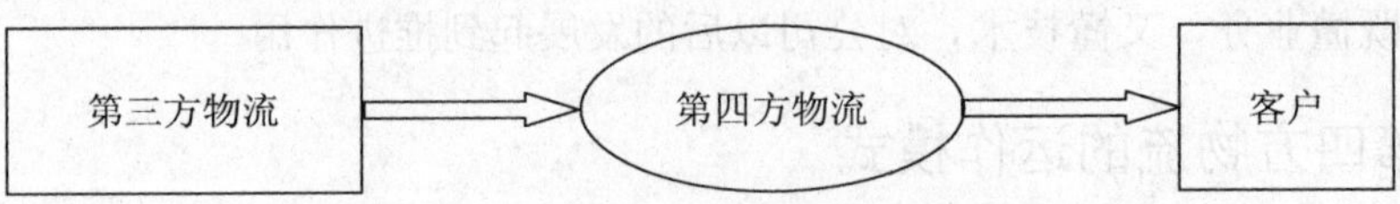

图12－7　第四方物流方案集成模式

（三）行业创新模式

这种模式是以第四方物流为主导，联合第三方物流公司等其他服务商，提供运输、仓储、配送等多个方位的高端服务，给多个行业客户制作供应链解决方案。第四方物流通过与各个资源、技术和能力的服务商进行协作，为多个行业的客户提供供应链解决方案。它以整合供应链的职能为重点，以各个行业的特殊性为依据，领导整个行业供应链实现创新。如美国某一物流公司起初只负责总公司的货物运输，后来发展到为其他多个行业的客户提供供应链解决方案。如图 12－8 所示。

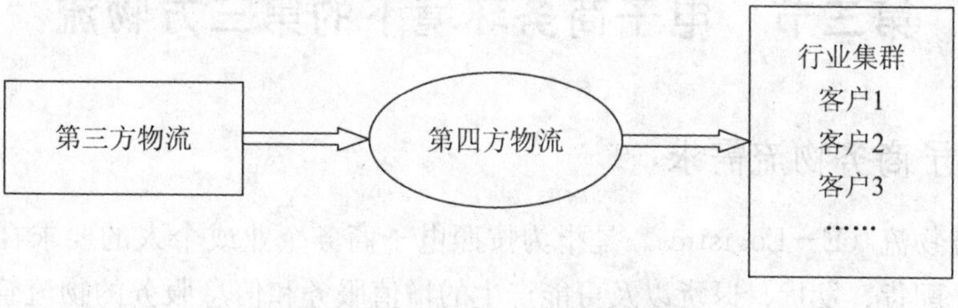

图 12－8　第四方物流行业创新模式

（四）动态联盟模式

这种模式由市场机会所驱动，相对独立的服务商（如第三方物流咨询机构、供应商、制造商、分销商）和客户等，通过信息技术相连接的，在某个时期内结成的供应链管理联盟。它的组成到解散主要取决市场的机会存在与消失、原企业可利用的价值。这类企业在设计、供应、制造、分销等领域里分别为该联盟贡献出自己的核心能力，以实现利润和风险分担。它们除了具有一般企业的特征外，还具有面向经营过程优化的组织特征，基于公共网络环境的全球化伙伴关系及企业合作特征，可再构、重组与可变的敏捷特征等，能以最快速度完成。如图 12－9 所示。

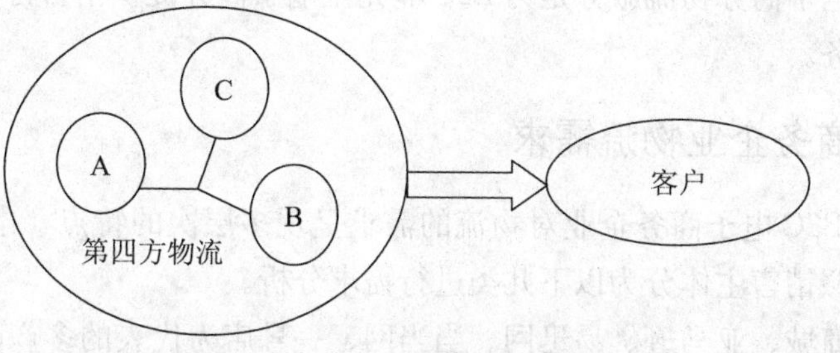

图 12－9　第四方物流动态联盟模式

事实上，第四方物流无论采取哪种模式，都是在解决企业物流的基础上，解决物流信息充分共享、社会物流资源充分利用，整合社会资源的问题。这四种模式都突破了单纯发展第三方物流的局限性，能做到真正的低成本、高效率、时时运作，实现最大范围的资源整合。由于第三方物流缺乏跨越整个供应链运作以及真正整合供应链流程所需的战略专业技术，第四方物流可以不受约束地将每一个领域的最佳物流提供商组合起来，为客户提供最佳物流服务，进而形成最优物流方案或者供应链管理方案。而第三方物流不太可能提供技术、仓储与运输服务的最佳结合，它要么单独，要么通过与自己有密切关系的转包商来为客户提供服务。因此，第四方物流是中国物流业发展和提升的助力器，它也是发挥政府职能、推进我国现代物流产业发展所能做的唯一切入点。

第三节　电子商务环境下的第三方物流

一、电子商务物流需求

电子商务物流（E－Logistics）是指为按照电子商务企业或个人的要求在物流点对商品进行保管、配货、发货、退货以及可能产生的增值服务和信息服务的物流管理体系，物流企业对整个物流活动实施统一管理与调度。

电子商务物流实现流程的电子化，使商品流通和配送方式更容易实现信息化、自动化、透明化、智能化和简单化，从而加速库存与资金的周转，提高物流效率，降低物流成本。

在电子商务供应链中，物流发生于供应商、生产制造商、网上销售商、网上分销商和顾客的耦合节点上。无论商品交易的形式如何变化，总有一个商品物理上从商家向消费者移动的过程，这个过程发生在商家与消费者之间销售订单发生之后，即电子商务后端环节，即电子商务物流。

在B2C电子商务环境下，物流服务的对象为企业与消费者双方，企业对物流的需求本文按照企业B的特点进行分类阐述，消费者对物流的需求本文按照区分该消费者为C还是T进行分类阐述，并且B2T的消费者限定于购买、团购实体物品的消费者。

综上所述，电子商务物流服务是为B2C非完全电子商务提供销售订单产生后的仓储配送及物流信息服务。

二、电子商务企业物流需求

不同类型的B2C电子商务企业对物流的需求呈现多层次的特点，本章将B2C电子商务企业在国内按照销售主体分为以下几类进行需求分析。

（1）以京东商城、亚马逊、易迅网、当当网、一号店为代表的多产品线、多类目B2C电商，以下简称综合型电子商务；

（2）以淘宝、拍拍、乐酷天等电子商务平台为代表的B2C电商，以下简称平台型电子商务；

（3）以麦考林、凡客诚品、柠檬绿茶为代表的诞生于网络的独立品牌电子商务平台，以下简称品牌型电子商务；

（4）以苏宁易购、国美电器网上商城和库巴网为代表的由传统连锁企业转变而来的电商，以下简称连锁型电子商务；

（5）以聚美网、糯米团、拉手网、团拼网等为代表的新兴团购电商，以下简称团购型电子商务。

（一）综合型电子商务物流需求

从供应链角度来看，各类品牌供应商处于上游，综合型电子商务企业处于中游，电子商务顾客处于下游。供应商向综合型电子商务提供产品信息，由综合型电子商务企业负责将产品放在网络销售平台上进行展示、销售与推广。在物流环节，供应商预先将产品存放于综合型电子商务的自有仓库，当顾客在综合型电子商务网上下订单订购商品后，则由仓储操作，之后在配送环节综合型电子商务企业可根据配送目的地选择自营或是外包给其他快递供应商。

综合型电子商务交易模式及物流运营模式如图 12 - 10 所示。

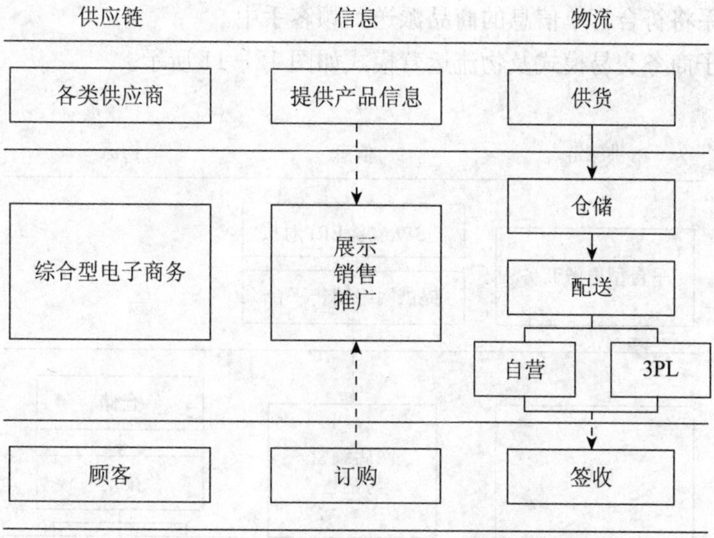

图 12 - 10　综合型电子商务交易模式及物流运营模式示意

综合型电子商务企业之间有相似的特征：需要储备品牌商品供应商的货，即花钱压库存；拥有自己的销售平台和仓储，将品牌供应商的销售和仓储都揽下来；仓储内商品品类多，单量大，配送目的地多而杂；传统的第三方物流无法满足需求；高管有相关的物流运营体系的技术背景。

根据综合型电子商务企业的自建物流模式，可以总结出他们对物流的需求如下：

（1）配送时效性，加速货物周转；

（2）信息系统无缝对接形成畅通的信息闭环；

（3）低成本；

（4）返款准时安全，加速资金流周转；

（5）服务优秀；

（6）能满足顾客的个性化需求；

（7）品牌传播。

（二）平台型电子商务物流需求

以淘宝、乐酷天、拍拍为代表的平台型电子商务更像一个超大规模购物中心（SHOPPING MALL），电子商务顾客可以吃饭，买袜子和鞋子，它是开放式的，给你全方位逛街的感觉。

平台型电子商务交易模式及物流运营模式中，商家、平台型电子商务、3PL处于供应链上游，顾客处于供应链下游。平台型电子商务为商家提供开设网店的平台，商家在平台上进行店铺装修、商品推广与商品销售，而第三方物流企业与平台型电子商务预先做好API接口对接。顾客在商家的网上店铺订购商品后，订购信息进入物流环节。商家可将事先存放于自营仓库或第三方物流企业仓库的商品进行分拣、包装等操作，进而通过第三方物流的配送体系将符合订单信息的商品派送到顾客手中。

平台型电子商务交易模式及物流运营模式如图12－11所示。

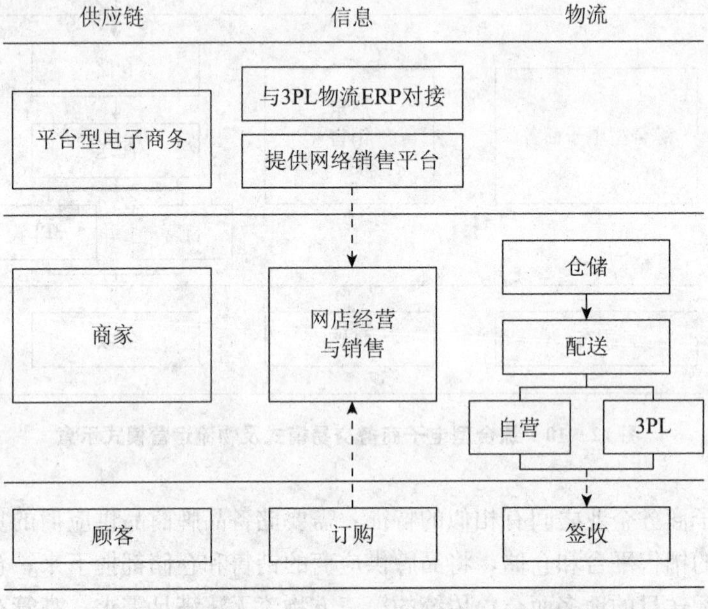

图12－11　平台型电子商务交易模式及物流运营模式示意

综上所述，可以总结出平台型电子商务表现出对物流的需求如下：

（1）可控性强；

（2）人力、物力、时间整体总成本低；

（3）配送时效性，加速货物周转；

（4）服务优秀；

（5）支持货到付款、POS机；

（6）物流企业技术过硬，系统与平台系统对接，订单可自动流转，无须商家手动操作发货，并且配送监控数据实时自动反馈。

（三）品牌型电子商务物流需求

在网络上诞生的品牌如麦包包、凡客诚品、柠檬绿茶等都属于品牌型电子商务。品牌型电子商务处于供应链的上游，顾客处于供应链的下游，品牌型电子商务企业通常有独立的电子商务销售网站，同时也会在淘宝网等电子商务平台开设店铺。他们把设计与生产的商品信息发布到网站和店铺，同时把商品存放在仓储中心，仓储中心可以选择自有仓库或者第三方物流的仓库。当有顾客下订单时，订单信息便进入到仓储系统，经过分拣、包装等环节后，订单将通过品牌型电子商务自建的配送网络或者第三方物流配送网络送到顾客手上。品牌型电子商务交易模式及物流运营模式如图 12－12 所示。

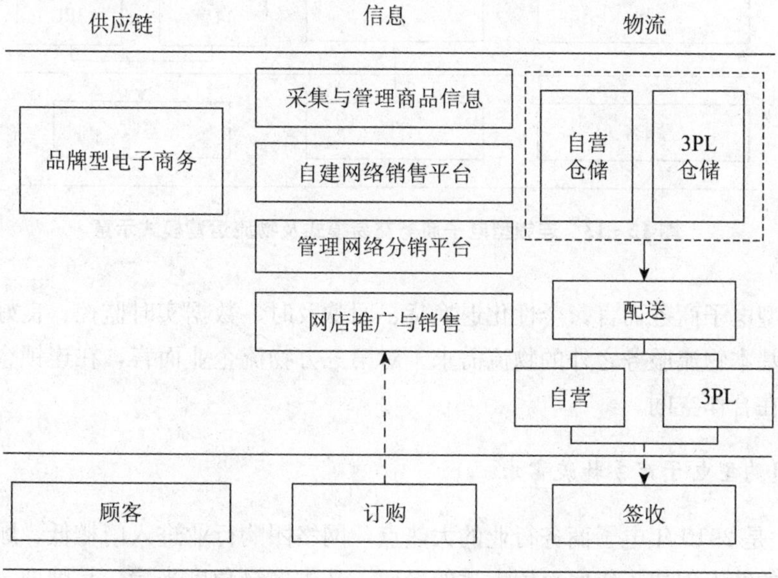

图 12－12　品牌型电子商务交易模式及物流运营模式示意

完全兴起于网络的品牌型电子商务企业的普遍特征包括轻资产，专注于网络销售与推广，更倾向于将物流外包。但由于没有实体店铺顾客的积累和品牌口碑的基础，因此与顾客面对面的物流环节成了积累顾客与品牌传播的最好机会。除了基本的时效性与送货准确性需得到保障外，品牌型电子商务还需要个性化的物流服务以增强品牌熟知度，如现场试穿、24 小时送货上门服务等。

（四）连锁型电子商务物流需求

在电子供应链上，供应商处于上游，连锁型电子商务企业处于中游，顾客处于下游。在信息环节中，供应商负责将商品信息提供给连锁型电子商务企业，而连锁型电子商务企业负责进行商品的网络销售与推广，顾客通过连锁型电子商务网站订购商品，连锁型电子商务通过配送中心检查是否还有商品，如果发生缺货，则向供应商订货；若库存充足，则通过自营配送团队或者第三方配送物流将商品送到顾客手中。连锁型电子商务交易模式及物流运营模式如图 12－13 所示。

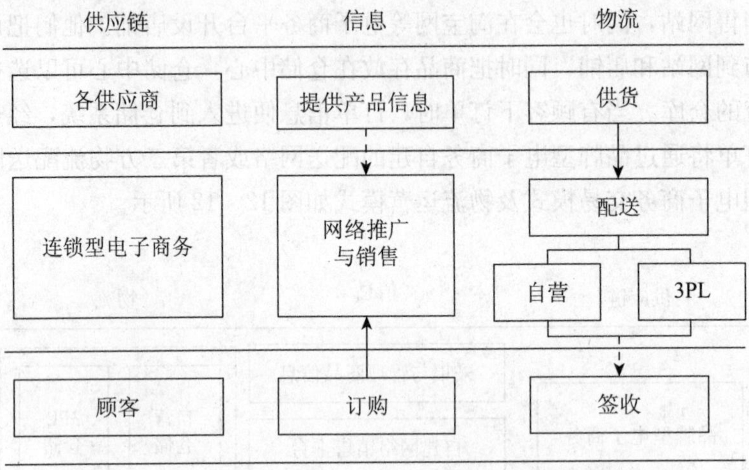

图 12－13　连锁型电子商务交易模式及物流运营模式示意

对连锁型电子商务而言，个性化退换货、回款及时、数据实时监控、良好的售后服务是他们除了基本物流服务之外的物流需求。对第三方物流企业而言，在连锁企业门店覆盖范围外也存在合作空间。

（五）团购型电子商务物流需求

“团购”是 2010 年电子商务行业的大热点，网络团购行业进入门槛低、顾客对低价优惠趋之若鹜的特点促成了年底百团大战的局面。从供应链角度来看，品牌商、团购型电子商务企业、顾客群分别处于供应链的上、中、下游。品牌商将商品信息以及预先约定的折扣信息提供给团购网，由团购网为顾客群提供合作采购平台，有采购需求的顾客在规定的限时折扣时间内加入到采购团中。团购需确认采购意向，顾客群可预先将费用支付到团购网账户或第三方支付平台，或者选择货到付款。对于订购了团购商品的顾客，由品牌商提供产品，产品可预先存放于品牌商自营仓库、团购网自营仓库或者第三方物流的仓库，经过分拣与包装环节后，再由第三方物流企业负责将产品配送到顾客手中。对于服务类团购，如餐饮、美容美发等团购顾客主要以手机收到团购短信的形式享受服务，无须物流介入。团购型电子商务需要借用物流将团购的实物送到顾客手上，团购型电子商务交易模式及物流运营模式如图 12－14 所示。

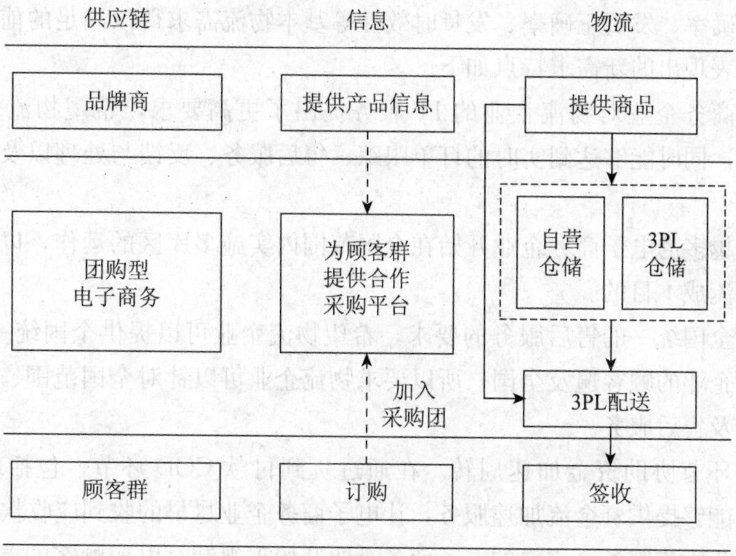

图 12-14　团购型电子商务交易模式及物流运营模式示意

追求长远发展的团购型电子商务对物流表现出的新需求如下。

(1) 仓储快速反应能力。团购订单每天 24 时不断地产生，团购产品天天都有变化，要求仓储人员在面对频繁地出入库、不同种类与性质商品的分拣与包装形成对操作能力与效率的挑战、有特殊包装的要求时，需具备快速反应能力。

(2) 技术能力，物流系统实时反馈。团购网通常与顾客约定自下单之日起七天内到货，对物流公司而言，实时将订单的处理通过系统接口反馈到团购网的顾客查询平台能够满足顾客及时了解订单物流信息的需求。

(六) B2C 电子商务物流普遍需求

电子商务物流模式大致可分为四类：自建与外包物流结合，完全第三方物流，联盟物流，完全自建物流。

自建与外包物流结合模式：电子商务企业在核心城市自建物流，偏远城市外包物流，如京东商城；传统连锁店铺服务点、自建物流、外包物流三者密切结合的，如苏宁易购。

完全第三方物流模式：电子商务企业完全外包物流，如大部分平台派的商家，以及品牌派 B2C 电子商务企业。

联盟物流：淘宝网的物流拍档，同时服务于数千家电子商务企业，换个角度来说，可以理解为数千家电子商务企业建立了同盟关系，共同使用第三方物流的仓储与配送服务。从这一角度上而言，属于联盟物流的类型。

完全自建物流：国内全部地区的自建物流自主配送人力、管理、租金、技术成本过高，国内至今仍没有电商企业可以一力承担。

尽管不同模式的 B2C 电子商务企业呈现出不同的物流需求，但还是存在普遍的需求。

在基于拣货正确率、发货正确率、发货时效性等基本物流需求得以满足的前提下，电子商务企业对物流表现出的新需求特点如下。

（1）电子商务企业对物流企业的 IT 服务提出了更高要求，希望物流企业可以提供 API 服务接口，同时能够达到实时的订单跟踪、售后服务、反馈与处理以及库区实时库存的状态信息。

（2）越来越多的电子商务企业开始在全国范围内实施多库区的运作，以达到提高服务水准、降低物流成本目的。

（3）对于全国统一的售后服务的要求，希望物流企业可以提供全国统一的物流服务。由于电子商务企业的顾客遍及全国，所以要求物流企业可以针对全国范围、针对客户有一个统一的配送及售后服务。

（4）物流环节协助资金加速周转。在通过货到付款 COD 环节，包括现金和刷 POS 机，物流企业能够提供资金流加速服务，让电子商务企业尽早的收到应收款项。

（5）个性化物流服务，成熟的电子商务企业开始重视针对电商顾客的差异化营销，如送货上门试穿、订单发出、统一的问候语与送达短信提醒服务等。

（6）与物流企业建立深度合作关系，在电子商务企业层面获得更多的增值服务，例如与物流企业联合做品牌推广。

（7）对物流企业而言，B2C 电子商务企业的普遍需求、个性化需求及 B2C 电子商务行业的发展特点都应该成为其不断改进物流运营的基础。

三、电子商务环境下第三方物流运营模式设计

基于不同电子商务企业物流需求的特点，在物流操作层面上对需求进行进一步描述，尝试从电子商务、金融、信息、物流四个维度构筑模型，为电子商务环境下的物流运营模式的创新和设计提供思路。

（一）电子商务物流具体要求特点描述

电子商务对物流提出了更高的要求，表 12－3 从物流环节的具体操作层面对需求进行描述。

表 12－3　电子商务物流操作层面需求

类型	物流要求
入库	频繁、交接清晰、数据无误、表单充分
盘点	正确率高、周期短
分拣	漏拣错拣率低、效率高
包装	效率高、个性化包装、实用性强、预包装
配送	可控性、时效性、可查性

续　表

类型	物流要求
支付	支持 COD 与 POS 刷卡
退换货	部分退换货、上门退货换、退换货处理流程简化
IT 技术	订单系统与仓库系统无缝对接、订单号与运单号捆绑、条码化管理

表 12－3 将电子商务的物流需求体现在订单产生后的流程中的环节中，结合前文对传统物流服务瓶颈的分析，可以看出电子商务对物流的要求远远超过了传统物流的服务水平。

（二）第三方物流运营模式的维度分析

在电子商务快速发展，电子商务物流供需不匹配情况下，第三方物流企业需要寻求新的创新点来提高自身竞争力。图 12－15 展示了电子商务、信息、金融、物流四个维度构筑的模型。

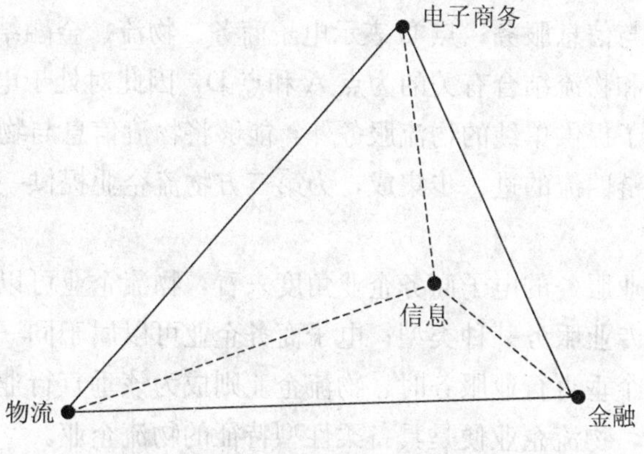

图 12－15　物流运营模式维度图（1）

如图 12－15 所示，物流、信息、金融、电子商务均可以存在密切关系。当物流与信息结合服务，则成为物流信息服务；当物流与金融结合服务，则成为物流金融服务；当物流与电子商务结合，则成为电子商务物流服务。

供应链中存在着商流、物流、资金流、信息流，信息流是桥梁，商流是载体，资金流是目的，而物流是基础。对物流而言，在面对诸多竞争和不断出现新需求的情况下，更多地与其他几个流结合服务，可以有效地提高竞争优势。借助物流信息整合，通过电子信息技术打通整个物流链，提高上下游反应速度；凭借物流金融服务提高资金周转速度，提高供应链效率，降低供应链成本。

对于电子商务环境下的第三方物流企业来说，除了对电子商务企业和顾客的需求提供相应的服务外，还要有选择地与信息、金融结合服务。图12-16显示了将电子商务、物流、金融、信息四个维度中每三个维度进行结合得到的新维度图。

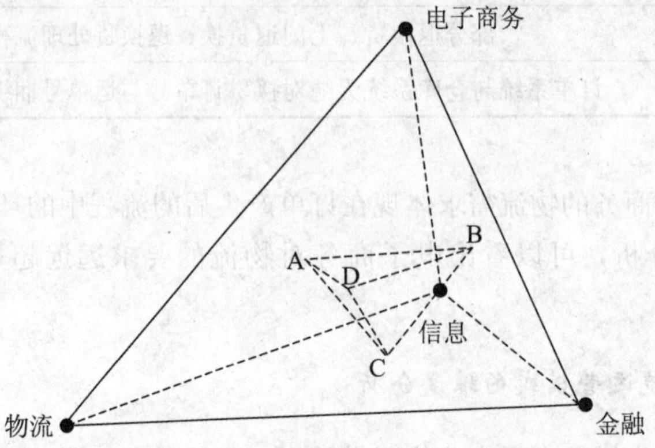

图12-16　物流运营模式维度图（2）

如图12-16所示，点A表示电子商务、物流、信息结合的电子商务物流信息服务；点B表示电子商务、金融、信息结合的电子商务金融与信息服务；点C表示物流、金融、信息结合的物流金融与信息服务；点D表示电子商务、物流、金融结合的电子商务物流金融服务。与电子商务和物流结合有关的为点A和点D，因此对处于电子商务环境下的第三方物流企业而言，除了提供单纯的物流服务外，能够将物流信息与物流金融方面的服务做拓展，是对电子供应链四流的进一步集成，为第三方物流企业提供一种物流模式创新的柔性型运作思路。

从第三方物流企业服务的电子商务企业角度来看，物流企业可以为多种类型的电子商务提供服务，也可以专业服务一种类型；电子商务企业可以属于同一行业，也可以属于多个行业。当专业为一个垂直行业服务时，物流企业则成为该垂直行业下的专业物流；当为多个垂直行业服务时，物流企业便是具备柔性型特征的物流企业。

物流运营模式的发展方向可以分为“柔性型”和“专业型”两种类型。电子商务环境下的“专业型”物流企业服务于单一化垂直领域，并提供专业的电子商务物流服务；电子商务环境下的“柔性型”物流企业服务于多样化垂直领域，在提供专业的电子商务物流服务的基础上，选择性地与金融、信息服务进行结合，提供电子商务物流金融服务和子商务物流信息。

课后思考

1. 分析第三方物流在参与客户的供应链物流的规划与设计时需要做哪些工作。
2. 什么是第四方物流？
3. 简述第四方物流的特征及其功能。
4. 分析第四方物流与第三方物流的区别。

5. 结合图形分析第四方物流的四大运作模式。

6. 试述电子商务企业物流需求。

7. 分析第三方物流运营模式的维度。

案例分析

亚洲物流（天津）有限公司的第四方物流

亚洲物流（天津）有限公司（以下简称“亚物天津”）是中国第一家网络物流服务商。在充分分析中国物流现状的基础上，创造性地以网上信息联网和网下业务联网的结合为核心，通过全国87个城市的分公司和加盟用户的联网运作，提供客户所需的整套物流服务，从而创立了一套卓有成效的现代网络物流方案。

亚物天津独特的最大核心优势是不断扩张的运营网络，是通过设立在87个城市中的150家分公司及办事处，形成了基于互联网的中国覆盖面最广的省际公路物流网络，从而全面提升物流服务的竞争力。

亚物天津定位于第四方物流服务商，原因是公司没有自己的仓库及车队。而是通过长租或控股的运输车队拥有重型、中型、小型、货柜等车况良好的各类车辆1000台来适合不同的货运要求。仓储也是通过长租或控股的方式，由于车是车主的，仓是仓主的，亚物天津可以减省不少车辆或仓库维修及保养的烦恼。亚物天津拥有的只是一张覆盖全国的物流运营网络，一个信息交流、搭配、交易的网络平台及一班有物流行业经验的专家队伍。

1. 亚物天津物流运营网络

亚物天津的运输网络是由三种业态构成的：在北京、天津、上海、广州、无锡五个城市设有一级分公司。一级分公司具有：大客户管理能力，长距离多式联运能力，转运及区域内短途运输能力，仓储及包装能力。在21家省会城市设有二级分公司。二级分公司具有：长距离多式联运能力、转运及区域内短途运输能力。这21家二级分公司设立城市是：石家庄、太原、呼和浩特、沈阳、长春、哈尔滨、重庆、杭州、合肥、福州、南昌等，上述26家一、二级分公司管理着61家城市具有货物接收转运能力的加盟用户，从而形成巨大的亚物天津公路物流网络。

2. 亚物天津的发展目标

亚物天津的发展目标是搭建一个领先的第四方物流系统，其主要构件包括创新的配送路径优化机制，环球追踪系统及全球供应链管理系统。

(1) 创新的配送路径优化机制。所谓“创新的配送路径优化机制”，就是能令客户的管理层开拓具有策略性的物流选择的空间。配送路径优化机制能考虑多方面的因素，包括各货仓及货车的所有活动、成本、储货、载货量等，亦能照顾拥有车队的客户而作出路径分析，并能决定最有效率的固定或主要运输路线、联合不同客户领域、调整车队数目，以及分析服务频率等。

优化的方法有多种。传统的直线式程序亦能解决部分问题，但当配送点的数目不断增多，路线及车队调动的复杂性将以倍数增加，优化路线的计算时间亦不断延长。这当然未能符合实际需要，因第四方物流服务供货商需能实时将最合适的路径通知车队。因此，第四方物流服务供货商必须具备一智能化的路径选择系统，能够考虑各方面的实际情况，实时为客户决定最优化的运输路径。

（2）环球追踪系统（GTS）。环球追踪系统（GTS）需以全球定位系统（GPS）支持。市场对环球定位系统期待已久，期望能为消费者及工业市场带来改革。但现实是环球定位系统从未在中国成功使用，而尝试使用的公司亦寥寥可数。很多业内的大型跨国公司如EG&G、SEG 及 Trimble 等已于中国成立分公司，但均未能成功。原因在于此等公司未能解决最基本的问题，如不熟悉中国国内的情况及市场、未能取得营业牌照、错误的市场推广、缺乏电子地图的资料及营运管理失当等。话虽如此，成功开发环球追踪系统仍是第四方物流服务供货商的主要课题；环球追踪系统对它们来说是必需的。

（3）全球供应链管理管理系统。跨企业的协同式解决方案能为物流供应链内的所有参与者提供快速的投资回报。时至今日，改善物流管理程序及降低货运成本已是必须，而成功的企业及物流服务供货商则正寻求真正的协同式物流解决方案，作为其策略的一部分。

全球供应链管理解决方案能为各方改善物流管理程序，以及通过单一平台为客户提供主动的事件管理。此平台需能无缝结合所有地方不同交通模式的运作，令客户能通过一个步骤就能管理所有事宜。传统上，物流运作可能是企业最难控制及掌握的一环，每天的不同作业可能达数千，整年计算则甚至可能达几百万。

传统的供应链管理解决方案功能有限，原因在于该解决方案只着眼于企业本身的运输费用，而忽略与客户、供货商、贸易伙伴及服务供货商的协同效应。人手操作的系统或工作表缺乏可调整性，未能提供最大的优化，更不能有效配合日益全球化的供应链。

亚物天津有点儿像是“戴尔公司”，卖的是一种组合产品。“戴尔公司”是因减少了中间环节而减少了成本，而配货这个行业在内部环节的良好协调、搭配而减少的成本更明显。“戴尔公司”是因大量定制而有了规模效应的成本降低，而亚物天津是首先因为有了布点范围的规模效应，而有了一个 40%～50%的成本降低空间，其次才是因为能处理的业务量大而带来的规模性成本降低。通过在干线物流领域布下的完善网络为运作平台；通过以联网动态配合为核心优势；通过各种先进技术的应用和与其他优势资源的结盟为辅助手段，在干线物流的非单企服务领域（行业基础服务或称之为第四方），打造国内的最佳物流基础业务服务网，成为规模最大、服务效率和能力最强的唯一领先的第四方物流服务企业。

讨论：亚洲物流（天津）有限公司是如何发展其第四方物流的？

参考文献

[1] 兰洪杰．物流企业运营管理［M］．2版．北京：首都经济贸易大学出版社，2013.

[2] 薛威，孙鸿．物流企业管理［M］．2版．北京：机械工业出版社，2012.

[3] 万立军，闫秀荣．物流企业管理［M］．2版．北京：清华大学出版社，2011.

[4] 张川，肖康元，金丽玉．物流企业会计与财务管理［M］．上海：复旦大学出版社，2010.

[5] 彭岩．物流企业管理［M］．2版．北京：清华大学出版社，2009.

[6] 刘五平，伍玉坤．物流企业管理［M］．2版．北京：机械工业出版社，2008.

[7] 真虹，张婕姝．物流企业仓储管理与实务［M］．2版．北京：中国物资出版社，2007.

[8] 刘亮，田春青．第三方物流企业运营管理案例［M］．2版．北京：人民交通出版社，2007.

[9] 刘北林．供应链与第三方物流策划［M］．2版．北京：中国物资出版社，2006.

[10] 柳和玲．物流企业管理实务［M］．2版．北京：高等教育出版社，2006.

[11] 崔介何．企业物流［M］．2版．北京：中国物资出版社，2002.

[12] 上海现代物流教材编写委员会．现代物流［M］．上海：上海三联出版社，2002.

[13] 丁立言，等．仓储规划与技术［M］．2版．北京：清华大学出版社，2002.

[14] 黄福华．现代物流运作管理精要［M］．广州：广东旅游出版社，2002.

[15] 李新华．企业物流管理［M］．2版．北京：中国广播电视出版社，2002.

[16] 丁立言，等．物流配送［M］．2版．北京：清华大学出版社，2002.

[17] 蔡淑琴．物流信息系统［M］．2版．北京：中国物资出版社，2002.

[18] 骆温平．第三方物流理论、操作与案例［M］．上海：上海社会科学院出版社，2001.

[19] 丁立言，等．物流系统工程［M］．2版．北京：清华大学出版社，2001.

[20] 王之泰．现代物流管理［M］．2版．北京：中国工人出版社，2001.

[21] 裴少峰，等．现代物流技术学［M］．广州：中山大学出版社，2001.

[22] 马建平，等．现代物流配送管理［M］．广州：中山大学出版社，2001.